개정2판

# 기업가정신과 창업

Entrepreneurship & Start Up

강기찬 · 김정호 공저

도서출판 두남

# 머리말 개정2판 Preface

*"10.만군의 여호와가 이르노라 너희의 온전한 십일조를 창고에 들여 나의 집에 양식이 있게 하고 그것으로 나를 시험하여 내가 하늘 문을 열고 너희에게 복을 쌓을 곳이 없도록 붓지 아니하나 보라. 11.만군의 여호와가 이르노라 내가 너희를 위하여 메뚜기를 금하여 너희 토지 소산을 먹어 없애지 못하게 하며 너희 밭의 포도나무 열매가 기한 전에 떨어지지 않게 하리니. 12.너희 땅이 아름다워지므로 모든 이방인들이 너희를 복되다 하리라 만군의 여호와의 말이니라."(말3:10~12)*

*"10.Bring the whole tithe into the storehouse, that there may be food in my house. Test me in this," says the LORD Almighty, "and see if I will not throw open the floodgates of heaven and pour out so much blessing that you will not have room enough for it. 11.I will prevent pests from devouring your crops, and the vines in your fields will not cast their fruit," says the LORD Almighty. 12. "Then all the nations will call you blessed, for yours will be a delightful land," says the LORD Almighty."(Malachi 3:10~12)*

2020년대부터 세계의 기업들은 뜻하지 않은 새로운 국면에 접어들게 되었다. 코로나19라는 새로운 질병이 장기화됨에 따라 국내는 물론 세계의 경제활동이 크게 제약되고 있다. 또한 2021년 말에 러시아의 우크라이나 침공 전쟁으로 유가와 각종 에너지 가격이 상승하고, 러시아에서 유럽으로 연결되는 가스와 기름이 제약되고, 우크라이나의 농산물이 세계로 유통되지 않아 세계경제가 더욱 악화되는 상황이 되었다.

우리나라 기업들은 메타버스의 새로운 세계와 우리나라 자체 기술로 인공위성을 성공적으로 발사하여 활용하고, 우리나라의 강점인 원자력과 각종 IT, BT, 인공지능, 로봇과 전기차, 항공우주산업 등 다방면에서 발전을 위한 새로운 발판을 다지고 발전하고 있다.

이러한 중에 독자들의 요청에 의하여 「기업가정신과 창업」 개정2판을 출간하게 됨을 기쁘게 생각하며 기업가들은 물론 본서를 대하는 모든 분들에게 하나님의 크신 은총이 함께 하시기를 기도드린다.

2022. 8.

저자 강기찬 박사

# 머리말 개정판 Preface

*"각각 자기 일을 돌볼뿐더러 또한 각각 다른 사람들의 일을 돌보아*
*나의 기쁨을 충만하게 하라" (빌2:4)*

*"Each of you should look not only to your own interests,*
*but also to the interests of others" (Philippians2:4)*

선진국에서는 기업가정신(Entrepreneurship)을 초등학교와 중 고등학교에서 필수적으로 가르치고 배우고 있다.

기업가정신과 창업(Entrepreneurship & Start up)이 독자들에게 읽혀 오던 중 이번에 증보판을 발간하게 되었다. 이번 증보판에서는 제4편 사업실무론에 제15장 1인 창조기업과 협동조합, 제16장 벤처기업과 이노비즈기업을 증보하였다. 더 많은 독자들이 기업가정신(Entrepreneurship)을 이해하고 또한 창업기업을 경영하기를 바라는 마음이다.

본서가 나오기까지 수고한 도서출판 두남의 관계자와 도움을 주신 여러분들께 감사드리며, 기업가정신과 창업(Entrepreneurship & Start up)을 읽는 모든 독자들에게 하나님의 은총이 함께하시기를 기도드립니다.

2016. 8.
저자 강기찬 박사

# 머리말

나라가 강대국으로 발전하고 국민경제 생활의 향상을 위해서는 건강하게 성장하는 기업들이 많아 국가경제가 발전하여야 한다. 기업가정신과 창업(Entrepreneurship & Start up)은 기업이 설립되고 운영되는 과정에서 연관되는 필수 요건의 주제로서 끊임없이 탐구 되어야 한다.

본서는 창업하고자 하는 사람들과 기업을 경영하고 있는 기업가들이 알아야 할 내용들을 창업(교육)지원과 창업(교육)관련 강의과정에서 요청되는 내용들을 수록하였다.

이스라엘에서는 후츠파정신(CHUTZPAH)이라 하여 그들의 정신과 행위에 당당함을 보여주고 있다. 대학교를 졸업하는 학생의 70%정도가 창업(Start-up)을 하고 이들 창업기업들은 대부분 일정 기간 후 선진국 기업들에 고가로 M&A되어 더불어 성장해 간다고 한다.

기업가정신과 창업(Entrepreneurship & Start up)은 독자들에게 창의성과 혁신(Innovation), 개척정신과 비전(Vision), 할 수 있다(Can do Spirit)는 도전(挑戰)이 요청된다.

본서가 나오기까지 여러모로 일조한 분들과 정성을 다하여 책을 출판하여 주신 도서출판 사장님과 상무님을 비롯한 임직원 분들께 고마움을 표합니다. 그리고 한밭대학교 산학협력선도대학(LINK) 육성사업단의 지원에 깊은 감사를 드립니다.

기업가정신과 창업(Entrepreneurship & Start up)을 읽는 모든 분들에게 새로운 도전이 되기를 바라며, 하나님이 주시는 은혜로 하고자 하는 사업에 형통하여 세상에 빛이 되고 소금이 되시기를 바랍니다.

***"구하라 그리하면 너희에게 주실 것이요 찾으라 그러면 찾을 것이요***
***문을 두드리라 그러면 너희에게 열릴 것이니" (마 7:7)***
***"Ask and it will be given to you; seek and you will find;***
***knock and the door will be opened to you." (Matthew 7:7)***

2014. 2. 1

저자

# 차례

Contents

머리말 / 3

## 제1편 기업가정신론

제 1 장 기업이란? 13

1. 기업(회사)의 개념 ······15
2. 기업(회사)의 종류 ······18
3. 기업의 분류 ······21
4. 기업(회사)의 특징 ······26

제 2 장 기업가란? 29

1. 기업가의 정의 ······29
2. 기업가와 경영자 ······32
3. 사회적 기업가 ······35
4. 기업가의 자질과 역할 특성 ······37

제 3 장 기업가정신이란? 47

1. 기업가정신의 개념 ······47
2. 기업가정신의 특성과 역할 ······51
3. 우리나라의 시대별 변화 ······54

## 제 4 장 기업가정신 분석과 평가 59

1. 기업가정신의 분석 ……59
2. 기업가정신의 평가 ……64

## 제 5 장 기업가인물론 67

1. 정주영(현대)의 기업가정신 ……67
2. 이병철(삼성)의 기업가정신 ……76
3. 빌 게이츠의 기업가정신 ……86
4. 스티브 잡스 ……94
5. 존 데이비슨 록펠러(John Davison Rockefeller) ……100
6. 네덜란드의 상인정신 ……104

# 제2편 창업론

## 제 6 장 창업의 개념 109

1. 창업의 정의 ……109
2. 창업의 요소 ……111
3. 창업의 적용범위 ……113
4. 창업자의 SWOT 분석 ……116

## 제 7 장 창업 절차 123

1. 일반적 절차 ……123
2. 업종별 창업절차 ……124
3. 단계별 창업절차 ……130

제8장 창업사업타당성 분석 139

1. 창업사업타당성 분석 ......139
2. 창업자 분석 ......141
3. 시장타당성 분석 ......143
4. 기술타당성 분석 ......146
5. 재무타당성 분석 ......148

제9장 창업사업계획서 151

1. 창업사업계획서의 개념 ......151
2. 창업기업(회사)의 설립 ......167

제3편 창업기업(회사) 관리론

제10장 상품생산관리 181

1. 상품생산관리의 정의 ......181
2. 상품재고관리 ......182
3. 품질관리 ......184

제11장 인사·조직관리 189

1. 인사관리 ......189
2. 조직관리 ......195

제12장 마케팅관리 203

1. 마케팅관리의 정의 ······203
2. 마케팅 믹스 ······203
3. 제품관리 ······205
4. 가격관리 ······208
5. 유통관리 ······208
6. 판매촉진관리 ······209

제4편 사업 실무론

제13장 프랜차이즈 사업 217

1. 프랜차이즈 사업의 정의 ······217
2. 프랜차이즈 사업의 분석 ······218
3. 프랜차이즈 사업의 장점 ······221
4. 프랜차이즈 사업의 한계 ······222
5. 프랜차이즈 사업의 평가 ······223

제14장 e-비즈니스 사업 225

1. e-비즈니스 사업의 정의 ······225
2. e-비즈니스 사업 창업 ······227
3. e-비즈니스 사업의 장·단점 ······229
4. e-비즈니스 사업전략 ······230
5. e-비즈니스 사업의 활성화 ······231
6. 정부의 역할 ······234

**제15장 1인창조기업과 협동조합 239**

1. 1인 창조기업 ······239
2. 협동조합(Cooperative) ······240
3. 사회적 기업 ······243

**제16장 벤처기업과 이노비즈기업 245**

1. 벤처기업 ······245
2. 이노비즈기업 ······255

**참고문헌 / 261**

**찾아보기 / 263**

PART

01

# 기업가정신론

Chapter 1 기업이란?

Chapter 2 기업가란?

Chapter 3 기업가정신이란?

Chapter 4 기업가정신 분석과 평가

Chapter 5 기업가인물론

"그런즉 너희는 먼저 그의 나라와 그의 의를 구하라
그리하면 이 모든 것을 너희에게 더하시리라." (마6:33)

"But seek first his kingdom his righteousness,
and all these things will be given to you as well." (Mattew6:33)

Chapter 1

# 기업이란?

## 1. 기업(회사)의 개념

### (1) 기업(회사)의 경제적 정의

**국민 경제의 순환 과정**

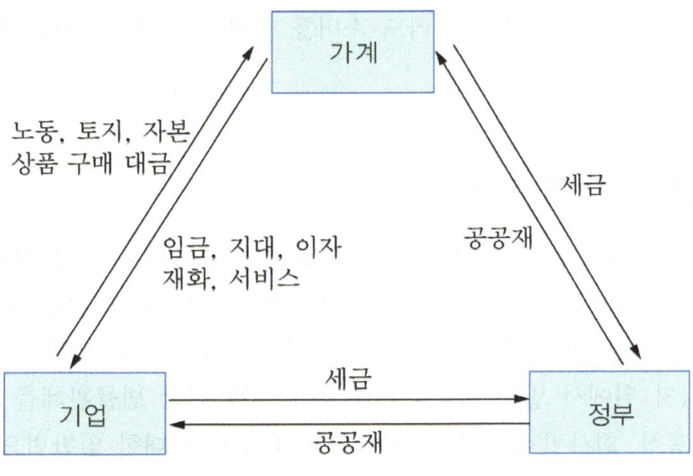


국민 경제에서 노동과 자본, 토지라는 생산의 3요소를 투입하여 여러 가지 재화와 서비스를 생산하는 역할을 담당하는 경제 주체를 기업이라 한다. 기업은 이윤 추구를 위하여 소비자에게 필요한 재화나 서비스를 생산한다. 이러한 생산과 소비의 전 과정이 국민 경제를 이루고 이들의 순환 과정을 표시하면 위의 그림과 같다.

### 용어해설

- **국민경제** : 국가를 단위로 하여 서로 밀접하게 관련된 경제활동의 총체를 말한다. 오늘의 세계에서는 국가가 정치의 기본 단위로 되어 있기 때문에, 경제생활에 관련된 법률이나 제도도 국가적 영역에서 통일적으로 행해진다. 또한 경제 주체로서의 국가·지방자치단체·기업·가계(家計) 등의 경제활동은 단연히 그와 같은 법률·제도에 따라 영위되며, 국가적 영역에서 서로 밀접하게 결합되고 있다. 이처럼 국가를 단위로 하여 서로 밀접하게 관련된 경제활동의 총체가 국민 경제다.
- **생산의 3요소** : 노동, 토지, 자본
- **공공재(공공서비스)** : 국방, 경찰, 소방 등의 재화 등과 같은 재화는 특정의 소비자에게만 팔 수 없고, 경쟁적 시장을 통하여 충분하게 공급될 수 없으므로 집단적으로 공급되어야 한다. 이와 같은 재화를 공공재라 하며, 이에 대하여 소비자에게 개별적으로 팔 수 있는 재화를 사유재라고 한다. 공공재는 비경합성과 비배제성의 특성을 가진다. 비경합성이란 소비자가 늘어도 이전 소비하던 소비자들의 소비량이 줄지 않는 것으로 소비자들끼리 경합되지 않음을 말한다. 비배제성은 소비자가 소비 행위에 대해 대가를 지불하지 않더라도 소비를 배제할 수 없는 것을 말한다.

### (2) 기업(회사)의 법률적 정의

상법 제169조는 '회사라 함은 상행위 기타 영리를 목적으로 하여 설립한 사단을 이른다.'고 규정하고 있으며, 동법 제170조는 회사의 종류로 합명회사, 합자회사, 유한책임회사, 주식회사, 유한회사의 5가지 형태의 회사를 규정하고 있다. 그리고 상법 제637조까지에 걸쳐 위에서 말한 5가지 형태의 회사에 대한 법률관계를 규정하고 있는데, 이 부분을 통상 '회사법'이라고 칭하고 있으며 회사에 대한 일반법으로서의 기능을 하고 있다.

회사는 법인격이 있는 회사를 법인이라고 하는데, 법인은 사람이 모여서 이루어진 단체인 사단법인과 특정 목적을 위하여 출연(특정의 목적을 위하여 일정한 재산을 증여 또는 기부하는 것)된 일정한 재산이 모여서 이루어지는 단체인 재단법인으로 구분하여 생각할 수 있다. 그리고 이러한 법인은 영리를 추구하는가에 따라 영리법인과 비영리법인으로 구분된다.

### (3) 기업이 국민경제에 미치는 영향

#### ① 생산의 주체

기업은 가계, 정부와 같은 소비자가 원하는 상품을 생산하고 기업의 목표인 수익 창출을 위해 판매하기 위해 노력한다. 그렇기 때문에 근면한 기업 활동은 생산과 판매의 증가를 불러오며 경제의 3대 주체의 순환 구조에 따라 가계의 소득 증가에도 기여하며 결과적으로 국가의 성장에도 기여한다.

#### ② 고용 창출의 주체

기업의 수익의 추구와 제품의 생산을 위해서는 자연스럽게 고용을 창출하게 된다. 이 고용은 제품과 서비스를 창출하며, 재화와 서비스는 수익을 창출하며 그 수익은 각 가계와 정부로 돌아가며 시장의 흐름을 유지시킨다.

#### ③ 신기술의 개발의 주체

기업은 생산을 위한 새로운 기술을 개발하고 그 기술을 발전시켜 또 다른 기술을 낳으며 끝없는 발전을 거듭 기술을 통해 세상을 변화시켜나간다.

#### ④ 사회 기여의 주체

사회의 다양한 고객층을 통해 수익을 창출한 기업은 수익을 사회에 환원함으로써 국가 사회의 전체적 균형을 유지하는 역할을 통해 사회에 기여하는 것이 또 다른 중요한 목표이다.

#### ⑤ 국가 위상의 제고

우리나라의 기업이 해외에 나가며 알려지지 않은 우리나라의 이름을 널리 알리며 이미지와 인지도를 상승시키는데 큰 역할을 하고 있다. 이런 기업들은 해당 업종에서 세계의 상위권을 차지하며 국가 브랜드를 제고시킨다.

## 2. 기업(회사)의 종류

### (1) 주식회사

주식회사는 오늘날 가장 일반적인 형태의 회사로 거의 대부분의 기업이 주식회사에 속한다고 하여도 과언이 아닐 것이다.

주식회사는 균등하게 세분화된 주식의 형태로 사원(주주)이 출자한 일정한 자본이 모여서 이루어진 회사로서 사원인 주주는 주식 인수 가액의 한도 내에서만 출자의무를 질 뿐 회사 채권자에 대해서는 개별적으로 전혀 책임지지 않는 회사를 말한다. 세분화된 자본(주식)과 주주의 유한책임을 특징으로 하는 주식회사는 다수 대중이 출자한 적은 금액의 지분을 모아 대규모 자본을 조성하고 이 자본으로 대규모 사업을 할 수 있다는 점에서 자본주의사회에서 그 존재가 매우 유익하다 할 수 있다.

**정관의 기재사항-주식회사의 경우**

| 구분 | 내용 |
|---|---|
| 절대적 기재사항 | 목적, 상호, 회사가 발행할 주식의 총수, 1주의 금액, 회사설립시 발행 주식의 총수, 본점 소재지, 공고방법, 발기인 성명 등 |
| 상대적 기재사항 | 발기인의 특별이익 내역, 현물출자 내역, 회사설립후 양수재산 내역, 회사 부담 설립비용 및 발기인의 보수액 등 |
| 임의적 기재사항 | 이사 및 감사의 수, 총회 소집 시기, 영업 연도 등 |

### (2) 합명회사

합명회사는 개개 사원의 개성에 기초를 두고 설립되는 회사로 회사 채권자에 대하여 직접적으로 연대하여 무한책임을 지는 2인 이상의 무한책임사원으로 구성되는 회사이다.

따라서 합명회사의 채권자들이 합명회사에 대한 채권을 회수하는 경우, 그 회사 재산이 아닌 무한책임사원 각각의 개인 재산에 대하여도 민사소송법에 따른 강제집행 등 법적 조치를 할 수 있다는 것이다. 즉, 회사의 운영에 따라 그 사원들의 운명도 결정되며 사원 개인 소유 재산이 회사 채무로 인하여 날아가 버릴 수 있는 위험을 가지게 된다.

위와 같은 위험을 부담하는 관계로 각 무한책임사원은 원칙적으로 회사의 업무를 집행할 권한과 회사를 대표할 권한을 가지는 자기 기관으로서의 성격을 가지며 회사의 중요한 사항에 대하여는 총 사원의 동의를 받아야 하고 그 지분을 타인에게 양도하고자 하는 경우에도 다른 사원의 동의를 받지 않으면 양도할 수 없다. 이러한 특성 때문에 합명회사는 인적 신뢰관계가 두터운 소수의 사람들이 동업 형태로 소규모의 폐쇄적인 회사를 경영하는 데 적합하다고 할 수 있다.

합명회사를 설립하기 위해서는 2인 이상이 정관을 작성하고 회사의 본점 소재지에 설립등기를 하여야 하는데, 타 회사와 비교하여 설립절차가 간단하다.

### (3) 합자회사

합자회사는 인적 회사와 물적 회사의 결합 형태를 취하는 회사로 1인 이상의 무한책임사원과 유한책임사원으로 설립되는 회사이다. 주식회사와 유한회사가 유한책임사원만으로 구성되고 합명회사가 무한책임사원 만으로 구성되는 것과 구분된다.

합자회사의 유한책임사원은 회사 채권자에 대하여 출자 가액을 한도로 직접, 연대책임을 진다는 점에서 주식회사 주주의 유한책임과 구분이 된다. 즉, 인적 회사와 물적 회사 양 성격을 모두 갖는 형태의 회사가 바로 합자회사라 할 수 있다.

합명회사와 마찬가지로 회사의 업무를 집행할 권리와 의무는 무한책임사원만이 가지고, 유한책임사원은 회사의 업무 집행을 할 수 없다. 합자회사는 유한책임사원이 사원으로 참여한다는 점을 제외하고는 합명회사와 거의 유사하므로 상법의 합명회사에 관한 규정 대부분은 합자회사에 그대로 준용되고 있다.

결과적으로 합자회사는 합명회사에서 변형된 형태의 회사로 일반적으로 경영 능력이 있는 무한책임사원과 자본력이 있는 유한책임사원이 협조하여 회사를 운영하고 그 이익에 대하여 분배를 꾀하는 회사 형태라고 할 수 있다.

합자회사를 설립하기 위해서는 무한책임사원이 협조하여 회사를 운영하고 그 이익에 대하여 분배를 꾀하는 회사 형태라고 할 수 있다.

합자회사를 설립하기 위해서는 무한책임사원 및 유한책임사원 각1인 이상이 정관을 작성하고 회사의 본점 소재지에 설립등기를 하는 간단한 절차에 의하여 할 수 있다. 이때 유한책임사원은 신용이나 노무 등으로 출자를 할 수 없으며 정관에는 위 합명회사와 같은 정관의 기재사항 이외에 각 사원이 무한책임사원인지 유한책임사원인지의 여부도 구분하여 기재하여야 한다.

### (4) 유한책임회사

유한책임회사는 공동기업이나 회사의 형태를 취하면서도 내부적으로는 사적자치가 폭넓게 인정되는 조합의 성격을 갖고, 외부적으로는 사원의 유한책임이 확보되는 기업형태에 대한 수요를 충족하기 위해 「상법」에 도입된 회사형태로서 사모(私募)투자펀드와 같은 펀드나 벤처기업 등 새로운 기업에 적합한 회사형태이다..

유한책임회사는 1인 이상의 유한책임사원으로 구성됩니다. 유한책임사원은 회사채권자에 대하여 출자금액을 한도로 간접·유한의 책임을 진다.

유한책임회사는 업무집행자가 유한책임회사를 대표합니다. 따라서 정관에 사원 또는 사원이 아닌 자를 업무집행자로 정해 놓아야 하며, 정관 또는 총사원의 동의로 둘 이상의 업무집행자가 공동으로 회사를 대표할 것을 정할 수도 있다.

### (5) 유한회사

유한회사는 균등한 금액으로 분할하여 출자된 자본으로 구성이 되고, 출자자는 회사에 대하여 출자의무를 부담할 뿐 회사 채권자에 대하여 직접 책임지지 않는 유한책임사원이라는 점에서는 주식회사와 유사한 물적 회사이다.

유한회사를 설립하기 위해서는 사원이 정관을 작성하여야 한다. 정관에는 상법 제179에 정한 사항과 자본금의 총액, 출자 1좌의 금액, 각 사원의 출자좌수, 본점의 소재지를 기재하고 각 사원이 기명 날인 또는 서명하여야 한다. 그 절차는 주식회사의 발기설립 절차와 유사하다. 상법이 규정하는 다른 회사들과 마찬가지로 유한회사의 경우도 정관의 작성에 의하여 실체가 완성되게 된다.

## 3. 기업의 분류

### (1) 기업의 규모에 따른 분류

#### ① 중소기업

“중소기업”이란 중소기업을 육성하기 위한 시책의 대상이 되는 기업 또는 조합 등으로서 규제「중소기업기본법 시행령」 제3조에 따른 업종별 매출액이 일정한 요건을 갖춘, 영리를 목적으로 사업을 하는 기업과 비영리 사회적 기업, 협동조합, 협동조합연합회, 사회적협동조합, 사회적협동조합 연합회 및 소비자생활협동조합, 소비자협동조합 연합회, 소비자협동조합 전국연합회를 말한다.

다만, 규제 「독점규제 및 공정거래에 관한 법률」 제31조제1항에 따른 공시대상기업집단에 속하는 회사 또는 「독점규제 및 공정거래에 관한 법률」 제33조에 따라 공시대상기업집단의 소속회사로 편입·통지된 것으로 보는 회사는 제외한다.

**※「조세특례제한법」에 따른 중소기업의 개념**

정부에서 시행하는 중소기업 지원사업은 「중소기업기본법」에 따른 중소기업을 지원대상으로 하고 있는 것이 일반적이지만, 지원기관 및 목적에 따라 지원 자격을 달리 정하는 경우도 있다.

#### ② 벤처기업

“벤처기업”이란 다른 기업에 비해 기술성이나 성장성이 상대적으로 높아, 정부에서 지원할 필요가 있다고 인정하는 중소기업으로서 규제 「벤처기업육성에 관한 특별조치법」 제2조의2제1항제2호에 따른 3가지 요건의 어느 하나에 해당하는 기업(① 벤처투자유형, ② 연구개발유형, ③ 혁신성장유형·예비벤처기업)을 말한다.

이러한 벤처기업은 다음과 같은 특성을 갖는 것이 일반적이다.

첫째, 기업가의 창의적인 지적 능력이 높다.

둘째, 개인 또는 소규모 기업 형태로 적합한 조직을 갖는다.

셋째, 기업가의 도전 정신이 충만하다.

넷째, 인적 자원이 매우 중요하고 신기술을 연구하는 기관들과 밀접한 관계를 맺고 있다.

다섯째, 초기 자본 투자 유치에 어려움을 겪는 경우가 많다.

### (2) 종소기업의 범위 기준

**주된 업종별 평균매출액 등의 중소기업 규모 기준**

| 해당 기업의 주된 업종 | 분류기호 | 규모 기준 |
|---|---|---|
| 1. 의복, 의복액세서리 및 모피제품 제조업 | C14 | 평균매출액등 1,500억 원 이하 |
| 2. 가죽, 가방 및 신발 제조업 | C15 | |
| 3. 펄프, 종이 및 종이제품 제조업 | C17 | |
| 4. 1차 금속 제조업 | C24 | |
| 5. 전기장비 제조업 | C28 | |
| 6. 가구 제조업 | C32 | |
| 7. 농업, 임업 및 어업 | A | 평균매출액등 1,000억 원 이하 |
| 8. 광업 | B | |
| 9. 식료품 제조업 | C10 | |
| 10. 담배 제조업 | C12 | |
| 11. 섬유제품 제조업(의복 제조업은 제외한다) | C13 | |
| 12. 목재 및 나무제품 제조업(가구 제조업은 제외한다) | C16 | |
| 13. 코크스, 연탄 및 석유정제품 제조업 | C19 | |
| 14. 화학물질 및 화학제품 제조업(의약품 제조업은 제외한다) | C20 | |
| 15. 고무제품 및 플라스틱제품 제조업 | C22 | |
| 16. 금속가공제품 제조업(기계 및 가구 제조업은 제외한다) | C25 | |
| 17. 전자부품, 컴퓨터, 영상, 음향 및 통신장비 제조업 | C26 | |
| 18. 그 밖의 기계 및 장비 제조업 | C29 | |
| 19. 자동차 및 트레일러 제조업 | C30 | |
| 20. 그 밖의 운송장비 제조업 | C31 | |
| 21. 전기, 가스, 증기 및 공기조절 공급업 | D | |
| 22. 수도업 | E36 | |

| 해당 기업의 주된 업종 | 분류기호 | 규모 기준 |
|---|---|---|
| 23. 건설업 | F | |
| 24. 도매 및 소매업 | G | |
| 25. 음료 제조업 | C11 | 평균매출액등 800억 원 이하 |
| 26. 인쇄 및 기록매체 복제업 | C18 | |
| 27. 의료용 물질 및 의약품 제조업 | C21 | |
| 28. 비금속 광물제품 제조업 | C23 | |
| 29. 의료, 정밀, 광학기기 및 시계 제조업 | C27 | |
| 30. 그 밖의 제품 제조업 | C33 | |
| 31. 수도, 하수 및 폐기물 처리, 원료재생업(수도업은 제외한다) | E(E36 제외) | |
| 32. 운수 및 창고업 | H | |
| 33. 정보통신업 | J | |
| 34. 산업용 기계 및 장비 수리업 | C34 | 평균매출액등 600억 원 이하 |
| 35. 전문, 과학 및 기술 서비스업 | M | |
| 36. 사업시설관리, 사업지원 및 임대 서비스업(임대업은 제외한다) | N(N76 제외) | |
| 37. 보건업 및 사회복지 서비스업 | Q | |
| 38. 예술, 스포츠 및 여가 관련 서비스업 | R | |
| 39. 수리(修理) 및 기타 개인 서비스업 | S | |
| 40. 숙박 및 음식점업 | I | 평균매출액등 400억 원 이하 |
| 41. 금융 및 보험업 | K | |
| 42. 부동산업 | L | |
| 43. 임대업 | N76 | |
| 44. 교육 서비스업 | P | |

비고 1. 해당 기업의 주된 업종의 분류 및 분류기호는 「통계법」 제22조에 따라 통계청장이 고시한 한국표준산업분류에 따른다.

2. 위 표 제19호 및 제20호에도 불구하고 자동차용 신품 의자 제조업(C30393), 철도 차량 부품 및 관련 장치물 제조업(C31202) 중 철도 차량용 의자 제조업, 항공기용 부품 제조업(C31322) 중 항공기용 의자 제조업의 규모 기준은 평균매출액등 1,500억 원 이하로 한다.

### (3) 소·중·기업의 구분

중소기업은 소기업(小企業)과 중기업(中企業)으로 구분된다. 소기업(小企業)은 중소기업 중 해당 기업이 영위하는 주된 업종별 평균매출액등이 「중소기업기본법 시행령」 〈별표 3〉의 기준에 맞는 기업을 말하며, 중기업은 중소기업 중소기업을 제외한 기업을 말한다. 「중소기업기본법」 제2조제2항 및 「중소기업기본법 시행령」 제8조제1항

**소·중·기업의 구분**

<table>
<tr><th>해당 기업의 주된 업종</th><th>분류기호</th><th>규모 기준</th></tr>
<tr><td>1. 식료품 제조업</td><td>C10</td><td rowspan="17">평균매출액등<br>120억 원<br>이하</td></tr>
<tr><td>2. 음료 제조업</td><td>C11</td></tr>
<tr><td>3. 의복, 의복액세서리 및 모피제품 제조업</td><td>C14</td></tr>
<tr><td>4. 가죽, 가방 및 신발 제조업</td><td>C15</td></tr>
<tr><td>5. 코크스, 연탄 및 석유정제품 제조업</td><td>C19</td></tr>
<tr><td>6. 화학물질 및 화학제품 제조업(의약품 제조업은 제외한다)</td><td>C20</td></tr>
<tr><td>7. 의료용 물질 및 의약품 제조업</td><td>C21</td></tr>
<tr><td>8. 비금속 광물제품 제조업</td><td>C23</td></tr>
<tr><td>9. 1차 금속 제조업</td><td>C24</td></tr>
<tr><td>10. 금속가공제품 제조업(기계 및 가구 제조업은 제외한다)</td><td>C25</td></tr>
<tr><td>11. 전자부품, 컴퓨터, 영상, 음향 및 통신장비 제조업</td><td>C26</td></tr>
<tr><td>12. 전기장비 제조업</td><td>C28</td></tr>
<tr><td>13. 그 밖의 기계 및 장비 제조업</td><td>C29</td></tr>
<tr><td>14. 자동차 및 트레일러 제조업</td><td>C30</td></tr>
<tr><td>15. 가구 제조업</td><td>C32</td></tr>
<tr><td>16. 전기, 가스, 증기 및 공기조절 공급업</td><td>D</td></tr>
<tr><td>17. 수도업</td><td>E36</td></tr>
<tr><td>18. 농업,임업 및 어업</td><td>A</td><td rowspan="3">평균매출액등<br>80억 원 이하</td></tr>
<tr><td>19. 광업</td><td>B</td></tr>
<tr><td>20. 담배 제조업</td><td>C12</td></tr>
</table>

| 해당 기업의 주된 업종 | 분류기호 | 규모 기준 |
|---|---|---|
| 21. 섬유제품 제조업(의복 제조업은 제외한다) | C13 | |
| 22. 목재 및 나무제품 제조업(가구 제조업은 제외한다) | C16 | |
| 23. 펄프, 종이 및 종이제품 제조업 | C17 | |
| 24. 인쇄 및 기록매체 복제업 | C18 | |
| 25. 고무제품, 및 플라스틱제품 제조업 | C22 | |
| 26. 의료, 정밀, 광학기기 및 시계 제조업 | C27 | |
| 27. 그 밖의 운송장비 제조업 | C31 | |
| 28. 그 밖의 제품 제조업 | C33 | |
| 29. 건설업 | F | |
| 30. 운수 및 창고업 | H | |
| 31. 금융 및 보험업 | K | |
| 32. 도매 및 소매업 | G | 평균매출액등 50억 원 이하 |
| 33. 정보통신업 | J | |
| 34. 수도, 하수 및 폐기물 처리, 원료재생업(수도업은 제외한다) | E(E36 제외) | 평균매출액등 30억 원 이하 |
| 35. 부동산업 | L | |
| 36. 전문·과학 및 기술 서비스업 | M | |
| 37. 사업시설관리, 사업지원 및 임대 서비스업 | N | |
| 38. 예술, 스포츠 및 여가 관련 서비스업 | R | |
| 39. 산업용 기계 및 장비 수리업 | C34 | 평균매출액등 10억 원 이하 |
| 40. 숙박 및 음식점업 | I | |
| 41. 교육 서비스업 | P | |
| 42. 보건업 및 사회복지 서비스업 | Q | |
| 43. 수리(修理) 및 기타 개인 서비스업 | S | |

비고 1. 해당 기업의 주된 업종의 분류 및 분류기호는 「통계법」 제22조에 따라 통계청장이 고시한 한국표준산업분류에 따른다.

2. 위 표 제27호에도 불구하고 철도 차량 부품 및 관련 장치물 제조업(C31202) 중 철도 차량용 의자 제조업, 항공기용 부품 제조업(C31322) 중 항공기용 의자 제조업의 규모 기준은 평균매출액등 120억 원 이하로 한다.

## 4. 기업(회사)의 특징

### (1) 개인기업과 법인기업의 장·단점

개인기업과 법인기업의 장단점을 비교하여 예비 창업자에게 사업계획 검토 단계에서 기업의 형태를 결정하는 데 도움을 주고자 한다. 참고로 주식회사는 개인기업보다 신주 및 회사채 발행을 통한 자금조달이 용이하고 영업 수행에 있어서도 기업의 이미지가 제고되어 유리한 점이 많다.

**| 개인기업과 법인기업의 장·단점 |**

| 구분 | 개인기업 | 법인기업 |
|---|---|---|
| 장점 | • 설립등기가 필요 없고 사업자 등록만으로 사업 개시가 가능하므로 기업 설립이 용이<br>• 기업 이윤 전부를 기업주가 독점할 수 있음<br>• 창업자금이 비교적 적게 소요되어 소자본 창업 가능<br>• 일정 규모 이상으로는 성장하지 않는 중소규모 사업에 적합<br>• 기업활동에 있어 자유롭고 신속한 계획 수립 및 변경 등 용이<br>• 개인기업은 인적 조직체로서 제조 방법, 자금 운용상의 비밀 유지가 가능함 | • 대표자는 회사 경영에 대해 일정한 책임을 지며, 주주는 주금 납입을 한도로 채무자에 대해 유한책임을 짐<br>• 사업양도 시는 주식을 양도하면 되므로 주식양도에 대하여 원칙적으로 낮은 세율의 양도소득세가 부과되며 상장 후에 주식을 양도하면 세금이 없음<br>• 일정 규모 이상으로 성장 가능한 유망사업의 경우에 적합<br>• 신주발행 및 회사채 발행 등을 통한 다수인으로부터 자본조달이 용이<br>• 대외 공신력과 신용도가 높기 때문에 영업 수행이나 관공서, 금융기관 등과의 거래에 있어서 유리 |
| 단점 | • 대표자는 채무자에 대하여 무한책임을 짐<br>• 대표자가 바뀌는 경우는 폐업을 하고 신규로 사업자 등록을 하여야 하므로 기업의 계속성이 단절<br>• 사업양도 시는 양도된 영업권 또는 부동산에 대하여 높은 양도소득세 부과 | • 설립절차가 복잡하고  자본금이 있어야 설립이 가능.<br>• 대표자가 회사 자금을 개인 용도로 사용 시 회사는 대표자로부터 이자를 받아야 함 |

### (2) 세제상의 특징

개인기업은 소득세법의 적용을 받으므로 과세기간은 매년 1월 1일부터 12월 31일까지이고, 과세소득은 총 수입에서 필요 경비를 공제한 금액이 되며, 대차대조표 공고 의무가 없다. 이에 반해 법인은 법인세법의 적용을 받는 바, 과세기간은 정관과 규칙에서 정하는 회계기간에 따라 달라지고 과세소득은 익금 총액에서 손금 총액을 공제한 금액이 되며, 대차대조표의 공고 의무가 있다. 익금과 손금은 세무 회계상 개념으로 익금 또는 손금에 산입하거나 불산입하는 세금 부담은 여러 가지 상황에 따라 차이가 있을 수 있으나, 세율 측면에 있어서는 개인기업보다 법인기업이 유리하다.

**개인기업과 법인기업의 세제상의 특징**

| 내 용 | 개인기업 | 법인기업 |
|---|---|---|
| 과세 근거법 | 소득세법 | 법인세법 |
| 과세 기간 | 매년 1월1일부터 12월 31일까지 | 정관에서 정하는 회계기간 |
| 과세 소득 | 총수입 금액 - 필요 경비 | 익금 총액 - 손금 총액 |
| 과세 범위 | 특정 소득에 대한 분리과세 인정 | 분리과세가 인정되지 않음 |
| 이중과세 여부 | 하나의 원천소득에 대해서 이중과세 안됨 | 법인에게 법인세 과세 후 주주배당에 대해 소득세 과세 |
| 세율 구조 | 약 10~40(변동) | 약 15%~30%(변동) |
| 납세지 | 개인기업의 주소지 | 법인 등기부 등본상의 본점 소재지 |
| 기장 의무 | 수입 금액에 따라 일 기장 의무자, 간이 장부 의무자, 복식 부기 의무자로 구분 | 수입 금액에 상관없이 복식부기의무자임 |
| 외부 감사 제도 | 적용되지 않음 | 자산 총액이 70억 원 이상인 경우 외부 감사인 감사 |
| 대차대조표 공고 | 대차대조표 공고 의무 없음 | 대차대조표 공고 의무 없음 |

### (3) 회계상의 특징

- 대표자의 인건비 : 법인의 대표이사는 고용 관계에 의하여 근로를 제공하므로 그 대가인 임원 보수와 상여금을 손금에 산입한다. 이에 반해 개인기업의 대표는 사업의 경영 주체로서 고용 관계에 있지 아니하므로 급여를 지급 받을 수 없다. 급여를 지급 받아도 그것은 출자금의 인출에 불과하므로 필요경비에 산입하지 아니한다.
- 퇴직급여충당금 : 법인세법은 1년 이상 근속한 모든 임직원에 대해 퇴직급여충당금을 설정 할 수 있다. 따라서 대표이사도 퇴직급여충당금의 대상이 될 수 있으나 개인기업의 대표는 소득세법상 퇴직급여충당금 설정 대상에 속하지 않는다.
- 이연자산 : 법인세법은 법인의 이연자산을 창업비, 개업비, 사채발행비, 연구개발비, 사용 수익 기부 자산 가액 등 5가지로 인정하고 있으나, 개인사업자는 설립등기가 필요 없고 신주를 발행하지 못하므로 소득세법은 개인기업의 이연 자산을 개업비, 연구개발비, 사용 수익 기부자산 가액 등 3가지만 인정하고 있다.
- 대손충당금 : 법인세법은 대손충당금 설정 대상 채권을 소비 대차 계약에 의한 대여금과 미수금을 포함하고 있으나 소득세법은 사업과 관련된 채권만 대손충당금 설정 대상으로 규정하고 있으므로 소비 대차 계약에 의한 대여금과 정상적인 사업거래에서 발생하지 않는 투자자산, 유형자산 처분 미수금에 대하여 대손충당금을 설정할 수 없다.

### (4) 소멸(폐업) 상의 특징

개인기업은 기업주가 영업을 중지하고 관할 세무서에 사업자등록증을 반납하고 폐업신고를 함으로써 기업이 소멸된다. 그러나 주식회사와 같은 법인기업은 상법의 규정에 따라 청산에 관한 절차 또는 파산법에 의한 파산절차를 밟아야 한다. 회사를 청산하려면 청산인을 선입하고 청산인 선임 및 해산 등기를 한 후 채권의 추심이나 채무의 변제 등 청산에 관한 절차와 잔여 재산의 분배에 관한 절차를 우선 종료하여야 한다. 그리고 청산에 관한 사항의 승인을 구하는 주주총회를 열어 청산에 대한 주주의 최종 의견을 거친 후에 청산 종결 등기를 함으로써 법인기업이 법률적으로 소멸된다고 할 것이다.

# Chapter 2 기업가란?

## 1. 기업가의 정의

기업가의 어원을 살펴보면, '기업가(entrepreneur)'란 '수행하다', '시도하다', '모험하다(to undertake)'의 의미를 가지고 있는 프랑스어 'entreprendre'에서 유래되었다.

기업가(entrepreneur)라는 용어의 기원은 깡띠옹(R. Cantillon)이 죽은 후 21년이나 지난 1755년에 발간된 깡띠옹의 사후 저서(Essai sur la nature du commerce en general, 상업일반론)에서 비롯되었다고 한다. 여기서 깡띠옹은 기업가를 "위험을 부담하는 자"이며 "기업가의 소득은 토지임대료나 임금이 아닌 이윤으로 구성된다."고 정의하고 있다. 깡띠옹이 정의한 위험부담자로서의 기업가 이론은 나이트(F. H. Knight)에 의해 기업가정신으로 발전되었다.

기업가가 직면하고 있는 불확실성은 선험적으로 확률분포를 알 수 없기 때문에 보험으로 대응 할 수 있는 위험과 다르다는 점을 나이트는 강조하고 있다. 기업가와 경영자의 구분은 불확실성을 부담하는 기업가 고유의 행동에 있으며, 우월한 판단력과 예견력으로 현재의 생산과 미래의 수요사이의 시차로 인한 불확실성을 줄이는 경영자가 기업가로 변화한다고 나이트는 지적하고 있다. 깡띠옹의 이론을 계승한 다른 학자는 프랑스 경제학자 Say로서 그는 자신의 저서 「A Theories on Political Economy」에서 기업가란 '모든 위험을 감수하면서 토지, 노동, 자본을 활용해 기업을 설립하고 이를 통해 경제성장을 이끄는 사람'이라고 정의했다. 그는 기업가는 난관을 극복하고 기회를 포착하여 그 기회에 따라 행동하고 이러한 과정에서 봉급 수입자와 달리 금전적 위험을 부담한다고 설명했다.

이후 1934년 슘페터(J. A. Schumpeter)는 자신의 저서 「The Theory of Economic Development」에서 기업가란 '기회를 추구하며 자원을 새롭게 결합하는 '창조적 파괴

(creative destruction)'을 통해 경제발전을 주도하는 혁신자'라고 정의했다. 그에 의하면 경제성장의 원동력은 기업가정신에 의해 발현되는 창조적 파괴과정이라는 점이 강조되면서 일반대중들에게 기업가정신의 개념이 널리 알려지게 됐다. 슘페터는 기업가들이 경쟁적으로 수행하는 창조적 파괴과정(creative destruction) 또는 생산요소의 새로운 결합이 자본주의를 자본주의답게 만드는 경제발전의 본질이라고 지적했다. 또한 창조적 파괴로 성공한 기업가는 그의 새로운 결합을 모방하는 기업들이 출현할 때까지 임대료나 임금과 같은 생산요소의 용역에 대한 보상과는 다른 독점적 이윤을 누린다고 지적했다.

기업가는 사업을 계획하여 기업을 설립하는 사람을 말하며 경영자는 이러한 기업을 운영하는 사람을 말한다. 따라서 기업가는 경영자의 역할을 일정부분 담당하는 것이 일반적이지만 경영자라고 하여 모두가 기업가라고 말할 수는 없다. 경영자란 인적·물적 자원의 구성이 완전하게 이루어져서 사업화 된 것을 효율적으로 관리하는 사람이기 때문이다.

기업가에 대한 주요 학자들의 정의를 살펴보면 아래의 표와 같다.

**| 기업가의 정의 |**

| 연구자 | 개념 정의 |
|---|---|
| 16세기 | 군대 원정을 이끄는 책임을 맡은 사람 |
| Cantillon(1755) | 어떠한 가격으로 생산수단을 구입해서 생산물을 만들고 그 비용을 보상하기에 충분한 가격으로 판매하는 사람 |
| Nicollas(1767) | 사람들의 리더, 자원의 관리자, 아이디어의 혁신자, 새로운 과학적 아이디어를 지닌 사람, 위험감수자 |
| Say(1803) | 기업을 설립하기 위해 토지, 노동, 자본을 활용해 모든 위험을 감수하면서 기업을 서립하고 이를 통해 경제성장을 이끄는 사람 |
| Schumpeter(1912) | 기회를 추구하며 자원을 새롭게 결합하는 '창조적 파괴(creative destruction)'를 통해 경제발전을 주도하는 혁신자 |
| Knight(1921) | 불확실한 투자를 감행하고 불확실성에 대한 거부감이 이례적으로 낮은 개인 |
| Penrose(1959) | 창업가적 역량과 분리된 관리적 역량을 보유한 사람, 기회포착을 할 수 있는 사람, 소기업을 발전시킬 수 있는 사람 |

| 연구자 | 개념 정의 |
|---|---|
| McClelland(1961) | 높은 성취욕구와 위험감수성을 가진 사람 |
| Litzinger(1965) | 지원과 동조에 대한 낮은 욕구, 리더십, 결단성, 결정력, 불굴의 인내와 성실성을 가진 사람 |
| Cole(1965) | 기업의 조직, 관리, 조정, 그리고 통제의 기능을 수행하는데 있어서 혁신적 정신을 내포하고 있는 자 |
| Leibenstein(1968) | 리스크 감수성향, 리더십, 성취동기, 위기극복능력을 갖춘 개인 |
| Kirzner(1973) | 수익 기회를 포착하고 현재 충족되지 못한 욕구를 충족시키거나 기존의 것을 보다 효율적으로 하기 위해 행동을 취하는 자 |
| Minzberg(1973) | 조직에서 변화를 설계하고 주도하는 역할을 하는 사람 |
| Rotter(1976) | 내적 통제위치(internal locus of control)를 가진 자 |
| Timmons(1978) | 자신감, 목표지향성, 중간정도의 위험감수, 내적 통제위치, 창의성, 혁신성을 가진 자 |
| Gartner(1988) | 새로운 조직의 창조자 |
| Stevenson and Jarillo(1999) | 자원에 대한 통제가능 여부에 관계없이 기회를 추구하는 과정을 수헤하는 사람 |
| Kao(1999) | 용의주도한 위험감수자, 성취욕구와 자율성의 소유자, 자신감과 내적 통제위치, 도전정신, 솔선수범 등의 속성을 가진 자 |
| Morris et al.(1999) | 경제활동을 통해 개인적 성취를 위한 기회를 창출하기 위해 노력하는 자 |

자료: Kao(1995), 이춘우(1999), 강성일(2006) 참조.

오늘날 기업가는 기회를 인지하고 인지한 기회를 실현시키는 혁신가이며 개발자이다. 이러한 기회를 상품성 있는 아이디어로 변환하고 시간, 노력, 자본 그리고 스킬을 통하여 가치를 부가한다. 경쟁적 시장에서의 위험을 감수하고 아이디어를 실행하며 이러한 노력들의 보상을 현실화시킨다.

올바른 기업가란 올바른 기업가 정신에 입각하여 기업을 창업하고 경영활동을 행하며 선구자적 개척정신과 모험정신을 통해 기업의 혁신활동을 계속적으로 수행하는 주체를 말한다. 여기서 기업가란 기업에 자본을 출자하고 경영활동을 수행하며 경영활동에 대한 결과를 스스로 책임지는 주체를 말한다.

## 2. 기업가와 경영자

기존의 '경영자(manager)'라는 개념은 기업목표를 달성하기 위해 조직의 경영자원을 계획, 조직, 지휘, 통제라는 관리기능을 통해 효율적으로 활용하는 사람이다. 반면에 '기업가(entrepreneur)'는 기회를 포착하여 혁신적, 진취적, 위험추구적 활동으로 새로운 가치를 창출하는 사람이라고 말할 수 있다.

이러한 차이는 경영자는 독립적으로 소유되거나 운영되고, 그들의 분야에서 영향력이 우세하지 않으며 일반적으로 많은 새롭고 혁신적인 실행들과는 무관하다. 그러므로 경영자는 안정적인 매출과 수익 그리고 성장을 통해서 사업을 운영한다. 그에 반해 창업가들의 주요 목적은 혁신 그리고 성장이다. 사업을 혁신적인 전략 실행과 지속가능한 성장으로 특징지으며 새롭게 혁신적인 실행을 통해 공격적으로 기업을 운영한다.

이러한 기업가와 경영자의 차이를 비교하면 다음 표와 같다.

**| 기업가와 경영자 특성 비교 |**

| 구분 | 기업가 | 경영자 |
|---|---|---|
| 기업규모 | 소유경영의 중소기업 | 소유와 경영 분리의 대기업 |
| 책임범위 | 기업전반 | 지위와 역할에 따라 상이 |
| 권한 | 모든 권한의 원천 | 직무, 지위에 따라 상이 |
| 경영스타일 | 개인적이고 가족적인 분위기 | 경영세칙에 따름 |
| 기업목표 | 기업가 개인목표 | 수익극대화 |
| 이윤 | 기업가의 잔여소득 | 기업의 수입 |
| 실패에 대한 태도 | 실패를 발전의 기회로 삼음 | 실패를 인정하기를 꺼림 |
| 기회에 대한 태도 | 기회추구성향 | 착수 전 비용편익분석 실시 |
| 위험에 대한 태도 | 아주 어려운 것이 아니면 위험에 도전 | 위험회피 |
| 의사결정방법 | 자신의 꿈과 생각을 중시 | 상위자에게 순종 |
| 위기관리방법 | 먼저 불을 끄자는 소방수 자세 | 책임소재 밝히는 자세 |
| 행동특성 | 사전대응 | 사후대응 |
| 경영의 기초 | 경기변동 | 마케팅, 재무 등 사업기능 |

자료: Kao(1995), 강성일(2006).

기업가는 경영자와는 달리 고유의 다른 특성을 갖으며 대표적으로 심리특성과 배경특성, 역할 등에서 그 차이점을 들 수 있다.

색톤과 보우만(Sexton & Bowman)은 JPI(Jackson Personality Inventory)와 JRF-E(Jackson Personality Research F-E)라는 심리테스트 도구를 통해 기업가와 경영자의 차이점을 연구하였는데 그 결과 기업가가 경영자에 비해 열정, 위험감수, 사회적 재능 등의 요인에서 더 좋은 결과를 나타냈다.

베그레이와 보이드(Begley & Boyd)는 기업가가 경영자에 비해 성취욕구, 위험감수성향, 모호성에 대한 인내에 관한 항목에서 높은 차이가 있음을 밝혔다.

펜로즈(Penrose)는 단순히 자원을 관리하는 경영자와 기회를 발견하고 이를 사업화하는 기업가를 구분하여 특성을 파악하였다. 또한, 민경호는 기업가는 무(無)에서 유(有)로 가치를 창출하며 재정권에 대한 최종의 책임을 짐으로 높은 위험감수성이나 모험성의 특성을 갖는다고 하였다.

스티븐슨은 기업가와 경영자의 차이를 여섯 가지로 구분하였다.

**기업가와 경영인의 차이**

| | 기 업 가 | 경 영 자 |
|---|---|---|
| 전략적 관점 | 기회 인식에 의해 주도 | 현존 자원에 의해 주도 |
| 기회에의 대처 | 단기간의 혁명적 입장 | 장기간의 진화적 입장 |
| 자원의 투입 | 다단계 방식으로 단계별 최소 위험부담 | 일 단계 의사결정으로 전적인 투입 |
| 자원의 통제 | 필요자원의 간헐적 활용 내지는 임대 | 필요 자원의 직접소유 내지는 고용 |
| 경영 관리구조 | 다양한 비공식 망을 갖춘 수평적 조직 | 공식적 위계를 중시하는 수직적 조직 |
| 보상 정책 | 개인적 기대에 부응<br>경쟁 체제 활용<br>개인적 부 창조 가능성의 인식 증진 | 기존 자원의 범위 내 집행<br>단기 자료에 기반<br>승진/한정된 자 |

경영자와 구분되는 이러한 기업가 특성이 기업성과나 경쟁우위를 제고하는데 긍정적인 역할을 하여 투자자들은 투자를 결정하는 기준으로 기업가의 개성이나 경험이 제품아이디어, 전략, 산업구조, 자금력 등의 요인들보다 중요하다고 하였다.

기존의 기업가 특성에 관한 연구는 인구통계학적 특성, 심리특성, 배경특성, 행동특성에 관한 연구가 주를 이루었으나 최근에는 행동특성, 기술 및 역량 특성을 강조한 연구들이 진행되고 있다. 기존의 주요 학자들에 의한 기업가의 특성에 관한 연구를 살펴보면 아래 표와 같다.

**기업가의 특성**

| 연도 | 주창자 | 특성 |
|---|---|---|
| 1848 | Mill | 위험감수 |
| 1917 | Weber | 공식적 권위의 원천 |
| 1921 | Knight | 불확실성과 위험의 부담으로부터 생기는 이윤 추구 |
| 1934 | Schumpeter | 혁신성, 회사 조직체의 새로운 조합 추진력 |
| 1952 | Hoselitz | 불확실성 감수, 생산자원의 조정, 혁신 도입과 자본제공 |
| 1954 | Sutton | 책임감 욕구 |
| 1959 | Cole | 이윤추구 사업의 추진과 개발을 위한 의도적 행동 |
| 1961 | McClelland | 위험추구, 성취욕구 |
| 1963 | Davids | 야망, 독립성과 책임감 욕구, 자신감 |
| 1974 | Borland | 내적 통제위치 |
| 1978 | Timmons | 추진력, 자신감, 목표지향성, 적당한 위험추구, 통제초점, 창의성 |
| 1980 | Sexton | 정열과 야망, 좌절극복 |
| 1982 | Cassson | 희소자원의 조정에 대한 의사결정과 판단력 |
| 1985 | Gartner | 새로운 조직의 창조 |
| 1989 | Stevenson, Roberts & Grousbeck | 현재 지닌 자원에 관계없이 기회를 추구하는 성향 |

자료: Donald F.Kuratko and Richard M. Hodgeets, Entrepreneurship.

최근 부각되고 있는 기업가의 행동특성은 성공한 기업가는 남다른 자질이 있다는 특질접근법에 대한 접근이며 이러한 기업가의 행동특성이나 능력이 기업성과에 중요한 영향을 미친다고 주장하였다. 이러한 특성은 기업가는 불확실성 속에서 비전을 제시하고 조직구성원에게 강한 동기를 부여하며 기회를 포착해야하는 등의 능력을 가지고 있다고 보고 있는 것이다. 또한, 역량특성은 효과적인 성과를 산출하기 위한 충분한 지식과 기술, 능력과 관련된 개념으로 "효과적 혹은 우수한 성과와 결정적으로 관련된 동기, 특성, 기술, 자기이미지, 사회적 역할, 지식체계 등의 내재된 특성들이 직무상황에서 통합되어 행동으로 발휘된 것"이라 할 수 있는데 이러한 특성도 경영자와 구분되는 기업자의 특성이라 할 수 있다.

## 3. 사회적 기업가

### (1) 사회적 기업이란?

사회적 기업이란 '공익적 목적을 갖는 경제 사업 조직'으로 정의하며 일반 기업과는 달리 이윤 극대화를 목적으로 하기 보다는 사회적 목적 실현을 위해 이윤의 대부분을 재투자하는 기업을 말한다. 주로 일자리 마련이나 사회 통합, 사회 서비스 제공, 지역 경제 지원 등의 목적을 갖는다.

우리나라는 2007년 7월에 '사회적 기업 육성위원회'의 공식 인증을 받은 사회적 기업이 탄생한다. 일반 기업이 사회적 기업으로 인증되면 경영 컨설팅이나 조세 감면 등의 정부지원을 받을 수 있다.

### (2) 사회적 기업가란?

사회적 기업가란 기존의 기업가의 정신에서도 사회에 대한 가치와 임무를 실현하는 기업가를 의미한다. 기존의 기업가는 단순히 고기를 잡는 법을 가르쳐 주었다면, 지금의 사회적 기업은 고기를 잡는 법을 넘어서 그 방법을 혁신적으로 사회를 위해 변화시키는 것 까지 행하는 것을 의미한다. 단기적 성장 목표보단 장기적으로 바라보며 사회적 성장까지를 목표로 잡으며, 기업의 무자비한 성장을 넘어 기업 구성원들의 성장을 넘어 사회에 미치는 영향까지 고려하며 직접 환경 속으로 뛰어들며 장기적 관점으로 기업의 이념을 구성하고 운영해나간다.

### (3) 사회적 기업가가 가져야 할 6가지 자질

#### ① 자가 변화의 의지

사회적 기업가는 자기 스스로에 대한 동기를 부여하고 스스로를 변화시키려 하는 자가 변화의 의지가 다른 기업가들에 비해 조금 더 우세한 편이다. 사회를 변화시킬 수 있는 의지를 다지고 이 해답을 찾기 위해 기업의 비즈니스 모델을 끝없이 바꿔가며, 더 나아가 사회에 대해 오픈된 마인드로 임하며 변모해나간다.

#### ② 견고한 도덕성

사회적 구조를 변화시키기 위한 기업가로서 가장 필요로 하는 것은 다른 것보다 견고한 도덕성이다. 사회의 문제점과 소외된 것들을 찾아내고 그것을 긍정적 역할로 승화시키는데 도덕적 견고함이 없다면 사회적 기업가의 구조적 문제성이 드러나기 때문에 가장 필요로 하는 것이라 할 수 있다.

#### ③ 기존의 틀에서 벗어나고자 하는 의지

사회적 기업가는 기존의 틀에서 벗어난 새로운 기업가이다. 그렇기 때문에 사회적 기업의 모습 자체도 기존의 틀에서 벗어나려 하며 이들의 비즈니스 모델 역시 아무도 생각하지 못했던 부분에서 사회적 책임을 이끌어내는 모습을 담고 있다. 그러기 때문에 사회적 기업가들은 기존의 틀에서 벗어나고자하는 의지가 부쩍 강한 편이다.

#### ④ 영역을 넘나들고자 하는 의지

기존 제도와 사회 구조의 지배적 개념의 모순 속에서 벗어나려는 의지를 활용하여 기존의 것과 새로운 것의 영역을 적당히 넘나드려는 의지가 중요하다. 이것들을 결합하여 만든 창의적 통합체는 현대사회의 다양한 모순점을 찾아 변모시킬 수 있는 하나의 기회이다.

#### ⑤ 조용히 일하고자 하는 의지

새로운 비즈니스 모델을 구상하고 만들어내는 데에만 십수년이 걸리고는 한다. 그 동안 기업가는 이것을 조용히 지키며 일을 꾸준히 밀고 나가는 의지와 능력이 수반되어야 한다.

#### ⑥ 업적 나눔의 의지

기업가는 업적을 귀히 여기며 사업 확장의 의지에 더 활용한다. 하지만 사회적 기업가는 사회적 성격을 십분 활용하여 자신의 업적을 자신뿐 아니라 주변인들의 공로로 돌리며 기업의 업적을 공유하며 타인을 칭찬한다.

## 4. 기업가의 자질과 역할 특성

### (1) 기업가의 자질 개념

#### 가. 기업가의 자질의 정의

기업가로서 요구되는 자질은 기업의 규모나 성격에 따라서 매우 다양하다. 다양한 기업가의 자질 중 개인적인 특성에 따라 여러 가지로 분류하기도 하지만 일반적으로 선천적 자질과 후천적 자질 두 가지 유형으로 나누어 볼 수 있다.

1) 선천적 자질

① 새로운 것에 도전하는 모험심이 유별난 사람
② 가능성에 대한 집념에 대한 강한 사람
③ 스케일이 크고 큰일을 해내는 사람
④ 사람을 잘 통제할 줄 아는 사람
⑤ 쉽게 좌절하지 않고 의지력이 강한 사람

2) 후천적 자질

① 본인이 지금까지 쌓아온 창업관련 분야에서의 경험
② 지금까지 배워서 얻은 학문과 지식
③ 본인의 성격, 체질, 체력적인 자질
④ 본인이 가지고 있는 자격, 사회지위, 전 직장에서의 신용
⑤ 지금까지 인간관계에 있어서의 교제 인물의 폭과 깊이
⑥ 창업환경을 둘러싼 인간관계

### 3) 기업가의 자질 측정

보통 행동지향적, 모험적, 창의적 그리고 성장지향적인 성격을 기업가 기질이라고 한다. 사업경영자로서 다음의 자질테스트를 해보면 자신의 기업가적 자질을 알 수 있다.

다음 각 항목을 1~5의 기준으로 점수를 매겨보자.

당연히 그러하다(5), 그런 편이다(4), 그저 그렇다(3), 그렇지 않은 편이다(2), 그렇지 않다(1)

---

1. 돈을 많이 벌고 싶다. (　　)
2. 꼭 내 사업장을 갖고 싶다. (　　)
3. 나의 능력을 충분히 발휘하고 싶다. (　　)
4. 보다 자유스러워지고 싶다. (　　)
5. 신용은 나의 생명이다. (　　)
6. 정신적으로나 육체적으로 건강하다. (　　)
7. 무에서 유를 창조하는 적극성과 끈기가 있다. (　　)
8. 유머 감각이 뛰어나다. (　　)
9. 인간관계가 폭넓고 좋다. (　　)
10. 도덕적으로 행동하고 봉사정신이 있다. (　　)
11. 언제나 고객은 왕이다. (　　)
12. 전문가적 지식과 기술이 있다. (　　)
13. 재무회계를 충분히 이해한다. (　　)
14. 사업자금 조절 능력이 있다. (　　)
15. 사람을 잘 따르게 한다. (　　)
16. 조사 분석력이 뛰어나다. (　　)
17. 품질을 중요시 한다. (　　)
18. 차별화를 꾀하기 위해 노력한다. (　　)
19. 불황은 성공을 위한 기회이다. (　　)
20. 항시 일을 좋아하고 연구한다. (　　)

---

※ 위에서 측정한 각 항목의 점수를 합한 결과를 낸 뒤, 다음의 결과내용을 보면

사업가로서 어느 정도 자질을 가지고 있는가를 알 수 있다.

| 점수 | 결과내용 |
|---|---|
| 90~100 | 중소 사업가로의 성공 확신(성공을 확신할 수 있으므로 확실한 사업 요망)<br>사업가로의 성공 확신을 위한 향상 교육 필요 |
| 80~89 | 소규모 사업가로의 성공 확신(성공을 확신할 수 있으므로 확실한 사업 요망)<br>사업가로의 성공 확신을 위한 향상 교육 필요 |
| 70~79 | 사업가 기질(사업가 기질이 충분하므로 노하우를 겸한 확실한 사업 요망)<br>사업가로의 성공 확신을 위한 향상 교육 필요 |
| 55~69 | 관리자 기질(사업가 기질보다는 훌륭한 참모로서 활동하는 것이 바람직)<br>경영자 수업 필요 |
| 40~54 | 종업원 기질(종업원으로서 맡은 바 주어진 임무에 충실하는 것이 좋음)<br>관리자 수업 필요 |
| 0~39 | 문제 보유 기질(종업원 기질도 부족하므로 부단한 노력 요망)<br>종업원 교육 필요 |

## 나. 성공하는 기업가와 실패하는 기업가의 자질

일반적으로 성공하는 기업가의 자질은 개인적인 특성을 중심으로 그 자질을 갖고 있는 것도 중요하지만 실천적인 면을 중심으로 살펴보면, 분석력, 예측력, 조직력, 추진력, 조정력, 설득력, 포용력 등의 다양한 관리능력을 기반으로 그 자질을 갖추고 있어야 한다.

### 1) 성공하는 기업가의 자질

① 정통파로서 동료들 간에 평판이 좋은 사람
② 부부·가족 간의 이해와 협력을 받는 사람
③ 종업원 관리능력이 우수한 사람
④ 정리, 정돈의 습관이 있고 청결감이 있는 사람
⑤ 고객에 대한 서비스정신이 있는 사람
⑥ 신용도가 높은 사람
⑦ 신속성과 사무처리 능력이 있는 사람
⑧ 자세가 진취적이고, 과거에 집착하지 않는 사람

2) 실패하는 기업가의 자질

① 무리한 차입 계획으로 시작한 사람
② 자기 자신의 경험, 능력을 과시하는 사람
③ 이론이 앞서고, 극단적으로 앞서가는 사람
④ 행동이 따르지 않고, 불만만 하는 사람
⑤ 결단력, 판단력에 결함이 있는 사람
⑥ 의타심이 있어 자주성이 없는 사람
⑦ 청결함이 없는 사람
⑧ 타인에게 지시를 못 내리는 사람(명령만 받는 습성이 있는 사람)

### (2) 기업가의 역할

기업가는 경영활동에 필요한 자금을 조달하는 자금조달기능, 생산요소들을 혁신적으로 결합하여 기업의 성장을 유도하는 기업혁신기능을 담당하며, 기업의 목표를 계획하고 조직을 구성하며 충원하고 이들을 지휘·통제함으로써 기업의 가장 궁극적인 목적인 이윤추구의 극대화를 달성한다. 더불어 오케스트라의 지휘자처럼 경영활동에 대한 결과를 총체적으로 책임지는 역할을 수행하여야 한다.

#### 가. 창업아이디어 창출

기업가는 자기가 추진하고자 하는 사업에 대한 목적 및 취지에 따른 기업가의 적성, 해당업종에 대한 전문성과 경험, 자금조달 능력을 선행적으로 고려하고 창조적인 사고력과 통찰력으로 소비자들의 잠재된 요구와 욕구를 충족시켜 줄 수 있는 아이디어를 창출하여야 한다.

#### 나. 사업목표설정

기업가는 선택한 아이템을 바탕으로 최소한의 사업타당성 검토를 실시한 후 사업목표를 설정하고 사업을 실제 수행하여야 한다. 사업계획 수립단계에서부터 실제사업단계에서 발생 될 수 있는 문제에 대한 대안들을 모색하고 이를 신속하게 판단하고 적용시키는 과감한 결단력과 추진능력을 갖추어야 한다.

#### 다. 기업환경과의 조화

기업을 둘러싸고 있는 기업의 내부환경 요인과 외부환경 요인들을 정확하게 파악하여야 한다. 내부환경에 대한 파악은 기업의 강점과 약점을 알게 해주므로 약점을 보강하여야 한다. 또한 외부환경 중 직접환경은 기업의 경영활동에 직접적이고 계속적으로 영향을 미치므로 이를 통제하여야 하며, 간접환경은 기업에 점진적이고 비반복적으로 영향을 미치므로 변화양상을 예측하여 순응하고 적응해야 한다.

### 라. 강력한 리더십

창업초기에서 기업이 어느 정도 안정적 단계에 이르기까지 기업의 인사, 조직관리, 재무관리, 생산관리, 마케팅, 구매, 관공서 등 모든 분야에 걸쳐 대표자가 해결해야할 문제점이 산재해있다. 이러한 문제점을 해결하기 위해서 기업가는 강력한 리더십을 바탕으로 기업의 구성원들에게 계속적인 동기부여와 비전을 제시하고, 화합을 바탕으로 기업의 목적이 달성할 수 있도록 격려하여야 한다.

### 마. 지속적인 혁신

오늘날의 기업환경은 완전경쟁시장에 가까워 누구라도 시장에 진입할 수 있다. 또한 인터넷의 발달로 전세계가 하나의 시장화 되어 있으며 발전속도도 매우 빠르다. 따라서 기업들이 현재의 상태에 안주하는 것은 곧 기업이 경쟁에서 열위로 밀려나는 결과를 초래하게 된다. 따라서 기업가는 끊임없는 노력을 통해 계속적인 기업혁신을 이루어 나가야 한다.

### 바. 사회적 책임의식

기업은 사회 환경의 구성원으로써 사회 환경에 적응하고 환경개발을 지속적으로 수행하며 경제활동은 영위함으로써 그 존속과 발전이 가능하게 되었다. 따라서 기업가는 소비자 문제, 종업원 고용문제, 지역사회문제, 환경문제 등 기업이 사회구성원으로써 담당해야 할 사회적 책임을 성실히 수행하여야 하는 필연적 의무를 수행할 수밖에 없는 시점에 있다.

## (3) 기업가의 특성

'기업은 먹고살기 위해서가 아니라, 하고 싶어서 해야 성공한다.' 이것은 런던 비즈니스 스쿨과 미국의 밥슨칼리지가 최근 미국 등 29개 기업들을 대상으로 창업 이유를 조사·분석한 결론이다. 즉, 직장에서 해고당하거나 하는 이유로 어쩔 수 없이 창업한 회사(필요기업-Necessity Entrepreneur)보다는 일을 하고 싶은 마음으로 만든 회사(기획

기업-Opportunity Entrepreneur)가 더 많은 일자리를 만들어 낸다는 것이다.

바람직한 특성을 모두 갖춘 완전한 기업가란 사실상 존재하기 어렵다. 보통 기업가들은 동업자, 협조자, 관리자들로부터 자신의 약점을 보완할 수 있으며, 이미 성공한 기업가들로부터 바람직한 개인특성을 체득하여 성공비결을 배울 수 있고, 실패한 기업가들의 사례로부터 부적절한 개인특성을 사전에 미리 제거함으로써 성공가능성을 높일 수 있다.

미국의 벤처기업 연구에 의하면, 그 동안 50여 개의 기존 연구결과들을 종합하여 성공한 기업가들과 실패한 기업가들의 특성과 형태에 대하여 다음과 같이 종합하였다. 성공 또는 실패하는 기업가들의 공통적인 특성은 창업자가 성공하기 위하여 조건을 갖추거나 제거하여야 할 사항이라고 하였다. 이러한 기업가의 특성은 상당 부분 후천적인 학습에 의해 개선이 가능하다. 특히, 기업가가 자신의 사업에 대하여 강한 동기가 유발되었을 때 더욱 빠르게 개선될 수 있다고 한다.

## 가. 성공한 기업가의 특성

① 높은 사업 몰입도, 인내심 : 성공한 기업가들은 사업에 대한 몰입도가 높고, 인내심이 강하다고 한다. 특히, 많은 벤처캐피탈 회사들은 투자 여부를 결정함에 있어 기업가가 얼마나 자신의 시간적, 물질적 자원을 실제적으로 투입하고 있는가를 중시한다. 이는 사업에 대한 몰입정도가 사업성공에 중요한 영향을 미침을 나타낸다.

② 강한 성취욕구와 성장욕구 : 성공한 기업가들은 스스로 목표를 설정하고, 그 목표에 대하여 단계적으로 목표를 뛰어넘는데 주력한다. 그리고 이 목표가 달성되면 다시 새로운 목표와 기준을 상향조정하여 계속적으로 도전한다. 그러한 일련의 과정을 겪으면서 성취욕구를 맛보며 즐기게 된다. 그들의 즐거움은 성취욕을 이끌어내며, 그러한 성취는 제2의 도전을 이루어낸다.

③ 기회포착 및 목표 지향적 : 현재 보유하고 있는 자원에 근거하여 행동하기 보다는 기회를 먼저 포착하고 자원과 전략을 거기에 맞추어 나가려는 기회지향적인 성향이 있다. 그리고 높지만 달성 가능한 목표를 설정하고 거기에 모든 힘을 집중하려고 한다. 때로는 무리한 가능성일지라도 이들은 두려움보다는 '성공'이라는 목표를 향해 도전한다.

④ 주도적이고 책임감이 강함 : 성공하는 기업가들은 남의 의견이나 간섭을 참고 하면서도 자기주도적이다. 자기의 시나리오에 의한 생각과 직관에 의해 주도적으

로 문제를 탐색하고 해결책을 제시하려 한다. 그리고 일의 결과에 대해 스스로 책임지려 한다.

⑤ 끈질긴 문제해결 노력 : 하고자 하는 일에 장애요인들이 나타날 경우 이를 극복하려는 욕구가 강하여 안 되는 쪽보다 되는 쪽 즉, 부정적 접근법 보다 긍정적인 접근법에 몰두하여 하기 전에 포기하기보다는 최대한의 노력을 경주하며 문제해결을 위해 끈기 있게 노력한다. 이에 따라 인내심이 강한 편이나 불가능하다고 판단하는 일에 대해서는 단념도 빠르다.

⑥ 낙관적인 현실주의와 유머감각 : 외부환경과 자신의 강점, 약점들에 관한 냉철한 판단을 중시하는 등 아주 현실적이지만 매사를 긍정적으로 보는 낙관적 자세를 견지한다. 그리고 어려운 여건 하에서도 유머를 잃지 않는 등 정신적 여유를 갖고 있는 경우가 많다. 또 그렇지 못한 기업가는 그러한 기업가를 닮기 위해 노력한다.

⑦ 피드백의 활용 : 피드백을 효과적으로 활용함으로써 자신의 잘못을 신속하게 파악하고 잘못된 부분을 재빨리 수정한다. 이에 따라 유능한 기업가들은 대부분 남의 이야기를 잘 청취하고 학습능력이 뛰어난 편이다.

⑧ 계산된 위험 감수와 위험의 공유 : 뛰어난 기업가는 도박가가 아니다. 그들은 사전에 충분한 검토와 의견청취 및 조사를 동해 미리 세심하게 계산을 한 후 결정을 내리며 그 결정에 대해 어떠한 결과가 오더라도 후회하지 않을 정도로 주위 사람들과 관련자와 공유하려 하며 동조를 얻고자 노력한다.

⑨ 지위와 권력에 대한 낮은 욕구 : 권력욕구보다는 성취욕구에 의해 행동한다. 지위나 권력은 성공의 결과로 얻어 지는 것이므로 처음부터 이것을 억기 위해 노력하지는 않는다. 이에 따라 유능한 기업가는 독재자보다는 중재자 혹은 협조자의 역할을 수행한다.

⑩ 정직과 신뢰 : 정직과 신뢰가 없이 달성한 일시적인 성공은 궁극적으로 실패한다는 신념으로 장기적 관점에서 인간관계를 유지하고 사업 활동을 한다.

⑪ 신속한 결단과 실천 : 신속하게 움직여야 하는 일에 대하여는 빠른 결정을 내리고 곧바로 실천에 들어간다. 그러나 그 일이 장기적으로 진행되어야 하거나 일의 결과가 장기적으로 나타나는 경우 인내심을 가지고 기다린다.
한편으로 기업가가 너무 신속한 의사결정에 의해 직원들이 쉽게 받아들이지 못하거나, 따라 오지 못하는 경우가 속출하기도 하며, 결정사항이 수시로 변경되는 오류를 범하기도 한다.

⑫ 실패에 대한 적절한 관리 : 실패에 실망하지 않고 두려워하지도 않는다. 오히려

실패를 통하여 배우려는 자세가 강하다. 비관적 상황에서 낙관을 발견하고 위기 속에서 기회를 발견하는 지혜를 발휘한다.

⑬ 팀 구축자 / 동기 부여자 : 유능한 기업가는 독불장군식으로 일하기보다는 열의에 가득 찬 팀을 만들어 공동으로 일을 추진한다. 또한 자기 혼자 영웅이 되기보다는 구성원들에게 할 수 있게 만듦으로써 동기를 부여한다. 아울러 뛰어난 기업가는 과거에 비해 현재 무엇이 변하였고, 향후 어떤 효과가 있을지 성과 자체를 키우는 데 주력한다.

### 나. 실패한 기업가의 특성

아래의 내용은 실패한 기업의의 특성과 유형에 대하여 설명하였다. 전체적으로 ①~⑧에 모두 해당되는 경우 사업 추진을 재고하는 것이 필요하다.

① 불사조형 : 너무 확신에 의한 결론적 사고로 자신에게는 실패가 일어나지 않는다는 망상에 사로잡힌 경우를 말한다. 이 경우 방만하고 경솔한 투자로 실패할 가능성이 높다.

② 천하무적형 : 항상 남보다 우월하고 어떤 경쟁자라도 제거할 수 있다는 자만으로 가득찬 경우를 말한다. 이 경우 경쟁자와 소모적 경쟁을 벌임으로써 사업에 해를 끼칠 수 있다.

③ 간섭마라형 : 다른 사람의 지시와 조언을 불필요하게 여기고 기피하는 성향으로서 이 경우 주위로부터 피드백이 부족하여 잘못된 의사결정이나 행동을 수정할 기회를 놓치기 쉽다.

④ 즉흥형 : 매사를 그 당시의 상황과 기분으로 결정하고 처리하는 성향을 의미한다. 이 경우 어떤 행위나 결정에 대하여 그것이 갖는 궁극적인 의미나 실제 결과를 파악하기 어렵다. 또한 더 나은 대안을 찾지 못하는 결점을 갖는다.

⑤ 기복신앙형 : 잘되면 운이 좋아서, 안되면 운이 나빠서 그렇게 되었다고 생각하는 성향이다. 운명주의적 철학이나 기복신앙을 가진 사람들에게서 많이 나타난다.

⑥ 완벽주의형 : 완벽한 일처리를 지나치게 강조하는 성향을 의미한다. 예를 들면, 자사에서 신규로 생산하는 제품의 불량으로 인해 고객신뢰와 원망이 있을지 모른다는 두려움에 너무 세심한 주위를 기울이다 정작 소요되는 비용, 시장의 여건, 타이밍 등을 무시한 결정을 내리기 쉽다.

⑦ 안다형 : 문제에 대한 해답을 자신이 모두 안다는 자만심을 의미한다. 이 경우 주위로부터 더 나은 해답을 얻을 기회를 잃기 쉽다.

⑧ 독불장군형 : 주위로부터 도움이나 협조를 받지 않고 모든 것을 혼자 결정하고 처리하려는 독불장군식의 자세를 취하는 기업가를 말한다. 규모가 적을 경우에는 유지 가능하나 규모가 커질수록 기업은 어려워질 수밖에 없다.

### (4) 기업가가 갖추어야 할 능력

기업가가 갖추어야 할 능력은 ① 강한의욕 ② 정신적 능력 ③ 인간관계 능력 ④ 의사소통 능력 ⑤ 기술적 지식 ⑥ 의사결정 능력 ⑦ 문제해결 및 대안제시 능력 등이 필요하다.

① 강한의욕 : 기업가의 강한 의욕은 사업과 일에 열정적으로 몰입하는 데 도움을 준다. 특히 새로운 사업을 설립하고 운영하는 데는 많은 노력과 열정이 필요하기 때문에 이러한 개인특성은 중요한 역할을 한다. 그러나 열심히 일만 한다고 성공이 보장되지 않듯이 강한 의욕만으로는 부족하다. 많은 경우 합리적인 계획과 판단이 결여된 채 의욕만 앞세운 결과 실패하는 수가 있다.

② 정신적 능력 : 기업가의 정신적 능력이란 지적능력, 창조적 사고력, 분석적 사고력 등을 의미한다. 기업가는 이러한 정신적 능력에 의하여 사업의 당면문제를 체계적으로 분석해 내고, 창조적 문제해결책을 제시하며 합리적인 일을 할 수 있다. 이러한 능력은 기회를 포착하여 현실화하는 데 중요한 역학을 한다.

③ 인간관계 능력 : 인간관계 능력은 주로 정서적 안정성, 대인관계의 기술, 사교성, 타인에 대한 배려, 감정이입 능력 등을 의미한다. 예를 들자면, 감정이입 능력이 뛰어난 기업가의 경우 타인의 입장에서 사물을 바라보고 생각하기 때문에 타인의 느낌과 생각을 효과적으로 파악할 수 있다. 이러한 인간관계 능력은 고객과 종업원의 생각과 입장을 이해하게 함으로써 사업운영에 많은 도움을 줄 수 있다.

④ 의사소통 능력 : 의사소통 능력은 문서 또는 말로써 자신의 의사를 효과적으로 전달하는 능력을 말한다. 기업가는 사업을 원활하게 운영하기 위하여 고객, 종업원, 공급자, 채권자 등과 효과적으로 의사소통을 하여야 한다. 따라서 이러한 능력은 성공적 사업운영을 위해 필요한 요소라고 할 수 있다.

⑤ 기술적 지식 : 사업이 성공하기 위해서는 궁극적으로 시장에서 판매될 수 있는 제품과 서비스를 실제로 만들어내야 한다. 이러한 기술적 지식은 고객이 원하는 제품과 서비스를 만들어 판매하는 과정에서 필요한 기술과 기법을 포함한다. 예를 들자면 제품제조 기술, 설비가동 기술, 판매기법, 재무분석 기법 등이 그것이다.

⑥ 의사결정 능력 : 기업의 경영활동은 의사결정 과정의 연속이라 할 수 있다. 그러

므로 기업가는 전략적인 의사결정을 할 수 있는 능력을 갖추어야 한다. 과학적인 방법에 의해 의사결정을 할 수 있도록 결정과정에 합리성과 효율성을 추구해야 하며, 사업운영과 관련하여 정확한 의사결정을 시의 적절하게 내리는 것은 사업 성공에 중요한 영향을 미친다.

이러한 의사결정을 통하여 회사는 여러 가능한 대안 중 가장 적절한 방향으로 나아갈 수 있다.

⑦ 문제해결 및 대안제시 능력 : 문제해결 및 대안제시 능력은 복잡한 현상의 핵심을 간파하고 그것을 간결한 형태로 재구성함으로써 더운 효과적인 문제해결책을 제시할 수 있는 능력을 말한다. 기업가는 이러한 문제해결 및 대안제시 능력에 기초하여 아무도 간파하고 있지 못한 기회를 포착하고 효과적인 전략적 대안을 제시할 수 있다. 또한 회사 내부에 관한 문제에서도 전체 조직의 특성과 문제점을 파악하여 조직의 각 부문들이 사업성공을 향해 함께 힘을 모을 수 있는 법을 강구할 수 있다.

기업가가 위의 능력과 특성을 모두 갖추었다고 해도 성공이 보장되지 않는 다는 것이다. 그 이유는 능력을 보유하였다고 반드시 그것이 발휘되는 것이 아니기 때문이다. 또한 사업성공에는 이러한 개인특성과 함께 외부환경과 같은 상환요인이 중요한 영향을 미치기 때문이다. 그럼에도 불구하고 이러한 능력을 많이 갖춘 기업가는 그렇지 못한 기업가에 비해 성공할 확률이 그만큼 더 높다고 할 수 있다.

이러한 기업가의 능력을 앞에서 언급한 기업가의 과업과 연결시키면 아래의 표와 같다. 기회의 포착과 사업구상에는 기업가의 강한 의욕 정신적 및 개념적 능력이, 사업의 실제수행에는 강한 의욕 및 정신적 능력과 함께 기술적 지식과 의사결정 능력이 필요하다. 또한 대인관계 업무와 리더십 발휘에는 인간관계 능력과 의사소통 능력이 중요하다.

**❙ 기업가의 과업특성과 필요 능력 ❙**

| 과 업 특 성 | 필 요 능 력 |
|---|---|
| 기회의 포착과 사업구상 | 강한 의욕, 정신적 능력, 개념적 능력 |
| 사업의 실제수행 | 강한의욕, 정신적 능력, 기술적 지식, 의사결정능력 |
| 이해자 집단과의 관계 | 기술적 지식, 인간관계 능력, 의사소통 능력 |
| 리더십 발휘 | 인간관계 능력, 의사소통 능력 |

# Chapter 3 기업가정신이란?

## 1. 기업가정신의 개념

### (1) 기업가정신의 정의

기업가정신(entrepreneurship)은 위험(risk)이 있는 새로운 사업(new business)을 운영하기 위한 경영자들의 창의적이고 모험적인 성향을 의미한다. 즉, 현실적으로 기업가정신은 자원의 제약과 위험의 존재에도 불구하고 모험정신을 발휘하여 창업, 성장, 신사업, 신시장을 일구어 고도화를 꾀하는 기업가의 의지를 말한다.

피터드러커(P. Drucker)는 그의 저서 '이노베이션과 기업가정신'에서 기업가란 변화를 탐구하고 변화에 대응하며 변화를 기회로 이용하는 자로 보았다. 기업가는 변혁을 일으키고 새롭게 이질적인 가치를 창조해야 하는 자이고, 이러한 활동을 수행해 가는 과정에서 위험을 감수해야 한다는 것이다.

따라서 기업가정신(entrepreneurship)은 기업가의 본래 기능을 적극적으로 달성·수행하는 마음가짐을 말한다. 즉, 기업가의 고전적·전통적 본질로부터 ① 비전과 개척자 정신 : 창업(start-up), ② 창의성과 혁신(innovation), ③ 위험부담과 '할 수 있다(can do spirit)'는 성취동기가 기업가정신으로 도출될 수 있다. 기업가의 현대적 본질로부터 ④ 우수기업의 창조와 훌륭한 인재양성(건전한 지도자의 양성)의 책임, ⑤ 사내 기업가정신과 변혁적 리더쉽이 추가로 요청된다.

한편 기업가정신은 창업가정신으로 확장되면서 "보상과 위험을 가정하고 새로운 어떤 것을 창조하는 과정"으로 볼 수도 있다. 기업가정신이 많은 관심을 끌게 된 것은 전세계적으로 창업이 크게 늘고 있는 점과 무관하지 않다. 이러한 창업의 붐은 정보사회로의 진전, 수요의 다양화, 정보통신기술 등 급속한 기술의 발전, 기업가정신의 확산, 사이버공간의 등장으로 인해 첨단소기업의 창업이 쉬워지고 있는 산업여건에 힘입은 바 크다. 그리고 젊은이들의 꿈의 실현과 벤처기업 성공사례에 고무되어 창업에 도전하고 있는 것이다.

### (2) 기업가정신과 벤처정신

기업가는 기업가정신으로 무장된 벤처정신이 필요하다. 기업가가 벤처기업을 창업하여 성장/발전하기 위해서는 3가지 핵심요소가 필요하다고 한다. 즉, ① 기업가/창업팀(founder), ② 기회(opportunity), ③ 자원/시스템(resources)이다. 벤처기업경영을 농사에 비유하자면, 기업가는 농부에, 기회는 씨에, 자원/시스템은 밭에 비유될 수 있다.

물론 사회적 여건 등은 햇볕에 해당될 수 있을 것이다. 농사가 잘 되려면 이 모든 것이 꼭 필요하지만 가장 중요한 것은 "농부"라 할 수 있을 것이다. 결국 "우수한 기업가"와 "좋은 기회"는 벤처기업 성공을 위한 중요한 요소이며, 이 중 기업가는 핵심 성공요인이다.

그러면 우수한 기업가가 갖추어야 할 조건은 무엇인가? 우선 행태적 측면에서는 ① 사업에 대한 헌신/몰입(commitment)과 확고한 결의, ② 기회에 대한 포착, ③ 위험·모호성·불확실성에 대한 수용, ④ 창의성·자립심·적응력, ⑤ 남보다 앞서려는 동기, ⑥ 리더쉽, ⑦ 현실감각과 유머감각 등이 필요하다. 또한 창업을 하려면 준비과정이 필요하며, 미리 배우고 준비하여 기회의 창(window of opportunity)을 잘 포착해야 한다. 아울러 기업이 발전하려면 기술혁신능력 뿐만 아니라 경영관리능력도 필요하다. 일반적으로 기술적 배경을 가진 창업인이 이러한 경영지식을 다 가지기는 어려움이 있으므로 서로 보완적인 역량을 갖춘 사람들이 팀을 구성하여 창업을 하는 경우가 많다. 그리고 이러한 역량들은 타고나기 보다는 후천적으로 얻어지는 경우가 더 많다. 따라서 기업가정신으로 무장된 기업가는 항상 벤처정신이 배어 있으므로 벤처기업을 성장 발전시키게 된다.

### (3) 기업가정신의 기원과 배경

역사적으로 기업가 정신이 언제부터 나타났는지는 명확하기 않다. 그러나 산업혁명 이전에도 무역을 하던 중 기업가의 역할이 대두되고 있었음은 부인할 수 없을 것이다. 그 당시 캔틸론(Cantillon)의 기업가에 대한 정의를 분석하여 보면 기업가 정신은 단순한 위험가속성에 바탕을 둔 관리행동이 중심이 되어 나타났을 것으로 추론된다. 그러나 이는 기업가 정신의 일면만을 나타냄으로써 진정한 의미의 기업가 정신으로 평가될 수 없었다.

진정한 의미의 기업가 정신은 산업사회의 등장과 함께 대두된다. 농업사회, 상업사회에서 산업사회로 이행되는 과정은 사회경제적으로 일대 변혁기였으며, 이러한 변혁의 구심점은 산업혁명으로 고찰될 수 있다. 기업가 정신은 이러한 과정 속에서 자율적으로 나타나서 산업혁명의 중요한 원동력이 되었다. 모범적인 산업혁명으로 평가되는 영국의 산업혁명은 경험적이며, 합리적인 단계였으며, 그 속에서 나타난 기업가 정신 역시 비슷한 성격으로 간주된다. 당시의 기업가는 자본가이고 공장관리자이며 상인으로서 경험주의적이고 합리주의적 행동을 발휘하는 기업가로 인식되었다.

사실 영국의 산업혁명은 이러한 민간기업가들의 활발한 활동에 의해서 자생적으로 이루어졌는데, 이러한 활동의 기반은 타국가에 비해 유리한 환경적 조건이 구비되었기 때문이다. 산업혁명기에 영국의 정치적, 경제적, 사회적 환경은 프랑스, 독일을 비롯한 19세기 후진국의 공업화 초기에 나타난 환경과 대비해 볼 때 대단히 유리하였으며, 공업화 초기단계의 오늘날 후진국에 비해서도 크게 유리하였음을 파악할 수 있다.

먼저 18세기 영국의 정치적 환경을 살펴보면 무엇보다 정치적으로 안정되어 있었으며, 절대왕권이 제한되고 중산층계급이 활성화되었다는 점을 지적할 수 있다. 정부의 태도 역시 완전한 자유방임은 아니었으나, 국내 경제활동을 규제하던 법령을 폐기함으로써 민간 경제활동의 자유를 보장하였다.

경제적 환경을 보면 시장규모가 크게 확대되었다는 점을 들 수 있다. 이는 해외시장의 확대가 중심이 되었지만 유료도로, 운하 등의 새로운 교통수단이 등장함으로써 상당한 국제시장의 확대도 도모할 수 있었다. 또한 급속한 인구증가와 실질소득 증가가 맞물려 시장 확대의 중요한 요인이 되었다. 이러한 환경적 요인의 덕택으로 영국에서는 기업가 정신의 발휘가 자연스럽게 이루어졌으며 이는 모범적 산업혁명을 완성하는 원동력이 된 것이다.

### (4) 기업가정신의 견해

기업가정신과 관련된 대표적 학자로는 미국의 경제학자 슘페터(Joseph Alois Schumpeter)를 들 수 있다. 그는 새로운 생산방법과 새로운 상품개발을 기술혁신으로 규정하고, 기술혁신을 통해 창조적 파괴(creative destruction)에 앞장서는 기업가를 혁신자로 보았다.

그는 혁신자가 갖추어야 할 요소로 ① 신제품 개발, ② 새로운 생산방법의 도입, ③ 신시장 개척, ④ 새로운 원료나 부품의 공급, ⑤ 새로운 조직의 형성, ⑥ 노동생산성 향상 등을 꼽았다. 이 6가지 외에도 여러 가지가 있지만, 슘페터가 정의하는 기업가 정신은 대체로 이와 같다.

전통적인 의미의 기업가 정신 역시 슘페터의 정의와 크게 다르지 않다. 미래를 예측할 수 있는 통찰력과 새로운 것에 과감히 도전하는 혁신적이고 창의적인 정신이 전통적 개념의 기업가 정신이다. 현대에는 이러한 전통적 의미의 기업가 정신에 ① 고객제일주의, ② 기술보국, ③ 공정한 경쟁, ④ 근로자 후생복지, ⑤ 사회적 책임의식까지 겸비한 기업가를 진정한 기업가로 보는 견해가 지배적이다.

기업가정신(Entrepreneurship)이라는 용어에 대하여 공통된 정의는 아니지만 학자들의 견해는 크게 두 가지로 볼 수 있다.

첫째, 기능적 접근에 의한 정의로서 기업가정신의 경제적 기능에 초점을 두었다. 예를 들면 18세기 Richard Cantillon은 기업가정신을 불확실한 가격에 상품을 구입하여 불확실한 가격으로 판매함으로써 발생하는 위험의 부담이라고 정의하였다. 19세기에 들어와 Jean B. Say는 이 같은 정의에 생산의 기능을 첨가하였다. 즉 기업가는 생산의 기능을 담당함으로써 이윤을 창출한다고 하였다.

둘째, 기업가의 개인특성으로써의 기업가정신을 정의하였다. 이러한 정의는 개인 기업가의 사회 심리적 특성에 초점을 두었다. 예를 들면 성취욕구, 자유 실천의지, 위험감수성향 등 심리적 특성을 강조 하였으며, 가정환경과 교육수준 등 사회적 요인을 중시하였다.

위의 두 가지 정의방법은 각기 장단점이 있어 어느 한 접근방법 우월하다고 하기는 곤란하다. 기업가정신을 기업가의 인간적 특성을 배제하고 경제적 기능만으로 정의하기에는 문제가 있다. 또한 창업가의 개인적 특성만으로 기업가정신을 이해하기에는 복잡한 현실을 충분히 설명하지 못한다.

이러한 문제점을 인식하여 종합적으로 기업가정신을 설명하기도 한다. 예를 들면 Hisrich와 Brush의 정의인데 그들은 기업가정신을 가치 있는 무엇을 창조하는 과정으로 보았다.

"기업가정신이란 위험부담과 그에 상응하는 보상을 전제로 하여 가치 있는 것을 새로 창조하는 과정이다." 또 Kao는 '가치창조의 행동'을 정의하였는데 "기업가정신이란 사업기회의 인지, 위험부담의 적절한 관리, 적절한 자원도원의 기술을 통하여 가치를 창출하려는 시도이다"라고 하였다.

경제학적 관점에서 기업가정신이라는 개념에 대하여 대표적인 학자로는 1912년 J. A. Sahumpeter를 들 수 있다. 그는 생산의 제 요소를 새로운 형태로 결합시키는 신 결합, 또는 생산의 제 과정을 변혁시키는 혁신을 강조하였고, 기업가가 수행하는 이러한 활동을 기업가정신이라고 설명한다.

이와 같이 기업가정신은 다양하게 정의되고 있어 일반화되기에 많은 어려움이 있다. 이러한 다양한 논의는 18세기 경제학자들로부터 소개되었으며 19세기에 경제학자들의 관심을 끌었다. 20세기에 이르러 'Entrepreneurship'이라는 용어가 자유기업이나 자본주의 용어들의 대부분은 초기 사업으로부터 성장을 거듭해 대기업을 만들기 위해 혁신과 창조성을 들어 설명되었다. 21세기에 기업가정신의 중요성이 더욱 부각되면서 필요한 중요 요소들을 인정할 수 있는 통합적인 정의로 발전되었다.

통합적인 정의는, "기업가정신이란 비전, 변화 그리고 창조의 역동적 과정이다."라고 정의한다. 또한, "기업가정신이란 새로운 아이디어와 독창적인 솔루션의 창조와 실행을 향한 에너지와 열정의 적용을 필요로 한다." 필수로 시간, 재산 그리고 경력의 계산된 위험을 감수하는 것을 포함한다. 또 효율성 있는 팀을 구성하는 능력과 필요한 자원을 모으는 창조적 능력, 견고한 사업계획을 구성하는 기초능력과 마지막으로 다른 사람들이 혼란과 부정, 혼돈으로 보는 곳에서 기회를 찾아내는 통찰력이 포함된다(Kuratko).

기업가정신을 학자들이 언급했던 개념들의 특정한 표현으로 결론 내리기 보다는 언급된 내용을 통합적인 정의 개념으로 파악하는 능력에 따라 자율 개념으로 이해하여야 할 것이다.

## 2. 기업가정신의 특성과 역할

### (1) 기업가정신의 특성

① 창조적이고 신속한 일처리와 혁신을 좋아한다.
② 모험 정신이 강하며 위험부담이 따르는 일을 선호하고 잘한다.
③ 포용력과 융통성이 많으며 개방적 조건이나 비즈니스 지향적인 환경에서 성공적

으로 활동한다.

④ 경영에 적극적이며 소규모 조직에서 능력을 발휘한다.

⑤ 자신이 행한 일과 성과를 중시하며 남의 건설적 비판이나 칭찬을 잘 받아들인다.

⑥ 자신을 채찍질하며 함께 일하는 사람들에게도 많은 것을 기대한다.

⑦ 때로는 저돌적이며 과감한 배짱과 용기를 가지고 새로운 세계에 도전하는 결단성을 가지고 있다.

⑧ 자신이 의사 결정을 스스로 하려고 한다.

**| 기업가정신에 의한 기업가의 특성 도표 |**

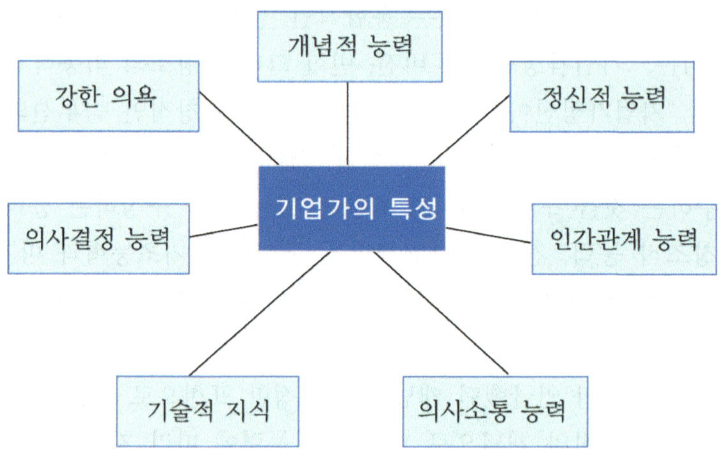


위의 도표는 설명하면 다음과 같다.

① 강한 의욕 : 기업가의 강한 의욕은 사업과 일에 열정적으로 몰입하는데 도운을 준다.

② 정신적 능력 : 정신적 능력이란 지적 능력, 창조적 사고력, 분석적 사고력 등을 의미하며 이러한 능력은 기회를 포착하여 사업화하는데 중요한 역할을 한다.

③ 인간관계 능력 : 주로 정서적 안정성, 대인관계의 기술인 사교성 내지 배려심, 감정 이입 능력 등을 의미하며, 고객이나 종업원 등 많은 이해 관계자들과의 우호적 관계형성에 도움이 된다.

④ 의사소통 능력 : 자신의 의사를 정확하게 전달할 수 있는 능력과 타인의 의사를 정확히 파악할 수 있는 극히 기본적인 능력이다.

⑤ 기술적 지식 : 이것은 고객이 원하는 제품과 서비스를 만들어 낼 수 있는 기본 사항이다.

⑥ 의사결정 능력 : 결단력이라고 표현 할 수도 있다. 사업 운영과 관련하여 정확한 의사결정을 신속하게 내리는 것은 사업 성공에 매우 중요한 능력이다.

⑦ 개념적 능력 : 복잡한 현상의 핵심을 간파하고 해결책을 찾아내는 능력을 말한다.

### (2) 기업가정신의 역할

경제와 관련하여 세계경제는 자유경쟁체제를 지향하고 있다. 따라서 세계 각국은 WTO체제의 가동, 급속한 기술변화, 정부의 규제완화정책 등으로 인해 국가와 기업이 대처하여야 할 일 들이 증가하고 있다. 따라서 환경변화에 신속하고도 유연한 적응력과 혁신적 행위는 기업의 성패에 핵심이 되고 있다. 이에 따라 기업가정신의 필요성을 알 수 있으며, 기업들의 환경변화에 신속한 대응과 혁신적 행위를 하기 위한 기업가정신의 중요성이 거듭 강조되고 있다.

기업가정신은 새로운 과학적 지식을 제품과 서비스로 현실화함으로써 과학과 산업을 연계시키는 수단이 된다. 즉 신 지식을 사업화하여 창업하고 새로운 제품과 서비스를 시장으로 보내는 역할을 하게 된다. 이러한 기업가적 행위는 경제를 활성화하고 직업을 창출하는 등 국가경제에 중요한 역할을 한다.

기업가정신의 중요성에 대한 인지도는 점점 증가하고 있다. 예를 들면 세계 각국에서는 기업가정신을 고취하기 위하여 창업을 권장하며 각종 세제혜택과 행정지원을 하는 등 제도적으로 뒷받침하고 있다. 또한 기업가정신에 의하여 창업하고 기업을 잘 운영하는 기업가가 사회적으로 존경받고 사회에서 영향력 있게 지위를 부여하는 풍토를 조성하는 데 힘쓰고 있다. 또한 기존의 대기업들도 기업가정신으로 준비된 기업이 경쟁력 있게 성장된다는 점을 중요하게 생각하고 있다.

최근에는 우리나라에서도 정부에서 창업교육을 강조하면서 예비창업기업은 물론 기창업된 중소기업이나 대기업에서 기업가정신을 강조하도록 정책을 펴고 기업에서도 스스로 기업가정신의 중요성을 인식하며 기업을 성장시키고 있다.

오늘날 기업의 구조조정과 청년실업의 증가에 기인하여 많은 사람들이 이에 대한 대안으로 창업을 생각하고 있다. 기업의 구성원과 취업이라는 선택을 뒤로한 채 창업이라는 대안을 선택했을 경우 성공창업을 이루지 못하면 자신의 시간적·물질적 자원을 낭비하게 된다. 한 때 대기업에서 인정받았던 샐러리맨들이 직장을 퇴직한 후 창업에 실패하여 어려움을 당하는 경우나 반대로 직장에서 인정받지 못했던 샐러리맨들이 창업을 하여 대성공을 거두는 경우를 많이 볼 수 있다.

2010년대 이후에는 대학원생, 연구원, 교수들의 창업이 활발하여 창업의 새바람을 일으키기도 하였지만 기업가 정신에 대한 이해도가 미약하여 좌절과 실패를 거듭하는 경우도 나타나고 있다. 그 어느 때보다 기업가로서 철저한 준비와 노력을 하여 성공할 수 있는 프로정신 즉, 기업가 정신을 갖추어야 한다.

## 3. 우리나라의 시대별 변화

우리나라의 기업가정신은 태동기(1950년대), 성장기(1960-1970년대), 성숙기(1980-1990년대), 변화기(2000-2010년대), 새시대의 진입기(2020년대 이후)의 단계로 나누어 볼 수 있다.

### (1) 태동기(1950년대)

우리나라는 한국전쟁 이후 원조경제 체제하에서 기업을 운영하던 시기를 기업가정신의 태동기라 할 수 있다.

이 시기에는 전통적 경제사회체제가 해체되는 과정에서 창업 1세대들이 등장하였다. 1938년 삼성상회로 사업을 시작한 이병철 회장은 50년대 초 무역업과 수입대체 제조업에서 연이어 성공하면서 삼성그룹의 기초를 닦았다. 한국전쟁이 끝나면 무역업이 비교우위가 없어질 것으로 판단하고 제조업에 진출하기로 결단을 내려 1953년 제일제당, 1954년 제일모직을 설립하였다. 이 당시 이병철 회장은 "새로운 사업에 진출할 때는 경제의 발전단계에 대응해야 하며, 진출할 수 있는 가능성이 성립됐을 때 해야 한다"는 논리를 펴고 있었다(호암자전, p.247, 중앙일보사, 1986).

1938년 쌀 도매상인 경인상회로 사업에 뛰어든 현대 정주영 회장은 한국전쟁 후 경제부흥 투자와 수입대체산업 육성에 발 맞추어 현대자동차(1946년), 현대건설(1947년)을 설립하여 성공적인 기업으로 키워 갔다. 그 후 이를 기반으로 현대 그룹을 탄생시켜 계열사 확충에 의한 성장을 도모하게 된다.

### (2) 성장기(1960-1970년대)

1960-1970년대에는 우리나라의 유능한 기업가들이 출현했고 정부가 적극적으로 지원하여 기업이 급성장 하던 시기이다.

이 시기는 정부의 성장드라이브 정책과 기업가의 도전정신이 맞물려 기업가정신이 고도로 발휘되었다. 국가는 1960년대부터 근대화를 국가전략의 핵심으로 설정하고 정부주도와 대기업 우선의 경제체제를 구축하였으며 해외자본 및 기술의 도입, 수출시장 개척 등을 통해 압축 성장을 구현하려 하였다. 1970년대 들어서는 중화학공업 육성과 SOC·과학기술 투자에 힘을 기울여 미래에 대비하는 시기로 대덕연구단지 건설과 통신장비 국산화에 착수 등의 성과가 있었다. 이와 더불어 기업들은 정부의 사업인가와 금융조세 지원을 디딤돌로 하여 전자·자동차·조선·석유화학·철강·기계 등의 산업에 적극적이었다.

이 시기 기존의 대기업 창업자들을 비롯하여 역량 있는 기업가들이 속속 등장하여 기업규모와 사업영역을 키워 나가게 되었다. 삼성은 1969년 미래 주종사업인 전자산업에 진출하고, 진출할 당시 기존업계의 반발이 있었지만 생산품의 전량 수출을 조건으로 정부의 재가를 받았다. 현대의 경우 정부의 중화학공업화 시책에 협조하면서 건설, 자동차 조선을 중심으로 사세를 확장하게 되었다. LG, 대우 등도 주력업종 외에 다양한 분야로 사업을 다각화하게 되었다.

1960-1970년대는 우리나라에서 빈곤을 없애고 잘살아보자는 일념하에 국민 모두가 경제발전에 일익을 담당하던 시기로서 기업가정신의 성장기라 볼 수 있다.

### (3) 성숙기(1980-1990년대)

우리나라의 1980-1990년대는 극도의 혼란과 민주화 과정을 거치면서 많은 중소기업이 탄생하면서 기업가정신도 성숙기에 접어드는 시기였다.

1980년대 이후 정부는 경제정책의 기조를 안정과 개방 우선으로 전환하면서 중화학공업에 편중된 성장정책을 수정하고 자원배분의 적정화를 추진하게 된다. 안정화 정책으로 한국경제의 체질이 강화되었다. 개방이 확대되고 민주화와 소득분배에 대한 욕구가 분출되었으나 국가시스템의 효율화는 지연되었다.

기업가정신은 1980년대 중후반 성숙기의 정점에 도달하게 되었다. 삼성전자는 전략적 기업가정신을 발휘하여 내외 불리한 여건을 돌파하기 위해 1984년 64KD램 개발에 전력투구하여 선진국과의 기술격차를 일거에 극복하였다. 현대도 1983년 현대전자를 설립하고 1989년 현대석유화학을 만들어 유화산업에 진출하였다. 대우는 1982년 (주)대우를 설립하여 대기업집단체제를 공고화하고, 부실기업 인수를 통한 비관련 다각화로 외형을 키웠는데 위험도 동시에 증가하게 되었다.

다른 기업들은 저임금과 범용기술에 의거한 경쟁우위가 소멸되어 경영혁신과 기술개발을 통해 돌파구를 모색하는 단계에 들어갔다. 1980년대 후반부터는 고객만족, BPR, 능력위주 인사, 선도형 R&D 능력 강화 등에 주력하게 되었다.

1990년대에 들어서는 기업가정신의 퇴조조짐이 나타나기 시작하였다. 대기업들이 규제 강화, 성장률 둔화 및 현금흐름 악화에 직면했지만 사업집약화와 구조조정에는 소극적이었다. 대기업들의 경쟁적 투자로 인해 설비과잉이 발생하고 자원이 비효율적으로 배분되기 시작되는데 사회전반은 성장 지속과 반도체 호황 등에 안주하여 위기감이 없었다. 이는 결국 정부, 기업, 국민 사이의 생산적 유대관계가 균열되기 시작하는 계기가 되었다.

1980-1990년대는 경제의 세계화 인식과 IT산업의 급속한 발전이 예견되면서 기업의 구조조정에 따른 여러 가지 부작용이 나타나던 시기였다.

### (4) 변화기(2000-2010년대)

2000-2010년대는 기업들이 내실경영에 나서고 국가의 벤처기업 지원과 창업지원이 활성화 되면서 2010년대에는 국제사회에서 한국의 경제 위상이 높아지는 시기로 SNS (Social Networking Service)사회로의 변화되는 시기이다.

2000년대에는 IMF 금융위기 이후 경제위기 탈출을 위한 핵심전략으로 구조조정과 벤처기업 육성을 실시하였다. 기업구조조정을 위해 부채비율 축소, 사업교환 등의 조치를 취했고 BIS(Bank for International Settlements) 비율 8% 등의 기준을 토대로 부실은행과 금융회사들을 퇴출시켰다.

또한 고용안정, 실업해소, 신성장동력 창출을 위해 벤처기업을 육성하게 되었다. 즉, 중소기업 정책업무를 중소기업청으로 일원화하고 벤처창업자금 지원 및 벤처창업 특례보증제도를 운영하였다. 이 시기 일자리 200만개 창출을 추진하는 등 기업가정신을 고양시키려는 정책의지를 보이고 있었으나, 구체적 실천과 가시적 성과는 미흡하였다.

국내의 벤처기업은 지난 수년간 양적으로 크게 팽창했지만 참다운 기업가정신을 동반하지는 못했다. 2013년말 벤처기업 수는 29,104(벤처투자기업 701, 연구개발기업 1,476, 기술평가보증기업 25,371, 기술평가대출기업 1,496, 예비벤처기업 60)개사로 나타났다(http://www.venture.or.kr 벤처현황 2014.1.15.).

2010년대 들어서 K-POP으로 불리는 한국 청년들의 세계진출이 두드러지게 나타나고 있으며 SNS사회로 변화되고, 인구의 노령화 고령화에 대비한 기업의 출현이 필요하며, 정부의 복지확대 정책과 통일시대를 준비하는 기업가정신이 요청되고 있다.

## (5) 새시대의 진입기(2020년대 이후)

2020년대부터 우리나라의 기업들은 새로운 뜻하지 않은 새로운 국면에 접어들게 되었다. 코로나19라는 새로운 질병이 장기화됨에 따라 국내는 물론 세계의 경제활동이 크게 제약되고 있다. 항공과 해운이 막혀 사람의 이동과 물자의 운송이 제때 이루어지지 않아 중소 대기업 모두가 타격을 입고 있으며 자영업자 대부분은 폐업의 위기에 처하게 되었다. 또한 2021년 말에 러시아의 우크라이나 침공 전쟁으로 유가와 각종 에너지 가격이 상승하고, 러시아에서 유럽으로 연결되는 가스와 기름이 제약되고, 우크라이나의 농산물이 세계로 유통되지 않아 세계경제가 더욱 악화되는 상황이 되었다.

이러한 중에도 우리나라 기업들은 메타버스의 새로운 세계와 우리나라 자체 기술로 인공위성을 성공적으로 발사하여 활용하고, 우리나라의 강점인 원자력과 각종 IT, BT, 인공지능, 로봇과 전기차, 항공우주산업 등 다방면에서 발전을 위한 새로운 발판을 다지고 발전하고 있다. 또한 각종 문화 체육 의료 군관련 산업에도 세계에서 두각을 보이며 군사 경계안보에 국가와 국민이 합심하여 새로운 세계의 진입에 대비하고 있다

**| 한국의 각 기능별 시대적 변화추이 |**

<table>
<tr><th rowspan="2">구분</th><th rowspan="2">1970년대까지</th><th rowspan="2">1980년대</th><th rowspan="2">1990년대</th><th rowspan="2">2000년대</th><th>2010년대</th></tr>
<tr><th>2020년이후</th></tr>
<tr><td rowspan="2">사회/<br>문화</td><td rowspan="2">성장문화<br>(새마을 운동:<br>잘 살아보세)</td><td rowspan="2">한국병(3D기피,<br>부동산 투기,<br>노사분규,<br>혼돈)</td><td rowspan="2">사회통합위기<br>(구조조정,<br>중산층 붕괴,<br>민주화)</td><td rowspan="2">다원화사회<br>(개성중시,<br>문화 및 디자인<br>산업, 소비)</td><td>SNS사회(의견<br>표출, K~,<br>한국위상인정)</td></tr>
<tr><td>코로나19,<br>러시아<br>우크라이나전<br>쟁(전 분야<br>불안정)</td></tr>
</table>

| 구분 | 1970년대까지 | 1980년대 | 1990년대 | 2000년대 | 2010년대 | 2020년이후 |
|---|---|---|---|---|---|---|
| 정부/제도 | 기업의 적극적 보호, 지원 육성 | 경제의 세계화 인식, 시장원리 확대, 정부 주도형 개발전략 | 시장원리와 정부통제 불균형, 민간주도형 개발전환 | 시장원리 중심, 세계화, 정보화, 지식사회, 벤처지원융자 확대 | 복지중심, 통일준비, 중소기업·창업 지원확대, 교육지원확대 | 국가간연대, 국방 경제 의료기술 중요성 |
| 사업기회 | 수입대체산업, 중화학중심의 기간산업, 수출산업 | 중화학 과다투자증후군, 사업재구축 지연, IT산업강화 | IT산업, 벤처, 선택과 집중(핵심역) 사업 전략 | 레저, 건강 및 양질의 교육, 첨단기술지식 서비스, 벤처해외진출 | 음악, 연예, 스포츠 사업, SNS기반사업, 남북협력사업, 노령화대상 업종 | 대중소기업협력, 자영업 취약성 노출 |
| 자원 | 실업계고 육성, 양질의 저렴한 노동력, 관치 금융 | 대졸인력, 인적자원 질적수준 향상은 지체 | 양질의 인력배치, 자금편중/신용 저하 | 신기술, 지식자원화 및 인적자원 확보/양성 중시 | 지적재산권, 경륜(노령)자원, 북한인력지하 자원 | 원료자원, 전기, 우주자원 확보 |
| 기업가정신 | 개척정신(사업보국, 강한 성취동기/모험심) | 확장, 관리형(중대기업, 관리중심경영) | 실속형, 효율지향형(구조조정, 생계형 벤처) | 미래변화 대비, 팀웍(비전과 목표/신뢰) | 사회적책임, 목표달성후 과제, 블리스오블리주 | 부국강병 대기업의 역할 |

# Chapter 4 기업가정신 분석과 평가

## 1. 기업가정신의 분석

### (1) 기업가정신 모형의 정의

기업가정신의 분석은 핵심가치와 비전을 실현하는 가치, 그리고 비전실현을 지원하는 가치로 구성된다. 핵심적인 가치로는 ① "기술과 고객에 대한 비전"을, 비전을 실현하는 가치로는 ② "조직적 리더십"을, 비전실현을 지원하는 가치로는 ③ "사회경제적 환경에 대한 이해"를 들 수 있다.

기업가정신의 분석모형 3가지 구성요소는 상호 유기적 관계로 존재한다. 기술과 고객에 대한 비전은 조직적 리더십에 지원되어야 한다. 즉 조직적 리더십을 통해 기술과 고객에 대한 비전을 조직적으로 실현할 수 있고 현실화할 수 있기 때문이다. 따라서 ① 기술과 고객에 대한 비전, ② 조직 리더십, ③ 사회환경에 대한 이해는 상호 연관관계를 갖고 있다.

- 기술/고객 비전 → 조직적 리더십 : 기술/고객에 대한 비전을 조직적으로 실현할 수 있음
- 기술/고객 비전 → 사회환경 이해 : 기술/고객에 대한 비전의 실현을 지원할 수 있는 수단 /방법 발견할 수 있음
- 조직적 리더십 → 기술/고객 비전 : 조직적 영업활동의 내용 및 방향을 제시해 줌
- 조직적 리더십 → 사회환경 이해 : 조직적 영업활동을 지원하는 수단/방법 발견할 수 있음
- 사회환경 이해 → 기술/고객 비전 : 사회환경 요소를 이해함으로써 좀 더 현실적으로 실현 가능한 기술/고객 비전을 수립할 수 있음

• 사회환경 이해 → 조직적 리더십 : 사회환경 요소를 이해함으로써 더 넓고 더 쉽게 그리고 더 유연한 조직적 리더십을 발휘할 수 있음

**| 기업가정신의 분석모형의 관계 |**

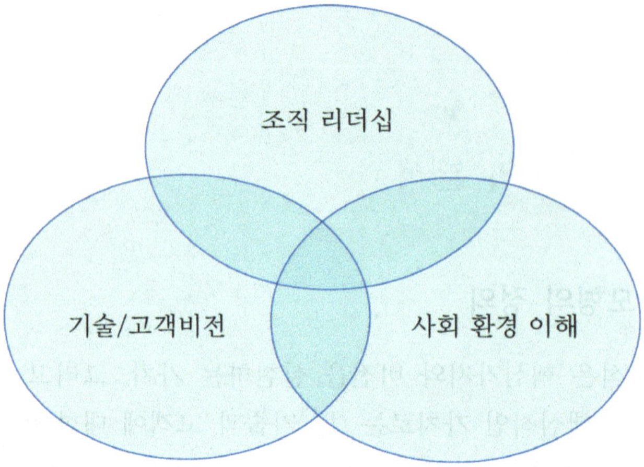


## (2) 기업가정신의 유형

기업가정신의 유형은 내적 상호연관의 핵심이 되는 조직적 리더십을 결여한 누군가에 의지하는 '의존형', 사회환경에 대한 이해도가 낮아 기업가 자신의 능력과 조직내 자원만을 활용하는 '고독형', 그리고 기술과 시장에 대한 비전을 상실하는 '관리형'과 3가지 내적 요소를 모두 갖추고 있는 완벽형으로 나눌 수 있다.

**| 내적 구성요소에 따른 기업가 정신의 기본 유형 |**

| | 의존형 | 고독형 | 관리형 | 완벽형 |
|---|---|---|---|---|
| 기술/고객 비전 | o | o | × | o |
| 조직 리더십 | × | o | o | o |
| 사회환경 이해도 | o | × | o | o |

### (3) 기술과 시장에 따른 유형

기술과 시장에 따른 유형은 기술주도력과 시장주도력의 비중에 따라 설명 된다. 선진 기술력을 가지고 기술주도력을 가지고 있더라도 시장을 주도하는 능력과는 다른 유형으로 분류기 된다. 또한 조직 내부 역량과 동원할 수 있는 외부자원을 주도가능한 시장영역으로 집중화하여야 하는 등 조직적 리더십과 사회환경에 대한 이해도와의 관련성이 중요하다. 또한 시장영역(기업영역), 시장의 시점, 시장의 방향 등의 선정에서 비전을 제시할 수 있고 역량을 집중화할 수 있느냐 하는 것은 중요하다. 기술과 고객에 대한 비전은 유형별로 기술주도성이 높은 기술 비전 유형과 시장주도성이 높은 시장 비전, 그리고 기술과 시장의 주도성이 높은 균형적 비전으로 나눌 수 있다.

**| 기술과 시장에 따른 유형 |**

| | | 시장주도력 | |
|---|---|---|---|
| | | 중간 | 높다 |
| 기술 주도력 | 중간 | | 시장 비전 |
| | | 높다 | 기술 비전 |

사회환경에 대한 이해도와 결부되기도 하지만, 고객에 대한 이해도가 현재적 고객뿐만 아니라 사회환경 변화에 따른 잠재적 고객에 대한 이해도가 어느 정도인가도 대단히 중요하다고 할 수 있다.

**| 사회변화와 잠재고객 |**

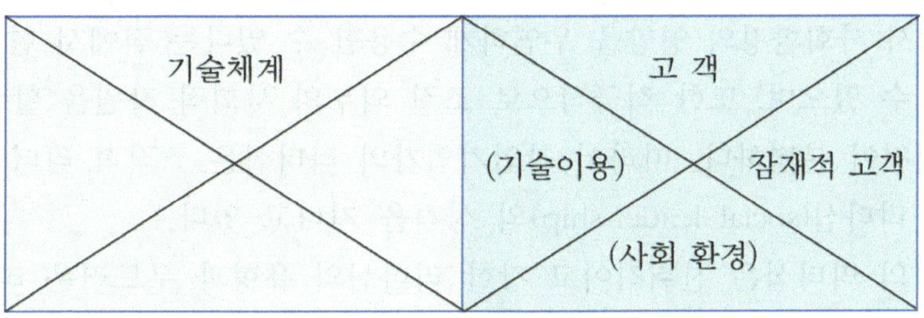

### (4) 기업가정신의 사회선도성 유형

기업가정신의 사회선도성 유형은 기술과 고객에 대한 비전을 핵심적으로 포함하는 기업 비전이 사회변화를 얼마나 선도할 수 있는 것인지 하는 것은 비전의 내적 충실성 뿐만 아니라 실현성을 가늠하며, 또한 사회변화를 선도하여 이익을 극대화할 수 있는 가능성을 말해 준다.

**❙ 기업가정신의 사회선도성 유형 ❙**

<table>
<tr><th colspan="2" rowspan="2"></th><th colspan="2">사회적 선도성 / 중요성</th></tr>
<tr><th>중간 정도</th><th>높다</th></tr>
<tr><td rowspan="2">기업의 목표</td><td rowspan="2">불분명</td><td></td><td>사회 비전</td></tr>
<tr><td>분명</td><td>기업 비전</td></tr>
</table>

기업가정신이 사회의 비전으로 승화되는 경우는 조직 내부를 넘어 구성원의 이해관계를 보다 확장하여 실현할 수 있게 됨으로써 '마음으로부터 우러나오는' 자원에서 나오는 것이다.

### (5) 기업가정신 리더십의 유형

기업가정신 리더십의 유형은 조직적 리더십(Mintzberg, 1998)의 측면에서 보면 창업기업의 리더십은 개방적 리더십의 성격을 지닌다. 이는 전적으로 사회환경의 변화에 민감하고 또한 기업규모가 작다는 점에서 사회환경 변화에 취약하기 때문이다. 개방적인 리더십은 조직을 둘러싼 사회환경에 대한 이해도가 높다. 사회환경에 대한 높은 이해도를 지님으로써 사회의 민주적 요구를 수용한다는 점에서만은 아니다. 그럼으로써 조직 내에서 사회환경의 영향을 우연하게 수용할 수 있다는 점에서 현실성 있는 비전을 제시할 수 있으며, 또한 적극적으로 조직 외부의 사회적 자원을 활용할 수 있다는 점에서 비전이 분명하다. 따라서 창업기업가의 리더십은 조직적 리더십일 뿐만 아니라 사회적 리더십(social leader-ship)의 성격을 지니고 있다.

창업기업가의 리더십은 진취적이고 강한 리더십의 유형과 부드러운 리더십의 유형으로 구별될 수 있다.

**| 기업가정신 리더십의 유형 |**

| | | 리더십 | |
|---|---|---|---|
| | | 진취적/강한 | 민주적/유연한 |
| 개방성 | 덜 개방 | 강한 리더십 | 민주적 리더십 |
| | 개방 | | 민주적이고 개방적인 리더십 |

진취적이고 강한 리더십을 가진 경우 조직의 개방성이 높은 경우는 많지 않고 덜 개방적인데 반해 부드러운 리더십을 가진 경우는 조직의 개방성이 높다. 대체로 강한 리더십은 조직의 역량을 결집하여 집중력 있는 추진력을 강점으로 하고 있다. 창업기업이 가치의 극대화를 위하여 시간과의 전쟁이라면, 이러한 리더십을 가진 기업가는 조직 내부의 역량을 시의적절하게 적소에 배치하여 목표를 달성하는 것이라 할 것이다.

부드러운 리더십은 조직의 개방성, 즉 '사회 속의 조직'라는 패러다임에서 성취되는 것으로 하위성원들의 자발성과 창의성을 극대화할 수 있는 장점이 있다. 우리나라 대부분 벤처기업가들이 원하는 리더십은 부드러운 리더십이다.

**| 인간관계의 긴장 정도에 따른 대응변화 |**

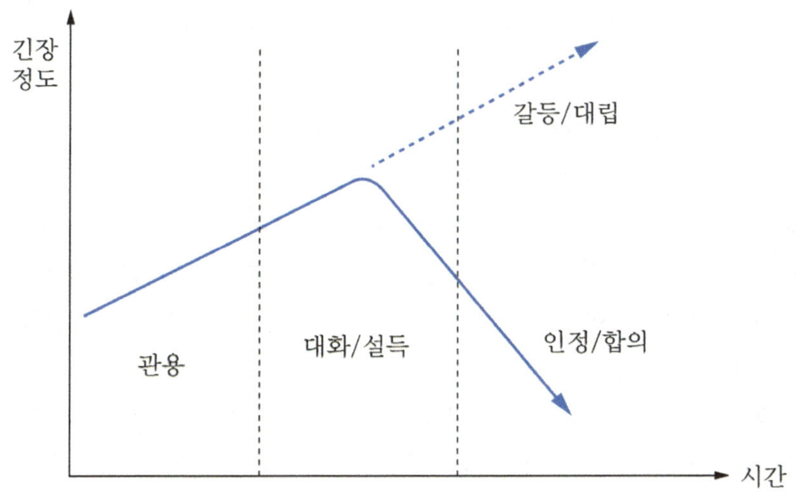

조직 내에서 인간관계는 다양한 요인에 의해 협조 또는 긴장관계가 이루어진다. 따라서 조직구성원들 간에 긴장 정도가 높으면 사회적 비용, 즉 정신적·심적·물질적 비용이 증가된다. 물론 서로 간에 관용의 폭이 낮으면 또는 섣부른 설득/개입이 긴장을 증폭시키기도 하며, 또한 사회성격에 따라 공동체 사회보다 이익사회(association)에서 관용의 폭이 넓다.

## 2. 기업가정신의 평가

### (1) 기업가정신 평가의 개념

기업가정신의 개념적 특성을 파악하기 위해서는 체계적인 접근이 필요하며, 이를 위해서는 기업가와 기업가정신에 대한 이해가 선행되어야 할 것이다. 우선 기업가에 대한 정의를 살펴보면, OECD(2008) 보고서는 "기업가는 시장경제에서 변화와 성장의 주체이며, 혁신적인 아이디어의 생성·확산·활용을 가속화한다. 이를 통하여 기업가는 자원의 효율적 활용을 도모하고 경제활동의 범위를 확장한다."고 정의하고 있다.

좀 더 일반적으로 보기 위해 웹스터(Webster)사전을 보면, "기업가를 사업이나 기업을 조직하고, 관리하며, 그에 따른 위험에 책임을 지는 사람(one that organizes, manages, and assumes the risk of a business or enterprise)"으로 기술하고 있다. 이 같은 정의들을 종합적으로 분석·정리해보면, 기업가란 새로운 기업을 창업했거나 기존 조직을 활성화시키는 사람으로, 스스로 의사결정을 하고 그 책임을 지며, 대부분의 경우 그 조직에 대한 소유권을 갖고 있는 사람이라고 정의할 수 있을 것이다.

같은 맥락에서 기업가정신에 대해 웹스터(Webster) 사전은 "기업가이기 위한 조건, 기업가의 역할 또는 기능, 기업가적 능력이나 활동"으로 기술하고 있다. 이에 비해 위키피디아(Wikipedia)의 정의는 창업측면을 좀 더 강조하고 있다. 위키피디아는 기업가정신을 "새로운 기업을 창업하거나 성숙단계의 조직을 활성화시키는 실제행위(practice)로써, 특히 새로운 사업기회를 포착하여 사업화하는 실천적 행동"으로 정의되고 있다. 이들 정의에 따르면, 기업가정신은 새로운 조직의 창업활동을 강조하면서도 조직 내 기업가적 활동(corporate entrepreneurship)도 포괄하고 있다. 실제로 기업가정신에 관한 기존의 많은 연구들은 조직의 형태보다는 혁신활동 자체에 초점을 맞추고 있는데, 이는 기업가정신의 발휘가 새로운 조직의 창업을 수반할 필요가 있는 것은 아니라는 점을 의미한다 하겠다. 예를 들면, 슘페터(Schumpeter, 1942)는 기업가정신을 생산방식의 새로운 결합, 즉 혁신활동으로 규정하고, 이러한 기업가정신이 경제발전의 근본적 요인으로 작용한다고 설명하고 있다.

이 같은 정의들을 정리해보면, 기업가정신에는 크게 두 가지 의미가 내포되어 있다고 볼 수 있다. 하나는 새로운 사업을 창업하고 성장시키는 활동이라 볼 수 있으며, 다른 하나는 위험을 감수하고, 혁신을 주도하며, 사업기회를 포착하는 의지나 행위라고 할 수 있다(OECD, 1998). 본서에서도 기업가정신의 정의나 개념적 특성에 관해서는 OECD의 관점을 따르고자 한다. 따라서 기업가정신을 창업이나 기존기업의 조직 활동과 관련된 기업가적 활동으로 포괄적으로 규정하되, 특히 새로운 사업기회, 새로운 방식, 새로운 가치 창출 등을 통해 새로운 부를 창출하는 활동이라 정의하고자 한다.

### (2) 기업가정신 평가방법

Davidsson and Wiklund는 주요 저널에 대한 조사를 통해 기업가정신을 분석하는 방법을 세 가지로 정리한 바 있다. 하나는 개인사업자나 기업을 대상으로 분석하는 미시적 차원(micro level)의 분석방법이고, 두 번째 방법은 산업이나 지역을 대상으로 하는 통합적 차원(aggregate level)의 분석방법이며, 세 번째는 미시적 차원과 통합적 차원을 모두 포함하는 다차원(multi-level) 분석방법이다. 이 중 기업차원의 분석이 기존 연구에서 가장 많이 사용되고 있다고 밝히고 있다.

- 자영업자 비율(self-employment rate)은 성인 경제활동인구 대비 자영업자 비율로 측정
- 자기(소유)사업자 비율(business ownership rate)은 인구 대비 공기업이나 무철 펀드를 제 외한 자기(소유)사업자 비율로 측정
- 기업밀집도(business density)는 인구 1,000명당 기업 수로 측정

이 같은 양적 측정지표 중에서도 GEM(Global Entrepreneurship Monitor)의 창업초기 기업가활동(TEA: Total Early-stage Entrepreneurial Activity) 비율이 기업가정신 측정지표로써 가장 널리 사용되고 있다. TEA(Total Early-stage Entrepreneurial Activity) 지표는 한 국가의 생산 가능 인구(18~64세) 중에서 창업 준비 중인 기업가(nascent entrepreneurs) 및 창업 후 3.5년이 경과하지 않은 창업초기 기업의 소유 경영자(owner-manager)가 차지하는 비율이며, 설문조사로 측정된다.

그러나 이 같은 방법들은 기업가정신을 단순히 현존하는 기업이나 창업 준비 기업

등의 숫자에 의존하여 측정하고 있기 때문에 다음과 같은 문제점들이 지적되고 있다.

첫째, “기업가정신에 관한 모든 정의들은 혁신, 위험 감수, 기회 인지능력, 고성장 추구 동기, 비범한 의사결정을 위한 판단력 등 기업가정신이 갖는 다양한 특성들을 강조하고 있다. 그러나 양적 측정지표들은 그 중 하나의 요인, 그것도 기업가정신의 본질을 측정하는데 가장 중요하다고 볼 수 없는 부분의 측정에 한정되어 있다.”

둘째, “기업 수의 증가가 곧 기업가정신의 강화를 의미한다고는 볼 수 없음에도 불구하고 양적 측정지표에 따르면 가장 기업가정신이 왕성한 나라는 가장 많은 기업체를 가진 나라로 정의될 수밖에 없다는 문제점을 안고 있다.” 실제로 “고용 창출은 많은 조그마한 기업들에 의해서 이루어지는 것이 아니라 이른바 가젤(gazelles)이라고도 불리는 괄목할만한 고성장을 실현하는 소수 신생 중소기업에 의해 주로 이루어지는 경우가 많다.” 벤처캐피탈이 투자한 신생기업의 80%가 실패하는 등 신생기업의 생존율이 매우 낮다는 점도 이를 뒷받침한다고 볼 수 있다.

셋째, 더욱 중요한 점은 이 같은 “양적 지표들은 기업가정신과 관련된 환경요인의 차이를 반영하고 있지 못하다는 점이다. 제도적 측면의 효율성이나 정교함은 기업가정신의 질적 측면에 중요한 영향을 미치는 요인으로 작용한다고 보아야 할 것이다.”

최근 들어 이 같은 문제점들을 극복하고 좀 더 발전된 기업가정신 측정지표를 개발하기 위한 노력들이 이루어져 왔다. 그 일환으로 OECD와 EU는 공동으로 기업가정신에 관한 보다 정교한 측정지표를 제시하고 있다. 이 지표는 기업가정신을 측정하는데 있어 크게 세 개의 영역, 즉 기업가정신 결정요인(규제, R&D, 기업가적 역량, 기업문화, 자금 접근성 및 시장 상황 등), 기업가적 활동 실적(기업, 고용, 부 등) 및 기업가정신의 효과 등으로 나누어 접근하고 있다(OECD 2006, 2009).

가장 최근에는 Zoltan J. Acs와 Laszlo Szerb(2010)가 이른바 “Acs-Szerb 글로벌 기업가정신 및 발전 지수(GEDI: Global Entrepreneurship and Development Index)” 라는 좀 더 종합적인 기업가정신 측정지표를 제시하고 있다. GEDI의 개발과 관련, Ass와 Szerb는 기업가정신을 경제발전 단계에 따라 변하는 게 개의 구성요소(기업가적 태도, 활동 및 열망)의 동태적 상호작용으로 규정하고 있다. 여기에서 기업가적 태도는 해당 국가 국민의 기업가와 기업가정신 그리고 창업에 대한 일반적인 성향을 의미한다. 기업가적 활동은 경쟁적 환경 속에서 사업기회를 찾아 주로 교육받은 기업가에 의해 중-고급 기술 분야에서의 창업활동으로 정의되고 있다. 끝으로 기업가적 열망은 창업 초기단계에 있는 기업가의 신제품 및 서비스 개발, 새로운 공정 개발, 외국시장 개척, 고용인력 확대, 벤처캐피탈 활용노력 등으로 측정된다.

Chapter 5

# 기업가인물론

## 1. 정주영(현대)의 기업가정신

### (1) 근검절약정신-요만니정신

한국재벌 창업자의 대표적 경영이념 중 하나가 근검절약주의와 정신일도하사불성이다. 근면하고 검소하며, 절약하고 저축하며, 신념을 다하여 부를 쌓았다고 기록하고 있다.

#### ① 장작 값 10전을 절약하다.

추운겨울에도 장작값 10전을 아끼기 위해 저녁 한 때만 불을 지쳐 이튿날 아침과 점심 도시락까지 한꺼번에 밥을 지을 정도로 저축을 하다 보니 사글세방이 전세방이 되고, 전세방이 초가집으로, 초가집이 더 그럴듯한 집으로 옮겨졌다고 한다.

#### ② 구두 한 켤레 10년을 신다.

정주영은 늘 성장의 최대 비결은 검소함에 있다는 좌우명을 가질 정도이며, 구두 한 켤레로 10년을 버틴 것이라든가, 끝이 헤어진 양복바지를 입은 모습을 많은 사람들이 증언하고 있다.

#### ③ 전차 삯 5전을 아끼다.

최초의 안정된 직장이었던 복흥상회의 쌀 배달꾼 정주영 청년은 전차삯 5전을 아끼려고 새벽 일찍 일어나 걸어서 출근을 했다. 이것은 영국의 근대화 과정에서 나타났던 요만니(yeomanry)정신과도 같은 것이었다. 아산 정주영은 요만니정신이라고 할 수 있는 청교도의 개척정신을 존경하였으며, 특히 초기 미국 개척의 청교도들의 철저한 근검절약의 기풍에 대하여 흠모하였다.

### (2) 인간존중정신

"인간존중과 사원들의 자기실현" 이것은 현대의 경영이념 제2조이다. 즉, 인간존중의 이념으로 사원의 자기실현을 지원하며 사원복지를 최우선으로 한다.

① 사업이 곧 인간이다 : 아산은 일찍부터 사업이 곧 인간임을 터득하였고, 개인의 목표와 사업의 목표를 조화시키는 경영활동만이 성공할 수 있으며 인간존중의 경영실현을 경영이념으로 선택하였다.

② 우수한 인적자원 활용 : 현대건설은 한국의 우수한 인적자원을 활용하여 성장한 기업이다. 이것은 아산이 사람을 쓰는 용병술이 뛰어났기 때문이라는 평판을 들어왔다. 그는 늘 이 점을 인식하여 한국인의 우수성과 성실함을 강조하였다.

③ 인재육성을 위한 인력개발 : 흔히 말하기를 일년지계는 곡식을 심는 일이며, 십년지계는 나무를 심는 일이고 백년지계는 사람을 기르는 일이라는 동양의 사상을 상기시키면서 인재의 중요성을 강조하였다. 국가와 기업의 장래가 모두 사람에게 달려있다는 인간중시사상 및 인간존중주의를 아산은 신용과 더불어 오늘의 현대를 성장시킨 원동력으로 삼았다.

### (3) 신용제일주의 정신

"쓰러지더라도 신용을 지켜라" 아산은 현대를 창업하면서 가장 중요하게 생각한 것은 정직을 무기로 한 신용이었다. 그리고 쌀가게 복흥상회의 인수 때부터 그는 사업자본보다 신용을 먼저 얻었다 아산 정주영이 신용을 지킨 초창기의 한 공사 이야기는 "현대"라는 기업에 커다란 획을 그어준 사건이 되었다.

① 고령교 공사–최대의 적자 : 전쟁의 상흔이 가득하던 1953년 4월에 수주한 낙동강의 고령교 공사는 지리산 공비토벌을 위해 복구가 시급했으며, 그 때까지의 정부발주 공사로는 최대의 규모였다. 큰 공사를 해 본 경험이 없는 터에 착공 1년이 지나도록 교각 한 개도 제대로 박아 넣지 못했다. 그동안 물가는 천정부지로 뛰어올라 착공당시 견적에 700환으로 책정한 기름이 2,300환이 되었고 그에 따른 자재와 노임도 덩달아 뛰어 올랐다. 모든 물가가 120배로 상승되었다. 회사의 재정은 바닥이 드러났다. 인부들이 임금을 내놓으라고 파업을 하는 통에 부진한 공

사는 더욱 지지부진이었다.

② 신용이 재산이다 : 신용이 재산이라고 생각하는 정주영은 손해를 각오하면서 계약기간 안에 공사를 끝내는 약속만이라도 지키려고 매일 자금조달을 위해 뛰었다. 당시 정주영은 회사가 어찌되었든 몸을 팔아서라도 고령교 공사는 마무리 짓겠다는 각오를 했다. 사업은 망해도 다시 일어설 수 있지만 한 번 신용을 잃으면 그것으로 끝장임을 정주영은 알고 있었다.

③ 고령교 공사 마무리 – 현대그룹이 있게 한 원동력 : 엄청난 손해를 감수하면서도 신용을 지키느라 고령교 공사를 마무리해준 성과는 정부발주공사 수주를 쉽게 할 수 있는 결과로 나타났고, 그 후 국토개발의 선봉에 서서 공사를 진행하였고, 세기의 대역사 사우디의 주베일 산업항공사, 세계최대 조선소를 세우는 등 각종 해외건설시장 개척에 척도가 되었다. 결국 그 힘은 오늘의 현대그룹이 있게 한 원동력이 되었다.

### (4) 고객최우선정신

현대의 경영이념 제4조는 고객 최우선 정신으로 고객만족을 극대화 한다. 아산은 사업의 존재 근거는 고객에게 있으므로 고객이 그 어떤 것보다 우선하는 고객중심 경영을 일찍이 터득하였다.

① 고객만족과 신용을 팔아라 : 기업에 있어서 고객은 왕이다. 기업이 품질제일주의, 공기·납기 엄수, 친절봉사 등을 천명하고 이의 실천에 최선을 다 하더라도 고객의 사랑과 고객의 이해가 뒤따르지 않으면 존속해 나갈 수가 없다. 이것은 아산 정주영이 청년시절에 "인간관계의 중요성은 우선 고객을 만족시키고 신용을 팔아야 한다."라고 역설한 데에서부터 지속되었다.

② 캐나다 입성 성공 – 서비스 제일주의 표방 : 아산은 미국 포드자동차와 합작을 하면서 현대자동차를 발전시켰으나 가시밭길이었다. 이때 고유모델로 포니를 개발하여 광고와 고객서비스에 총력을 기록하였다. 캐나다 입성에 성공하고 수풀 16개월 만에 수입차 판매 1위를 기록하였다. 1986년 2월 미국 전역에 엑셀 광고를 대대적으로 실시했다. 기업광고와 제품광고를 병행하여 서비스 제일주의를 표방하였다.

③ 미국식 고객만족의 활용 : 아산은 창업 때에 미군관계공사에서 터득한 미국식 고객만족주의를 활용하여 판매시작 한 달 만에 엑셀 1만 4백대, 수출 4개월째에는 무려 5만 2천여 대를 판매, 단시간 내 최대판매 기록을 세웠다. 엑셀 신화는 우

연이 아니었다. 현대는 엑셀을 선적하기 전에 정비사들을 훈련시켜 서비스에 만전을 기했다. 그리고 미국안전규정 통과를 위하여 8개월간 미국전역을 주행하며, 각종 문제점을 보완해 갔다.

### (5) 창의와 기술개척정신

아산 정주영의 경영이념 중에 오늘의 현대를 있게 한 경영사상은 바로 창의와 기술주의로서 항상 새로운 분야를 개척하는 정신이다. 기술경쟁력과 새 분야의 개척은 기업발전은 물론이고 국가발전의 원동력이 된다는 신념을 항상 가지고 있다.

① 전사원의 창의력 바탕 : 기업의 경쟁력은 가격과 품질에 있으므로 현대는 기술경쟁력을 높이기 위하여 전사원의 창의를 바탕으로 기술개발에 노력하도록 했다. 또한 미래사회가 필요로 하고 원하는 분야를 예측하여 남보다 한 발 앞서 새로운 분야를 개척해 나갔다. 현대의 경영이념 제3조 창의와 기술로 항상 새로운 분야를 개척한다는 것이다.

② 기술제일주의 표방 : 기술자와 관리자가 따로 없다. 자동차를 판매할 때 영업사원이 자동차의 내부구조를 모르고 어떻게 고객을 설득할 것인가? 1990년대는 전자·정보사업 세계화를 위한 공격적 경영이 필요하니 기술선도사업으로 초우량기업을 만들어 도약하지 않으면 안 된다. 그러므로 조선기술의 고도화, 반도체기술, 정보화기술, 항공 산업기술 등 기술개발에 내재된 현대정신을 기술 중시경영으로 키우자고 역설하였다.

③ 지구를 움직이는 127개 파워집단의 하나 : 현대는 이러한 아산의 경영이념을 바탕으로 성장을 거듭하여 21세기 지구촌을 움직이는 127개의 파워집단 가운데 하나로 선정되었다.

'월드미디어네트'가 아시아의 무수한 거대 제조업 중에서 유독 한국의 현대를 탈냉전시대에 세계를 움직이는 신진파워 중 하나로 선정한 이유는 "현대그룹은 한국경제 성공의 국가적 상징으로서 자동차, 선박, 반도체 등 30여 개 분야에서 세계 최대의 제조업 대국인 일본과 치열한 제품경쟁, 기술경쟁을 벌이며, 연간 500억 달러 이상의 놀라운 사업실적을 올리고 있기 때문이라고 하였다."

④ 50개의 기술연구센터 중심 : 현대는 그룹 산하 50개 기술연구센터를 중심을 한국형 표준모델과 첨단개발을 통한 기술자립형화를 서두르고 있다. 이는 현대가 국내의 다른 대기업과는 달리 내수시장이 아닌 수출시장으로 겨냥하여 사업을 벌

였고, 그 결과 국제무대에서 끊임없이 일본과 격돌하면서 한국의 국제경쟁력을 기술위주의 경영이념으로서 실천했기 때문으로 본다.

### (6) 신념의 정신

① 시련을 겪고 강하게 나타남 : 현대의 창업자 아산은 현대를 이끌고 오면서 시련이 오히려 스스로를 강하게 한다는 신념을 갖게 되었다. 그것은 긍정적이며 적극적인 사고방식으로 큰일을 이뤄낸 사람이나 집단이 갖는 한결같은 자세이다. 정주영 회장은 이 같은 적극적 의지(Positive Thinking)로 점철되어 왔다. 1970년 대 기업경영은 그야말로 질풍노도 속에 흔들리는 배와 같았다. 기업은 대형화, 고도화, 국제화를 맞으면서 성장으로 인한 사회적·경제적 반작용을 경험했다.

② 신념은 위대한 힘의 근원 : 신념은 인간의 위대한 힘의 근원이라고 생각한다. 세상에 큰 업적을 남긴 사람은 모두 위대한 신념의 소유자라는 것은 많은 문헌에서 입증되고 있다. 미국의 레이건 대통령은 그의 취임사에서 "신념을 가지고 새로운 고용과 부와 기회를 창출하는 기업가는 영웅들"이라는 유명한 말을 남겼다. 바로 아산 정주영은 오직 신념으로 일평생을 산 이 나라의 영웅이며, 이와 같은 신념주이는 기업가의 Can-Dosim으로 명명하고 있다.

③ Can-Dosim 창출 : "하면 된다"라는 Can-Dosim은 새로운 변화를 빠르고 적절하게 수용하는 적응력, 사업의 급브레이크가 걸리는 데서 오는 온갖 충격을 불굴의 도전정신으로 막고, 악조건에서 싸울 수 있는 힘의 정신력을 신념이라고 한다. 그러므로 오늘의 현대의 정신은 창업자 아산 정주영의 "하면 된다"는 신념의 산물, 신념의 정신이라는 것을 인식해야 한다.

### (7) 산업평화주의-노사화합정신

정주영은 노사화합을 경영의 제일주의로 하는 산업평화주의 기업가이다. 현대는 노조가 생긴 이후 파업과 타협의 전통을 수없이 겪으면서 노사화합의 길에 이르렀다.

① 노사는 "한솥밥"을 먹는 가족 : 1987년 6·29 민주화 선언 때 현대뿐만 아니라 3천7백 개의 노조에서 파업사태를 맞이하여 엄청난 손실액을 가져왔다. 이때 정주영 회장은 현대 노조간부들과 협상의 테이블에 마주 앉아 진지하게 대화하며 근로자의 조건을 수용했다. 여러 날의 진통 끝에 창업자가 노조간부와 웃으며 악수하는 모습이 TV와 신문지상에 등장하면서 마침내 임금협상이 타결된 것이다.

그는 말하기를 "노사는 적대의 관계가 아니라 한솥밥을 먹는 가족의 입장이라고 하면서 비 온 후의 땅이 더욱 굳어지듯 종업원을 아낀다."고 하였다.

② 산업평화를 위한 인력관리 지침 : 사우디아라비아의 주베일 산업항 공사 때는 하루 3천명의 기능공들이 참여했는데, 현장에서 계획된 노사분규가 아닌 폭동이 일어났다. 폭동의 원인은 대단한 것이 아니고 감정의 도화선에서 원인이 되어 직원과 기능공들이 대치상태로 들어갔고, 사태가 심각해지자 사우디아라비아에서 군부대를 출동시켰고, 우리 정부에서는 사우디아라비아 대사를 파견하고, 아산 정주영회장이 달려가 큰 충돌 없이 수습된 일이 있었다.

이 폭동사건 이후 정주영 회장은 다음과 같은 산업평화를 위한 인력관리지침을 시달하였다.

첫째, 모든 관리직원간에 평등 관념을 고취시키고, 근로자에게 인격적으로 대하고 고운 말을 쓸 것 – 노사 간의 평등관계와 인격 존중할 것.

둘째, 근로자이기 이전에 나와 똑같은 기분과 평등 관념과 감정을 가진 같은 인간이라는 점에 유의, 인간적인 이질성을 갖지 말 것.

셋째, 인간은 누구나 자기발전과 자기실현욕구가 있음을 인식하고 명령일변도의 작업진행보다는 작업의욕을 고취해서 인간적 동기부여에 힘써 작업이 자율적으로 진행되도록 할 것.

넷째, 항상 성실한 대화를 통해 그들의 생활에 관심을 기울이고 그들로 하여금 마음으로부터 감명과 복종을 유발토록 할 것.

다섯째, 작업과정에 있어서는 관리자 스스로가 집행당하는 심정으로 지도하고, 근로자 자신도 가치있는 일을 수행하고 있다는 점을 강조·인식시킬 것.

여섯째, 관리자 자신의 인격적 결함이 작업장의 분위기를 크게 좌우한다는 점을 깊이 명심하고 자기개발에 노력할 것.

일곱째, 관리자는 권위의식을 버리고 평등한 자세로 대화와 설득을 통해 인내심을 갖고 책임을 다하는 모범적 행동을 보일 것 등.

아산의 이러한 인력관리 지침은 산업평화를 바라는 노사쌍방의 큰 이정표가 되었으며, 아산 자신 스스로가 근로자는 어느 수준까지 임금을 보장받아야 자신의 능력을 발휘한다고 생각했으므로 근로자의 입장에서 해결하려고 노력했다.

③ 자신도 막노동자임을 강조함 : 아산은 자신이 배고픈 고생을 해보았고 막노동을 해보았으므로 근로자의 어려움을 누구보다 잘 이해하며, 그들의 단순함과 우직함을 좋아했다. 아산은 노동자들과 어울리는 것을 스스로 즐기기도 하였다. 그는

언제나 한국경제가 이만큼 발전한 데는 열심히 일해준 근로자의 힘이 컸음을 강조했다.

아산은 산업평화의 중요성과 직장생활을 잘하기 위해서는 주인의식을 가져야 함을 사원들에게 일깨워 주었다. 종업원 모두가 자기가 속한 직장의 주인이라는 의식을 가지고 노사가 화합할 때 그 회사는 불황 속에서도 성장하는 상승곡선을 그으며 발전하게 된다. 산업평화를 위한 노사화합정신, 그것은 아산 정주영 회장의 경영이념이며 경영사상이다.

### (8) 도전과 개척정신

① 50년 전의 출사표 : 아산 정주영 회장의 창조정신은 도적과 개척주의 경영이념을 실현한 기업철학이라고 평가하고 싶다. 희망의 내일을 위해 던진 50년 전의 출사표도 해외건설을 위해 던진 두 번째 출사표도 모두가 그의 도전과 개척정신이 이룩한 성공의 출사표였다.

② 도전과 개척정신의 사례 : 아산의 도전과 개척주의는 미곡상 운영에서 자동차수리업(아도서비스, 현대자동차공업사 설립), 현대토건사 설립과 현대건설주식회사의 출범 등 현대 창업부터 시작되었다.

전후 부흥기 성장기반을 마련할 때도 고령교 적자공사의 회사의 위기에서도 오직 도적과 개척주의 경영이념은 실현되고 있었다. 그 후 계속하여 주한미국공사와 현대건설의 근대화 시절에도 그는 도전과 개척정신을 실현시키고 있다. 1960년대의 다각화의 실현과 자동차시대의 개막, 1970년대 해외건설과 중공업체제 구축, 1980년대 사업구조 고도화와 자동차·반도체의 수출산업화, 1990년대 북방시장의 개척과 정치참여, 1998년 말부터 시작한 금강산 관광사업 등등 그 어느 것 하나 도전과 개척주의가 아닌 것이 없는 경영이념하에 성공한 사업들이다.

이런 맥락에서 볼 때, 아산이 만들고, 성장·발전시킨 현대의 경영이념은 앞에서도 지적하였지만 창조, 적극의지, 근검의 자세에서 더욱 성공률이 높았으며 강인한 실천력에서 비롯되는 것이 아닌가 생각이 든다.

특히 이러한 뿌리는 창조주의를 가진 기업가라고 부른다. 바위덩어리가 아무렇게나 뒹구는 허허벌판 모래사장에 세계 최대의 조선소를 건설하겠다는 계획은 창의적인 기업가만이 할 수 있는 일이다. 조선소 청사진 한 장만 가지고 26만 톤급의 대형선박을 수주한 일, 또한 조선소와 탱커를 동시에 착공하고 조선소가 완공되기도 전에 수주선박의 진수식을 치러낸 일 등은 창조주의 창의력과 도전 및 신념의 결정체이다.

아산의 기질은 목표를 세우면 힘차게 몰아붙이는 실천력을 지녔다. 바로 그것은 도전의식이 강하고 개척자적 정신이 투철한 행동원리에서 나온다고 볼 수 있다.

③ 한국건설업 사상 최초의 해외진출 사례 : 아산의 도전정신 사례를 한 가지만 더 살펴보고자 한다. 1960년 4·19로 새 정부가 들어서자 현대는 정경유착으로 성장했다는 국민의 지탄을 받게 되었다. 그 당시 큰 공사는 정부공사였고 현대는 전후복구공사와 미군공사 등으로 시공능력을 인정받고 있었다. 자연히 정부의 큰 공사는 현대가 많이 하게 되었는데 이런 것이 정부와 유착되어 구설수에 오를 수밖에 없었다. 이때 아산은 권력과 결탁하여 성장했다는 불명예에서 벗어나기로 결심하고 도전과 개척의지를 단행하기로 마음먹었다고 한다.

아산은 해외진출을 하기로 마음을 굳힌다. 그간 국내공사 등을 통하여 건설기술 축적을 쌓은 터여서 모험과 도전을 해볼 만 하였다. 아산 정주영의 이 도전은 조직에 활력을 주었다. 그는 1965년 9월 "태국 파티니 나라티왓"고속도로 건설공업을 수주했다. 이 공사는 우리나라 건설업 사상 최초의 해외진출로 현대는 물론 국가의 경사로 기록되었다. 물론 이 공사는 앞에서도 지적하였지만 아산은 2억8천8백만 원이라는 비싼 수업료인 적자를 내었다.

④ 도전과 개척 50년 사례 : 이후 현대는 국제적인 건설업체로 급속히 성장할 수 있었으며, 중동으로 알라스카, 괌, 호주 등 현대의 개척주의 빛을 내기 시작하였고 자동차, 조선, 반도체, 항공, 심지어 대선참여, 북방경제협력 사업 등 도전과 개척은 50년 동안 계속되었다.

끝으로 아산은 도전과 개척의 현대정신으로 유치한 88서울올림픽을 자랑스러워했으며, 전경련 회장시절 올림픽 위원장의 직함은 그에게 강력한 추진력과 기지를 갖게 하였다고 기술하고 있다. 아산은 모험적인 개척가이다. 새로운 일, 어려운 일에 더욱 승부를 거는 도전과 개척정신의 선봉자이기도 하다.

### (9) 사업보국주의정신

현대의 경영이념 제5조는 "풍요로운 국가건설과 인류사회 발전에 공헌한다."이다. 국가와 인류사회에 봉사하는 기업을 지향하는 사업보국주의에 기본을 두었다. 바로 이런 경영이념은 "사업보국 반세기"라는 현대 50년사의 세목에서도 나타난다. 기업의 발전이 국가 및 국민경제 발전에 근본이 되므로 풍요로운 국가건설을 위해서 당연한 것으로 아산은 받아들이고 있다. 바로 그 점이 사업과정에서 배태된 많은 오해의 정경유착을 씻는 역할도 하였다고 생각한다.

① 기업활동으로 애국애족한다 : 여기 그의 사업보국주의 경영이념을 대변하는 "기업가는 기업활동으로 애국애족한다."라는 타이틀 한 토막을 소개한다.

"기업을 소유하고 있는 사람은 기업인이지만 기업의 이익금을 거두어 가는 곳은 정부라는 것을 국민들이 잊지 말아주기 바란다. 우리는 세액을 뺀 나머지 30%를 다시 고용증대와 재투자에 쓴다. 간단히 말하자면 기업이란 국가살림에 쓰이는 세금의 창출에 큰 몫으로 기여하면서, 보다 발전 된 국가의 미래와 풍요로운 국민생활을 보람으로 알고 일하는 집합체이지, 어느 개인의 부를 증식시키기 위해, 혹은 폼 내기 위해 있는 것은 아니다.

국가의 이익보다 기업이익을 우선한다거나 정신적 가치보다 물질적 만족이 우선인 사고방식으로 기업을 운영하는 사람은 절대로 대성할 수 없다고 나는 생각한다. 기업은 기업이익보다 국가이익을 우선하는 기업활동으로 국가와 사회건설에 기여해야 한다."

② 사업보국정신의 사례 : 아산이 사업보국정신 반세기 중에서 가장 중요하게 여기는 사례를 몇 가지 제시하고자 한다. 아산은 1970년대부터 그의 국익사상과 사업보국주의경영이념을 생각하고 있었다.

가장 먼저 세계를 누빈 국산 승용차 고유모델 1호 "포니"를 지적하였으며, 거북선을 만들었던 그 기술이 현대중공업, 조선사업과 중동진출의 교두보인 세계최대의 주베일 산업항 공사를 그 다음으로 꼽았다. 그리고 유조선공법으로 마련한 서산의 대단위 농지확보, 실패의 예견을 물리치고 성공시킨 전자산업, 세계 10대 우주항공 국가로의 도약 등 이루 말할 수 없는 사업들이 모두 국익과 사업보국주의 사례들이라고 기술하고 있다.

③ 기업이윤의 사회 환원–사업보국의 반세기 : 아산의 사업보국주의로 빛나는 사업은 기업이익의 사회 환원 부분으로 특히 아산사회복지사업재단의 설립과 운영이다.

사람을 괴롭히는 것에는 크게 두 가지가 있다. 병고와 가난이다. 이 두 가지 괴로움은 서로 악순환의 관계에 놓여 있다. 병치레하기 때문에 가난할 수밖에 없고 가난하기 때문에 온전히 치료받을 수 없게 된다. 그래서 아산은 돈 버는 것도 중요하지만 돈을 어떻게 쓰느냐도 중요하다고 하면서 사업보군주의 경영이념 속에 사회복시사업재단을 운영하겠다고 선언하였다.

그 이후 아산재단은 의료사업, 사업복지사업, 연구개발지원사업, 장학사업 등 4개 사업을 중심으로 전개되었다. 이상의 모든 것을 살펴볼 때 아산 정주영은 도전과 창조의 반세기가 결국 사업보국의 반세기라는 말로 결론을 지어야 할 것 같다.

④ 내 의식 속에 부자란 단어는 없다 : "이 땅에 태어나서"라는 책에 "내 의식 속에 부자라는 단어는 없다."고 한 말을 상기해 본다. "남들은 내가 부자라고 부러워하고 질투도 하지만, 실상 나 자신은 부자라는 감각을 느끼지 못한다. 내 재산이라는 생각이 들었던 것은 쌀가게를 할 때까지였다. 차츰 일을 키우면서, 기업이 성장하면서는 일이 좋아 끊임없이 일을 만들어 나갔을 뿐 내 재산을 늘리기 위해서나, 대한민국에서 첫째가는 부자가 되기 위해서라는 의식은 티끌만큼도 없었다. 나는 회사에 돈이 얼마나 있는지 상관하지 않는다. 내 호주머니에 들어있는 돈만이 내 돈이고 집으로 타가는 생활비만이 내 돈이라고 생각하며, 돈이란 자신의 의식주를 해결하는 그 이상의 것은 자기의 소유가 아니라고 생각한다. 어떤 사람들은 현대의 성장을 더 큰 부자가 되려는 나의 욕심으로 볼지도 모르겠지만, 내 의식 속에 '부자' 라는 단어는 없다."

## 2. 이병철(삼성)의 기업가정신

### (1) 현대성을 추구하는 기업가정신

1980년대 미국 레이건 대통령은 취임사에서 "신념을 가지고 새로운 고용과 부의 기회를 창출하는 기업가는 영웅"이라고 표현한 바 있다. 호암 이병철은 바로 그와 같은 유형의 기업가라고 할 수 있다 그는 확고한 신념의 소유자였으며, 그 신념의 정신 때문에 기업경영에 성공했다고 할 수 있다.

그의 기업가정신은 1973년부터 사업보국, 인재제일, 합리추구정신으로 집약되어 삼성의 지도원리로 되었다. 개별적·형식적으로 보면, 사업보국이나 인재제일, 합리추구는 기업가들이 흔히 말할 수 있는 표현이라고 볼 수도 있겠으나, 호암의 경우는 형식적 장식용으로 제정된 것이 아니라, 오랜 기업활동과 민족주의 사상에서 우러나온 조직적 신념체계였다.

즉, 조국에 대한 사랑과 기업의 사회적 책임을 집약한 신념체계이며, 일종의 강령과도 같은 것이었다. 이와 같이 확고한 신념체계를 바탕으로 그는 리더십을 발휘하였고, 기업의 사회적 책임을 다하면서 삼성을 정상의 위치로 끌어올렸다고 생각된다.

이병철의 기업가정신은 특히 애국적·소유경영적·합리적 측면이 부각되고 있다. 애국적·소유경영자적 경영이념은 사회적·전문경영자적 경영이념에 비하여 전통적 성격이 강하고, 근대화 과정에서 많이 나타나는 특징적 조건이다. 이와 같은 의미에서 호암의 기업가정신은 전통적 경영이념에 현대적 경영이념을 접목시키는 경영의 지도원리를 기본으로 하였다.

이와 같은 호암의 기업가정신의 현대성은 그가 소유경영자로 일관하면서 목표관리의 수행을 가능케 하는 데 주효하였다고 생각된다. 즉, 그는 관료주의적 명령체계 하에서 카리스마적 리더십을 발휘한 측면이 있는가 하면, 기업이 사회적 책임기관임을 강조하고 모든 임원을 동반자로 이해하면서 인간적으로 대하고 그들이 자발적으로 참여하여 진취적·창조적 조직분위기를 생성시키는 이른바 민주주의적 리더십을 병행하여 실시하였다. 따라서 호암의 기업가정신은 카리스마적·민주적 리더십을 갖는 현대성을 추구하는 경영이념으로 나타나고 있다.

### (2) 사업보국주의 정신

① 해방 후 새로운 변신 : 이것은 방만했던 일제치하의 그의 행동에서는 찾아볼 수 없는 해방 후의 새로운 변신이었다. 다시 말하면, 8·15해방은 일제의 억압 밑에서 마음대로 기업활동을 할 수 없었던 우리 기업가들에게 국민경제의 건설에 이바지할 수 있는 기회를 가져왔다고 판단하여 사업보국의 차원에서 자신의 진로를 생각하게 되었던 것이다.

'보국(報國)'이란 문자 그대로 나라의 은혜를 갚는다는 뜻이며, 나라의 은혜를 갚는다는 것은 나라를 위하여 충성을 바친다는 뜻이다. 그러므로 주권이 박탈당하고 식민지 종주국의 압제하에 그들을 위하여 일방적 의무만이 강요되던 상태에서 해방이 되고 독립이 약속된 상태에서 사업보국을 생각하지 않는 기업가가 있을까 하는 의문도 있을 수 있으나 호암의 경우는 신념화되었고, 특히 이 문제를 심각하게 생각하였다. 사업을 천직으로 생각하였던 그는 사업을 통해 애국을 실천하겠다고 생각하였고, 해방 직후 대구에서 이승만 박사를 만난 수 사업보국의 의지가 더욱 굳어졌던 것이다.

② 이승만 박사 만난 후 새로운 인생관 확립 : 이승만 박사와의 만남을 계기로 호암의 새로운 인생관이 확립되었고, 한평생 이 박사의 애국사상을 행동지표로 삼으려고 노력하였다. 그는 안일한 방법으로 귀소기업체를 불하받거나 투기업에 종사함으로써 일확천금을 노리지 않았다. 보국의 차원에서 그 시대가 요구하는 가장 주요한 사업을 찾아서 투자하고 합리적으로 경영함으로써 기업의 사회적 책임을 다하려고 노력하였다.

이것은 다른 말로 표현하면 보국의 차원에서 시장적 기회를 포착하여 투자하고 경영에 성공하였다는 뜻이 된다. 즉, 삼성물산공사의 창설에 이어 제일제당, 제일모직, 삼성전자, 삼성중공업 등 무역업, 경공업, 중공업 등의 순서로 국가사회에 꼭 필요하다고 생각되는 업종을 순차적으로 선택하여 투자하고 경영에 성공하였던 것이다.

그가 기업가로서 외길인생을 보낼 수 있었던 것은 이와 같은 사업보국이념 때문이며, 거기에 더하여 영국의 근대화과정에서 크게 활약하였던 독립 자영농민층(yeomanry)에서 볼 수 있는 근대지향적 직업의식이 작용하였기 때문이라고 생각된다.

### (3) 인재제일주의정신

① 우리 회사의 인재는 국민의 봉사자이다 : 1982년 4월 22일 삼성종합연수원의 준공을 기념하여 로비 벽에 새겨진 호암 친필의 붉은 화강암 현판에는 "국가와 기업의 장래가 모두 사람에 의해 좌우된다는 것은 명백한 진리이다. 이 진리를 꾸준히 실천해 온 삼성이 강력한 조직으로 인재양성에 계속 주력하는 한 삼성은 영원할 것이며, 여기서 배출된 우리 회사의 인재는 이 나라 국민의 봉사자가 되어 만방의 인류행복을 위하여 반드시 크게 공헌할 것이다."라고 되어 있다. 우리는 이 글에서 인재양성에 관한 호암의 집념을 엿볼 수 있다.

② 기업은 사람이다 : 호암의 인재제일주의는 우리나라의 유교적 전통에서 볼 때 당연시 할 수도 있다. 인재를 중요시하는 문화적 전통은 기업가의 역사적·사회적 환경으로서 기업가활동에 영향을 미치기 때문이다. 그러나 호암의 경우는 사정이 달랐다. '기업은 사람이다'라고 말할 정도로 인재제일주의를 경영이념의 최우선 순위에 두고 이를 성취하고자 노력하였다.

최한기(1803~1877)는 천하에서 얻기 어려운 것은 시대에 뛰어난 탁월한 인재이며, 진실로 그러한 사람이 있으면 부귀빈천과 파벌을 물어 볼 필요도 없이 그에게 알맞은 직업이 주어지게 마련이라고 말하였다.

시대적 배경은 다르지만, 호암은 바로 도량과 재질이 탁월한 인재를 구하는 데 최선을 다하고, 일단 채용하면 적소에 배치하여 능력을 십분 발휘하게 하는 스타일의 기업가였다. 최한기의 말과 같이 사람을 쓰는 것이 모든 일 가운데 가장 중요하며, 인새의 대도는 용인(用人)에 있다고 생각하였던 것이다.

③ 최초의 사원공개채용제도를 시행하다 : 호암은 사람을 채용할 때 재질과 사람됨을 중요시하였다. 우리나라 기업 중에서 삼성이 가장 먼저 사원공개채용제도를 시행하게 된 것은 호암의 이와 같은 용인관에 따른 것이다. 즉, 최한기의 말과 같이 일을 위하여 사람을 뽑는 것이지 사람을 위하여 일을 고르는 것이 되어서는 안 되기 때문에, 혈연이나 지연 또는 정실인사에서 벗어나기 위하여 사원공개채용제도를 실시하게 되었던 것이라고 말하기도 하였다.

④ 일단 채용하면 믿고 맡겨라 : 사람을 일단 채용하면 믿고 맡기는 것이 호암의 경영스타일이었다. "의심이 가거든 고용하지 말고, 일단 채용했으면 의심하지 말고 일을 맡겨라." 이것이 그의 용인철학(用人哲學)이었다.

최한기는 세상에서 가장 귀한 것은 실용이 덕을 지닌 인재이고, 만나기 어려운 사람을 잘 쓰는 식견과 도량을 지닌 사람이라고 말하였는데, 호암은 실용의 덕성을 지닌 인재와 탁원한 식견과 도량을 가진 경영자를 양성하기 위하여 투자를 아끼지 않았다. 삼성이 우리나라 기업 중에서 가장 먼저 종합연수원을 개설하여 인간개발과 인력개발에 노력한 것은 호암의 뜻에 따른 것이다.

### (4) 합리주의정신

호암 이병철이 즐겨 사용하던 합리추구는 근대지향적 경영이념이라고 말할 수 있다. 서양의 근대화과정은 산업화·합리화·민주화로 구분할 수 있고, 산업화와 합리화·민주화는 상호 밀접한 관계를 가지면서 발전하였다. 그런데 우리나라는 호암의 말과 같이 일제의 침략으로 말미암아 자율적으로 근대화할 수 있는 기회를 놓쳤고, 선진국에 비해 산업화뿐만 아니라 의식구조의 개선과 합리추구를 역행하였다고 생각된다.

합리추구의 맹아는 근대화사회에도 있었으며, 우리나라에 있어서는 실학자 중에 유교적 차원의 순리를 강조하는 경향이 있었다. 그러나 호암의 합리추구는 철저하게 현대지향적이었다. 그는 사회의 모든 면에 있어서 합리화가 이루어져야 한다고 생각하였지만, 특히 경영합리화는 가장 시급한 문제로 생각하였다. 부존자원이 빈약한 우리나라는 생산성향상과 원가절감으로 국제경쟁력을 제고시켜야 하고 국제경쟁력의 제고는 합리추구가 전제되기 때문이다.

호암 이병철의 합리주의는 이와 같이 경영에 있어서의 핵심적 가치요, 이성적 지도원리라는 점에서 원칙주의와 통한다. 호암을 원칙주의자라고 묘사할 수 있는 것도 그의 합리주의 때문이다. 즉, 합리주의는 이성존중의 행동철학이므로 조직구성원을 경영의 대도로 인도하고 효율적으로 직무를 수행케 하는 데는 합리주의적 원칙이 필요하며, 호암은 몸소 그것을 실천함으로써 합리주의의 표본이 되었다고 생각한다.

### (5) 일등주의정신

호암 이병철은 경영에 실패하지 않으려면 철저하게 1등을 해야 한다고 생각하였다. 그의 기업가정신은 그의 상호제정에 있어서도 나타나고 있다. 제일제당이나 제일모직의 상호제정에서 보는 바와 같이 그는 철저하게 제일이 되기를 희구하였고, 그것을 실현시키려고 노력하였다. 그 밖에 그가 제정한 '삼성' 과 '중앙' 이란 상호에도 최고, 즉 1등주의, 제일의 뜻이 함축되어 있다.

① 삼성의 의미 : 1983년 대구에서 삼성상회를 설립하였을 때 선정한 상호를 그는 매우 만족스럽게 회상하였다. "삼성"의 '삼'은 큰 것, 많은 것, 강한 것을 나타내는 것으로서 우리 민족이 가장 좋아하는 숫자다. '성'은 밝고 높고 영원히 깨끗이 빛나는 것을 뜻한다. 크고 강력하고 영원해라. 재출발하는 사업에 이러한 소원을 담아 호암 스스로 이 상호를 위해 제일이 되었다.

② 최고의 기업 – 정상의 도전정신 : 크고 강하고 높고 영원한 기업이란 1등 기업이라고 풀이할 수 있다. 그리고 1965년 중앙일보를 창간하였을 때의 소감을 보면, "제호인 '중앙'에 해 줄 것을 기원하였다." 제일 큰 신문이 되어 언론매체로서의 사명을 완수해 줄 것을 바랐던 것이다.

이와 같이 그의 제일주의, 최고의 정신은 만전불패사상보다도 적극적이고 능동적이다. 소심하여 실수하지 않는 소극적 자세가 아니라, 무엇이든지 정상의 위치를 차지하기 위하여 적극적으로 도전하고, 기업변신을 하면서 만전을 기하려는 진취적 사상이다.

그는 사세의 영속성문제에 대해 부정적 입장을 취하였다. 시장경제체제하에서 기업은 끊임없이 변신하지 않으면 남아 있을 수 없고, 새로운 제품일수록 끊임없이 품질을 개선하여 혁신적으로 변신하지 않으면 경쟁에서 살아남을 수 없다고 보았기 때문이다.

이와 같은 자본주의의 속성에 대한 인식과 남에게 지기를 싫어하는 그의 성품으로 말미암아 1등 지향적인 완벽주의가 형성되었고, 그것이 기업을 신장시켰다고 생각된다.

### (6) 책임주의정신

① 권한위양과 책임정신 : 호암은 권한이란 자기의 책임을 조직 내에서 공적으로 수행하는 힘으로 간주하였고, 권한에는 항상 책임이 따른다고 생각하였다.

삼성은 삼성상회 시절부터 경영일체를 지배인에게 위임하고 있었는데, 이것은 그 후에 하나의 전통으로 되어 책임경영원칙이 확립되어 거대한 조직을 일사불란하게 통솔할 수 있었다.

사장이 전무에 책임을 나누어주고 전무는 상무에게, 상무는 부장에게 권한을 위임하되, 거기에는 명확한 책임의 한계가 있다. 호암은 권한위임을 빙자해서 책임을 회피하는 것처럼 좋지 않은 행동은 없다고 생각하였다. 부하에게 지울 수 있는 범위는 직무상의 책임에 국한되며, 일의 성사, 공과에 대한 책임은 당연히 책임자가 져야 한다는 논리이다. 즉, 책임불변의 원칙이라 하여 권한을 위임하여도 책임은 그대로 남는다는 것이 그의 지론이다.

② 책임경영원칙 : 책임경영원칙을 구체화한 예가 사업부제이다. 사업부제는 각 업종의 특성을 살리고, 회사경영에 대한 사장의 권한과 책임을 분명히 할 수 있어서 다각적 경영의 기업에 알맞은 관리제도로서 선진국기업에서 대부분 채택되고 있는 제도이지만, 1970년대 초부터 제일모직·중앙매스컴·중앙개발 등에서 그것을 실시하였고, 그룹 차원에서는 삼성이 우리나라에서 처음으로 1975년 9월부터 이 제도를 도입하여 운영하였다. 사업부내에서는 삼성의 경우, 부·과 등 부서별로 임무가 나누어지고 권한도 부여되며, 공과에 대한 책임의 소재를 명백히 하는 것으로 되어 있다.

③ 신상필벌의 원칙적용 : 호암은 책임경영원칙하에 그룹 각사의 경영을 사장에게 맡기고 경영원칙과 인사의 대본만을 맡았다. 다만 공과에 대해서는 신상필벌의 원칙을 철저하게 시행하였다.

경영효율을 높이는 데 필요한 아이디어와 좋은 제언, 회사에 뚜렷한 공을 세운 사람, 회사의 명예를 밖으로 드높인 사람, 누가 보든 묵묵히 자기 일에 충실하며 회사 일에 최선을 다한 사람에게는 승진의 기회가 주어지거나, 상여를 많이 받게 되거나 하는 응분의 상이 주어진다. 반면, 일을 열심히 하려다 실수한 것은 용서받지만, 고의적으로 회사재산을 축내고 공사를 구분하지 못하고 부정을 저질러 회사 돈을 가로채는 일 따위는 절대로 용서받지 못하였다.

그는 특히 필벌의 원칙을 철저히 지켰다. 부정은 조기에 발본색원하는 것이 조직을 살리는 길이라고 보았기 때문이다. 즉, 부정행위는 자신을 죄인으로 만들고, 동료와 회사 그리고 국가를 망하게 하는 가장 비애국적 행위로 보았기 때문에 냉혹하다고 할 정도로 이 원칙을 철저하게 고수하였다.

## (7) 기술혁신주의정신

① 슘페터가 지적한 모든 조건 구비 : 슘페터(J. A. Schumpeter)는 기업가란 신제품을 생산하고 새로운 기술을 도입하며, 신조직의 형성과 새로운 자원 및 새로운 시장을 개척하는 혁신의 수행자라고 규정한 바 있는데, 호암은 슘페터가 지적한 모든 조건을 구비하고 있었다. 특히 그의 기업활동 중에는 혁신적 신기술의 도입이 현저하게 부각되어 있다.

산업혁명을 3분하면, 제1차 산업혁명은 철과 석탄의 시대가 되고, 제2차 산업혁명은 전기와 석유의 시대, 제3차 산업혁명은 정보혁명시대가 된다.

1970년대 후반까지만 해도 첨단기술산업이란 일반인에게 있어서 생소한 신종산업이었다. 컴퓨터·로봇·생명공학·우주공학 등을 의미하는 첨단기술이란 말은 우리나라의 경우 1960년대 후반에 와서 일반적으로 많이 사용되었지만, 호암은 이미 1930년대부터 신종산업에 대하여 흥미를 가지고 있었다.

1969년의 삼성전자공업주식회사 설립에 이어 1970년대에 중화학공업과 반도체산업, 항공산업 등 여러 분야의 기업을 창설하는 과정에서 그의 기업가적 변신을 엿볼 수 있다. 호암은 기업 환경의 변화를 신속하게 차악하여 전자·석유화학·조선·정밀기계·항공공업·반도체·컴퓨터·유전공학 등의 분야에 적극적으로 진출하였던 것이다.

그는 세계가 제3차 산업혁명의 와중에서 격심한 변화를 겪고 있다고 판단하고, 정보기술혁신을 어떻게 받아들이고 어떻게 대응할 것인가가 당면과제라고 말하였다. 즉, 반도체·컴퓨터·광섬유·광통신·유전공학·우주와 해양개발 등 광범위한 영역에 걸쳐 새로운 물결이 일고 있음을 직시하고, 이미 당시에 e-비즈니스 경영의 중요성을 역설하였던 것이다.

② 반도체는 삼성의 효자품목으로 성장예견 : 1976년까지 16년간 반도체의 성능이 매년 2배씩 고도화되고 1980년대에는 해마다 반도체 매출액이 15 내지 20%씩 증가할 것으로 내다보았다. 반도체와 더불어 퍼스널 컴퓨터 매출액도 매년 60%씩 상승하고 있으며, 동선 케이블보다 1천배 이상의 정보를 전송할 수 있는 광섬유에 의한 광통신시대의 막이 오르고 있음을 파악하여 정보통신망이 우리의 생활양식에 일대변혁을 가져 올 것이라고 말하였다.

이와 같은 기술의 변혁기에 있어서 우리는 주어진 조건들을 냉엄하게 분석하고, 우리의 역량을 총집결할 수 있는 태세를 갖추어야 한다고 생각하였다. 첨단기술에 도전하기에는 우리의 축적이 아직 미흡하지만, 역사적 전환기의 추축에서 탈락되어서는 안 된다고 했다. 우리의 총역량이 효과적으로 이 분야에 집결되면 우리의 경제문화의 수준은 미국·일본 다음가는 것이 될 수 있다고 전망하였다.

호암의 정보기술혁신은 첨단산업뿐만 아니라, 모든 산업에 걸치고 있었다. 그리고 그는 신생산방법의 도입에도 앞장섰다. 덮어놓고 선진국으로부터 첨단기술의 이양을 바래서는 안 되고, 외국의 첨단기술과 신생산방법의 도입은 상호주의 원칙에 따라야 한다고 생각하였다.

## (8) 산업평화주의 정신

① 노사와 공존공영 정신 : "기업이 솔선해서 종업원에게 최대한의 성의를 가지고 좋은 복지와 후생을 제공하고, 종업원은 자기 회사라는 신념으로 최선을 다하면 노사는 공존 공여할 수 있다."는 그의 노사관계관이 주효하였던 것이다. 즉, 회사는 업계 최고의 대우와 최고의 근로조건을 보장하고, 종업원은 공동체적 신념으로 최선을 다하면 노조를 필요로 하지 않는 경영체제가 확립된다는 것이다. 그러나 노사협의회를 잘 운영하여 성공하였다.

이와 같이 그가 노조를 필요로 하지 않는 경영체제를 추구하게 된 것은 일본재벌의 흥망의 예에서 영향을 받은 것 같다.

② 일본재벌의 흥망 – 노동쟁의 원인 : 제2차 세계대전이 발발하기 이전 대표적 재벌은 미쓰이였지만, 전후에는 노동쟁의 때문에 사력을 소모하여 그 자리를 미쓰비시에 넘겨주고 사세가 기울어졌다. 노사분규의 낭비는 기업의 잠재력을 약화시

켜 그 손실이 결국 직접적으로는 사원에게, 간접적으로는 국민에게 부담을 주게 되었다는 것이다.

그리고 일본 국유철도가 30조 엔을 넘는 적자를 안고 마침내 민영 분할의 사태를 맞은 것도 노조파업에 경영자측이 유효적절하게 대응하지 못했던 결과이며, 그 많은 적자는 결국 국민이 부담하게 되었다는 것이다.

이와 같은 전철을 밟지 않기 위해서도 노동쟁의는 노사협력으로 전환되어야 한다고 생각하였다. 기업이 운용하는 자금·자재·인재는 공적성질의 것이므로 그 귀중한 국민적 자원을 낭비한다는 것은 국민에 대해 무책임한 행위이며, 공존공영을 무시한 노동쟁의는 노사 쌍방에 아무런 도움도 주지 않고 국가발전에 큰 손실을 가져올 뿐이라고 역설하였다.

## (9) 리더십과 경영의 비결

① 호암 이병철의 리더십 : 조직과 용인에 있어 그의 천재적 소질은 사업에 투신할 당시부터 이미 발휘되고 있었다. 그는 26세에 마산에서 협동정미소를 차릴 때부터 '합심협동'의 신념으로 두 사람의 동업자를 영입하는 데 성공하였고, 용인을 잘하여 경영에도 성공하였다. 그리고 대구에서 삼성상회를 개업한 후 그는 일본 유학 시절의 친구인 이순근을 지배인으로 맞이하여 삼성상회를 궤도에 올려놓았고, 조선양조의 경영에도 성공하였다.

호암은 삼성상회의 경영일체를 지배인에게 맡김으로써 지배인으로 하여금 책임지고 경영하도록 동기를 부여하였다. 은행의 거액융자나 대량 자재구입과 수주 등 극히 일부 중요한 문제를 제외하고는 어음발행이나 인감관리에 이르기까지 경상적인 거의 모든 일을 지배인에게 맡겼다.

"의심이 가거든 사람을 고용하지 말라. 의심하면서 사람을 부리면 그 사람의 장점을 살릴 수 없다. 그리고 고용된 사람도 결코 제 역량을 발휘할 수 없을 것이다. 사람을 채용할 때는 신중을 기하라. 그리고 일단 채용했으면 대담하게 일을 맡겨라."라는 이 원칙은 삼성상회의 출발과 함께 터득하고 실천했던 사람 쓰는 방법으로써 그 후 그의 경영철학이 되었다.

제일제당과 제일모직, 한국비료, 삼성전자 등의 설립과정에서 보여준 결단력과 변신성에서 우리는 그의 기업가로서 탁월성을 간파할 수 있는 것이다. 황명수 교수는 호암이 사회변화기마다 시대가 요구하는 새로운 업종을 개척하여 성공하였다고 적절하게 표현하고 있다. 호암을 어느 면에서 난세형 기업가로 규정할 수 있는 것도 이와 같은 뛰어난 판단력과 결단력, 변신성 때문이라고 말할 수 있다.

② 리더십 한계인식과 경영관리의 변신 성공

㉠ 분권관리조직의 성공 : 삼성그룹 비서실은 이런 분권관리조직에서 회장의 위임을 받아 그룹전체를 통괄하고 있다. 호암에 의하면 "기획·조사·인사·재무·조정·감사 등 삼성 비서실의 기능들은 1950년대 후반부터 조직된 삼성 고유의 것"이다.

각사 사장에게 회사경영을 분담시키고, 비서실이 그룹의 중추로서 기획·조정을 하는 운영체계는 호암의 경영철학과 리더십을 반영한 것이며, 호암은 이 제도를 잘 이용함으로써 경영에 성공할 수 있었다.

㉡ 사장단회의 의사전달기구 : 삼성비서실은 20여명의 고단위 조직에서 점차 커져 1980년대에는 15개 팀 2백여 명의 정예사원으로 구성될 정도로 거대하여졌다. 각사 사정에 정통한 엘리트들이 파견되어 호암의 지팡이 역할을 하였다. 그러나 비서실의 기능에도 한계가 있으므로 호암은 사장단회의를 상호견제기구로서 또는 직접적 의사전달기구로서 중요시하였다.

사장단회의에는 호암이 가끔 참석하여 브리핑을 받았지만, 주로 방향제시와 주요 인사 관계만 다루었을 뿐 사소한 일은 알려고 하지 않았다. 각사는 호암의 방향제시에 따라 장단기경영계획을 수립하고 매월실적평가를 하였다.

㉢ 경영합리화의 선구적 역할실현 : 호암의 합리추구 이념에 따라 삼성그룹은 경영합리화에 있어서 선구적 역할을 다하였다. 1960년대에는 외부 전문가에 의한 각사의 경영진단을 정례적으로 실시하였고, 1970년대에 도입한 사업부제, 전사적 품질관리(TQC)운동은 삼성의 조직관리를 진일보시켰다. 기능별·제품별 사업부제는 사장으로부터 말단 사원에 이르기까지 달성해야 할 목표를 분명히 제시함으로써 전사적 전그룹적인 경영관리의 체계화를 실현시켰다.

삼성그룹이 선구적으로 채택한 여러 제도는 대체로 호암의 제안에 의한 것이다. 1950년대부터 실시한 사원출자제도라든가, 공개채용사원모집과 사원연수제, 인사고과제, 어학검정고시제 등이 삼성에서 처음으로 실시되었다. 공채제도와 연수제도, 인사고과제도는 호암의 인재제일주의를 반영한 것이며, 어학검정고시제도도 외국무역의 발달과 국제화시대에 대비한 인재제일주의의 일환으로 제정되었다고 생각된다.

㉣ 경영성공비결 복합적 요인 : 호암 이병철이 경영에 성공할 수 있었던 비결은 복

합적 요인으로 설명될 수밖에 없으나 그 중에서도 가장 중요한 것은 용인술과 리더십이라고 말할 수 있다.

기는 가지고 태어나는 것, 즉 선천적 소질에 의하는 바가 많다고 보았으며, 사장이 되려면 적어도 치밀한 계획성, 통솔력, 판단력, 구상력이 뛰어나야 한다고 생각하고, 이것을 실천하였다. 그는 사람을 잘 쓰고 기르면서 목표달성을 위하여 꾸준히 노력하였으며, 그는 성취욕구가 매우 강한 편이었으나 결코 저돌적 기업가는 아니었다. 시장적 기회를 포착하면서 사업보국의 정신으로 끊임없이 변신하는 합리적인 기업가였다.

## 3. 빌 게이츠의 기업가정신

### (1) 빌 게이츠의 기업가정신 형성 배경

#### ① 시대적 배경

㉠ 제2의 산업혁명(정보사회로의 전환)

㉡ 시시각각 발전을 거듭하는 정보사회로의 변화의 시기에 미 정부주도의 '정보고속도로'(미국과 전 세계 디지털 정보망의 연결) 건설 정책을 추진함

㉢ 1980년대 컴퓨터 산업의 눈부신 성장과 기술의 발전을 통한 컴퓨터의 대중화로 개인용 컴퓨터의 대중화에 따른 관련 서비스 산업의 급성장

㉣ 실생활 속에서 보다 간편하고 쉽게, 비전문화된 사용방법을 원하는 대중의 요구가 증대되는 시기

㉤ 1980년대 후반 NSF(미국립과학재단)의 네트워크를 통해 세계를 하나로 연결한 인터넷의 등장과 그에 따른 새로운 경영환경 변화의 도래

#### ② 사회적 배경

㉠ 창조적 사고의 생활화

㉡ '화폐가치로 표현된 비즈니스의 성공'이란 자본주의적 측면을 강조한 사회적 지위형성이 대두됨

㉢ '기회의 나라'로 대변되는 인종, 종교, 출생환경 등이 무시되는 개방적인 사회분

위기가 나타남

㉣ 자립적인 인간을 키우고자 하는 독립성과 개인책임이 강조되는 성장 환경으로의 변화

㉤ '서부 개척자 정신'에 바탕을 둔 모험심과 활발한 혁신적 정신을 기업가 활동에 반영시키는 사회구조가 나타남

㉥ 미국적 우월주의의 팽배

## (2) 빌 게이츠의 기업가정신

### ① 도전과 개척정신

㉠ 젊음의 패기와 열정을 바탕으로 청년(20세)기에 Microsoft사 창립

㉡ 변화와 혁신의 주도자로서 역할을 수행함

㉢ 시장 확대에 대한 빌 게이츠의 Can-doism

㉣ 오늘보다는 내일이 좋아진다는 확신과 도전의 생산성향상정신 실현

㉤ '소프트웨어가 하드웨어를 바꾼다.'는 신념구현

### ② 근검, 절약정신

㉠ 근면하고 절약을 기본으로 하는 청교도 정신

㉡ 비행기는 2등석만을 이용하고 일반 호텔을 이용하는 절약정신

㉢ 점심은 주로 햄버거를 먹고, 가능한 한 스스로 근검한 생활을 하는 생활자세 확립

### ③ 일등기업주의 정신

㉠ 자신의 분야에서 최고가 되고자 하는 일등기업주의 경영사상

㉡ 일등주의 추구를 통해 경쟁자를 비정하게 굴복시키는 독재적 경영방식

㉢ 일등주의를 뺏기면 패배한다는 강한 정신적 신념 소유

### ④ 분석력과 예측능력

㉠ 21세기 정보화 사회의 모델 제시

㉡ Microsoft사의 장기적 비전 제시

㉢ 차세대 컴퓨터와 커뮤니케이션 기술개발에 집중 투자전략의 수립

### ⑤ 사업 보국주의 정신 – 게이츠의 재단 설립

㉠ 지역사회의 기여
㉡ 영재육성에 주력
㉢ 환경에 대한 책임강조

### ⑥ 창조정신/아이디어 창출

㉠ 인류의 생활 전반을 바꾸어 놓은 소프트웨어 분야의 선구자 정신
㉡ 창조적 기술개발을 성공적인 결과로 만듦
㉢ 경영진의 창의성 촉진
㉣ 끊임없는 새로운 아이디어 창출 요구
㉤ 창조적 모방활동의 적극화 실현

### ⑦ 시테크 정신

㉠ 철저한 시간관리와 시간의 귀중함 인식
㉡ 여러 가지 일을 동시에 하는 것을 즐김

### ⑧ 인재제일주의 정신

㉠ "일 벌레라야 하고 천재적인 두뇌를 갖고 있어야 한다."는 인사 철학
㉡ 기업발전을 위한 적재적소 인재배치주의 강조
㉢ 철저한 능력급 보상제도의 실현
㉣ 근로자를 연구원으로 우대하는 제도적 장치 마련

### ⑨ 강력한 리더십

㉠ 카리스마적 경영방식
㉡ 사업에 승리, 전략에 승리, 전술에 승리한다는 전투성을 바탕으로 한 기업문화의 특성

### ⑩ 반성의 정신

㉠ 자만을 경계하고 자기만족을 철저하게 배제하는 정신
㉡ 아부와 겁쟁이를 싫어하고 논쟁을 즐기며, 늘 경쟁요소를 경계하는 삶의 자세

㉢ 자신의 뜻에 반대하는 의견도 기꺼이 수용하는 포용력을 가진 신념

⑪ 워크 홀릭(Work-Holic)

㉠ 1975년 창업당시 베이직 소프트웨어를 5일 만에 완성
㉡ 미친 듯이 일하는 일벌레

### (3) 빌 게이츠의 성공전략

① 우수한 인재 발굴 전략

㉠ 기술과 사업을 충분히 이해하는 CEO(최고 경영자)를 발굴하여 같이 일한다.
㉡ 제품시장과 사업부문 전반에 걸쳐 조직을 유연하게 구축한다.
㉢ 기술과 사업을 깊이 이해하는 우수한 관리자를 채용한다.
㉣ 기술과 사업을 깊이 이해하는 우수한 종업원을 채용한다.

② 창조적 인력과 기술관리 전략

㉠ 기능별 전문가를 두고 작은 팀에 중복 참여케 한다.
㉡ 전문가 스스로 연구 영역을 규정, 필요한 인력을 채용한다.
㉢ 실습과 조언을 통해 신입사원 교육을 강화한다.
㉣ 기술 인력을 지원, 포상하기 위한 경력체계와 직능별제도를 확립한다.
㉤ 승진제도를 만든다. 특히 직능별 승진제도를 구축한다.

③ 제품의 표준화로 경쟁력을 확보하는 전략

㉠ 표준을 주도하는 '좋은' 제품으로 거대 시장 개척에 조기 진입하거나 새로운 시장 개척에 주력한다.
㉡ 신제품을 점차적으로 증대시키면서 주기적으로 구형제품들은 용도 폐기시킨다.
㉢ 자사제품이 시장의 표준화를 주도하도록 대량판매를 강화하고 독점적인 계약을 체결한다.
㉣ 신제품을 기존 제품들의 연계성을 피하면서 표준제품 공급자로서의 위치를 최대한 활용한다.
㉤ 새로운 시장에 진입하기 위하여 제품들을 통합하거나 확장하고 단순화 시킨다.

④ 일정 인원을 한정된 제품개발에 배치함으로써 창조성을 집중시키는 전략

㉠ 규모가 방대한 프로젝트는 다단계 개발주기로 나누고, 개발주기 사이에는 완충기를 두며, 제품은 일률적으로 관리한다.
㉡ 프로젝트를 진행시켜 나갈 비전 설명서와 개요 사양서를 이용한다.
㉢ 고객활동과 데이터를 기초로 하여 제품 기능과 개발 우선순위를 결정한다.
㉣ 프로젝트 구조에 반영되는 제품구조를 규격화하고 수평적인 설계로 발전시킨다.
㉤ 세분된 업무에 각 개인을 참여시키고 프로젝트의 자원을 일정한 규모로 한정시킨다.

⑤ 제품개발과 출시 전략

㉠ 병행하여 업무를 진행시키면서 동시화하고 매일 오류를 수정한다.
㉡ 주요한 플랫폼이나 시장에 대응할 버전의 제품을 언제든지 출하 할 수 있도록 한다. 개발 도중 끊임없이 반복하여 테스트한다.
㉢ 개발은 한 장소에서 행하고 공통의 언어를 사용한다.
㉣ 개발 도중 끊임없이 반복하여 테스트한다.
㉤ 중간 목표 및 제품 출하를 결정하기 위해 수치 데이터를 사용한다.

⑥ 학습조직의 구축을 위한 전략

㉠ 과거와 현재의 프로젝트 및 제품으로부터 체계적인 학습을 실시한다.
㉡ 양적 지표와 벤치마킹 기법을 통해 업무 개선 및 피드백을 촉진한다.
㉢ 제품개발과 제품개선을 위한 자료로서 고객을 확보한다.
㉣ 제품 부문 간의 연계 및 정보공유를 증대시킨다.

### (4) 빌 게이츠가 제시하는 성공 경영

① 경영에 마술 같은 비법은 없다

㉠ 업종을 신중히 선택하라.
㉡ 조심스럽게 고용하고 기꺼이 해고시킬 준비를 하라.
㉢ 생산적인 환경을 조성하라.
㉣ 성공의 개념을 정의하라 당신의 직원들에게 성공이란 무엇이고 어떻게 그들의

업적을 측정할 수 있는지를 분명히 밝혀라.
ⓜ 훌륭한 경영자가 되려면 사람을 좋아하고 대화에 능숙해야 한다.
ⓑ 직원들이 사장보다 더 일을 잘 할 수 있도록 발전시켜라.
ⓢ 윤리를 확립하라.
ⓞ 프로젝트를 직접 수행하라.
ⓙ 똑같은 결정을 두 번 내리지 마라.
ⓒ 직원들에게 누구를 기쁘게 할지를 알게 하라.

### ② 빌 게이츠의 사업 마인드

㉠ e-mail을 통한 의사소통의 효율화를 기하라.
㉡ 숫자파악이 성공의 관건이다. 온라인으로 각종 사업통계를 수집하고 분석하라.
㉢ bottom up방식의 생각과 지식전달을 성과로 변화시켜라.
㉣ virtual team을 상시 구성하라.
㉤ 서류의 digital화로 경비를 줄여라.
㉥ 디지털 기기 활용의 효율화로 경쟁력을 높여라.
㉦ 배달시간 최소화로 고객을 만족시켜라.
㉧ 중간상인 생략 등으로 유통혁신을 이루도록 하라.

## (5) 빌게이츠의 생애

빌 게이츠의 마이크로소프트 시작은 바로 '모든 가정의 책상 위에 컴퓨터'를 놓는 것을 목표로 시작하였다. 그리고 그 컴퓨터에는 마이크로소프트의 윈도우가 깔리는 꿈을 가지고 있었다. 꿈을 실현하기 위하여 1975년에 친구들과 함께 차고에서 소프트웨어 개발회사인 마이크로소프트사를 창립했다.

2007년을 지나 현재, 컴퓨터에 의존하지 않는 정부조직, 또는 기업이나 상업 조직에서 없어서는 안 될 필수 요소로 자리 잡게 되었다. 또한 인터넷의 발달은 세상의 모든 정보를 한 순간에 찾아낼 수 있게 되었을 정도로 커졌다. 빌 게이츠는 이러한 사회가 될 것을 예견했고 학창 시절부터 자신의 꿈을 펼치고 있었다.

"막강한 힘을 지닌 정보 혁명의 시대가 왔다. 정보 혁명은 우리가 일하는 방식, 노는 방식, 상호작용하는 방식뿐만 아니라 생각하는 방식에까지 상당한 변화를 초래하고 있다."

이후 마이크로소프트사는 엄청난 매출을 기록하는 최고의 소프트웨어 회사고 성장하였으며, 빌 게이츠는 이후 가장 젊은 억만장자가 되어 있었다. 그는 컴퓨터가 무한한 가능성을 가진 원동력이라 생각하고 자신의 모든 정신을 일에 쏟았다. 일 중독자라 불릴 정도로 열심히 개발하였으며 다른 사람에게 자신이 어떻게 보일 것인지에 대해서는 거의 신경 쓰지 않았을 정도였다.

빌 게이츠는 1955년 10월 29일 워싱턴 주 시애틀에서 태어나 변호사인 아버지와 선생님이셨던 어머니, 은행장이셨던 할아버지 아래의 튼튼한 울타리 아래에서 자라났다. 하지만 그 환경에 비해 빌은 부유하고 모범적 기질과는 상당히 거리가 멀었다. 지저분하고 게으른 아들을 위해 그의 어머니는 주간 복장 계획표를 작성했을 정도였다. 이렇게 어려서부터 계획대로 생활했던 탓에 빌은 일할 때도, 여가 시간 중에도 시간 낭비하는 것을 싫어했다.

"빌 때문에 다른 학생들도 주의가 산만해지고 있습니다. 게다가 자신의 아이가 빌의 영향을 받고 있다는 학부모님들의 항의도 있습니다. 빌을 한번 따끔하게 혼을 내시는 것이 어떨까요."하고 말을 할 정도로 수많은 질문을 하며 호기심을 채울 정도로 호기심이 넘치는 아이였다.

또한, 빌은 브리태니커 백과사전을 들고 외울 정도로 대단한 호기심을 가졌고, 독서광 이였기에 어렸을 적부터 폭넓은 지식을 갖추고 다양한 사고를 해 오며, 고등학교 역시 수학과 과학을 좋아했기에 학생 개인의 특성을 기르며 공부할 수 있었던 레이크사이드 고등학교로 진학해, 잡스와 가장 잘 맞는 환경에서 공부를 시작했다.

빌은 학부모들이 모은 기금으로 배우기 시작한 학교의 컴퓨터 수업을 받으며 이 매력에 푹 빠졌다. 그리고 당시 가장 친한 친구이었던 켄트 에반스와 빌보다 두 살 위인 폴 앨런 역시 마찬가지였다. 컴퓨터에 몰두하던 이 세 학생은 교사의 지식을 뛰어넘을 정도의 실력이 되었고 컴퓨터에 대한 열의는 그 누구도 쫓아 올 수 없었다.

그의 수학적이고 계산적인 성격은 프로그래밍에 적합했다. 해당 분야에서 최고가 되는 것은 필수라고 생각했고, 더 나아가 본인의 실력을 위해 컴퓨터 학원을 다니는 등 노력을 해왔다. 그리고 "세상에 나가 무엇인가를 팔아보자!"라고 선언했다.

빌 게이츠는 하버드 대학에 들어가 수학을 공부하며 자신이 수학에서 최고가 아님을 깨달았다. 그리고 그들 사이에서 경쟁하는 것이 무의미하다는 것을 알고 있었고, 자신의 전공에 대해 회의를 느끼고 있었다. 하지만 그가 대학에 입학 후 다른 학생들보다 포커와 컴퓨터에는 깊은 관심을 보여 왔고 실력 역시 월등했다. 그래서 그는 자신의 꿈을 바꿔 컴퓨터 소프트웨어 개발자가 되었다. 그리고 미래의 언젠가는 세상 모든 사람들이 컴퓨터를 사용하게 될 것이라는 믿음으로 임하였다.

그와 그의 친구 폴은 알테어 8800이라는 컴퓨터의 개발 소식을 들은 후, 이에 맞는 소프트웨어가 없음을 알고 이를 만들기 위해 8주 밤을 새었다. 그 결과 컴퓨터의 새로운 운영체제에 대한 가능성을 보게 되었고, 대부분의 사람들은 컴퓨터가 무엇인지 몰랐고 아는 사람마저도 하드웨어만은 중요시 여기기만 했다. 만약 빌이 그런 시대의 생각에 함께 동조했다면 현재의 마이크로소프트는 존재할 수 없었다. 그리고 소프트웨어는 공짜라는 생각을 하나하나 바꿔놓기 위해 노력하기 시작했다.

매우 빠른 속도로 일하기 시작한 빌 게이츠는 주변사람들에게 같은 스타일의 근무방식을 요구했고, 주당 평균 65시간을 일하며 엄청난 속도로 개발에 박차를 가하였다.

그는 쉬는 날 없이 끊임없이 노력했고, 1987년 3월, 주식 시세는 폭등했고, 빌은 억만장자가 되었다. 그의 재정적 가치는 현금이 아닌 그가 소유하고 있는 마이크로소프트의 매출액이었다.

그는 그의 모든 인생을 사업의 성공과 맞바꾸었다. 오랜 시간 일을 했고, 다른 모든 것은 무시해왔다. 그의 희생이 그를 만들었고 그의 넓은 안목은 컴퓨터 소프트업계의 선두자리를 유지할 수 있었다.

하지만 아직 빌은 만족할 수 없었다. 그가 창업 초기 내새웠던 '모든 가정의 책상에 컴퓨터를'이라는 신념을 이루지 못했기 때문이었다.

그래서 그는 고민했다. 어떻게 하면 세상의 모든 사람들의 책상 위에 컴퓨터를 놓아줄 수 있을지를 깊이 생각해봤다. 단 한가지의 답이 존재했다. 그것은 바로 사회에 환원해 사회 저층의 사람들에게도 컴퓨터를 공급해 주는 방법이었다.

시작은 부인과 함께 게이츠 재단을 설립하고 도서관과 학교에 지원을 시작으로 미국뿐 아니라 전 세계로 확대되며 컴퓨터를 넘어 힘든 사람들에게 직접적인 도움이 될 수 있는 부분을 돕는 재단으로 도약하기 시작했다. 현재 두 부부가 내놓은 자선기금은 말라리아와 에이즈를 퇴치하는데 쓰이고 있다.

신기술들은 하루가 다르게 변화하고 있다. 지금 이 시간에도 세계 어느 곳에서 어떤 일이 일어나고 있는지 알 수 없을 정도다. 경쟁을 통해 언제나 순위가 바뀔 수 있는 사실은 빌 게이츠에게도 아직 여유를 허락하지 않았다. 빌 게이츠는 "컴퓨터 혁명은 아직도 유아기에 불과하며, 우리 앞에는 무한한 가능성이 놓여있다. 우리는 한 발 한 발의 발걸음을 최선을 다해 걸어가야 할 것이다."라는 말을 남기고 마이크로소프트의 최고 경영자 자리에서 물러났다.

## 4. 스티브 잡스

한 기업의 흥망성쇠를 모두 담고 있는 사람을 이야기하자면 아마도 스티브 잡스가 가장 대표적일 것이다. 자신이 만든 회사에서 해임당하고, 다시 돌아와 혁신을 통해 기업을 일으키기까지의 과정은 진정한 기업가 정신을 보여주는 대표적 예이다.

애플은 1990년대 초까지 실리콘밸리의 가장 성공한 기업으로 인정받았다. 하지만 90년대, 기업 경영의 부족으로 기업의 수익이 적자로 돌아서면서 이 모든 문제를 스티브 잡스로 돌리며 기업에서 퇴출을 당한다.

하지만 1997년, 스티브 잡스를 다시 CEO 자리에 앉히며 발휘한 기업가 정신으로 만들어낸 iPod는 전 세계적으로 센세이션을 일으키며 화려한 애플의 부활을 꿈꾸게 했다.

스티브 잡스는 1955년 2월 24일에 미혼모 아래에서 태어나 생후 1주일 만에 양부모에게 입양되었다. 하지만 그것은 새로운 기회라 할 수 있었다. 양부모 덕분에 기술에 일찍 눈을 떴고, 이것은 기존의 질서에 대한 의문을 제기할 때 주저하지 않는 성격을 만드는데 도움을 줬다. 하지만 이러한 자유분방하고 연구 중심적 성격은 학교에서는 큰 걸림돌이 되었다. 권위적인 요소가 강한 학교에서 처음에는 적응을 하지 못했지만, 4학년 때 이런 사실을 알아차린 선생님은 숙제를 하면 5달러를 주겠다는 제안을 하며 그의 성격을 수면 밖으로 끄집어내며 유혹했고, 잡스는 선생님의 이러한 조건을 받아들이며 모든 과제를 해결하였으며 권위를 뛰어넘고 선생님과의 신뢰를 찾고 배움에 대한 열정을 찾게 되었다.

고등학교 시절 스티브 잡스는 한 회사의 방과 후 수업을 들었으며, 여름 동안 임시로 채용될 정도로 능력을 보였다. 1972년에 고등학교를 졸업한 잡스는 오리건 주 포틀랜드의 리드 대학교에 등록하였으나 1학기만 수강한 수 중퇴하였으나, 학교에 머물며 다양한 강좌를 수강하였고 그 중 캘리그라피 수업은 이후 애플의 OS인 매킨토시 내부의 물 흐르는 듯한 시스템과, 미려한 글꼴을 만들어내는데 큰 역할을 하였다.

애플은 1975년 스티브 잡스와 스티브 워즈니악이 공동 설립하였다. 애플의 설립 초기 단계는 평범한 컴퓨터 메인보드의 샘플을 모아 조립하는 정도로 시작했다. 그래서 샘플로 만든 인쇄 회로 판을 들고 다니며 판매하였다. 애플 I 의 판매가 어느 정도 성공을 거두자 코머도어에서 인수를 제의해 왔다. 하지만 잡스는 그 제안을 거절하고 새로운 메인보드를 개발하고자 했다.

이후 애플은 1인 1컴퓨터라는 시대적 변화에 발맞춰 새로운 컴퓨터를 내놓으려 했지만 1987년 IBM이 선보인 PC(Personal Computer)의 개념으로 컴퓨터를 출시하면서 고난을 겪기 시작했다.

애플의 컴퓨터를 내보였지만, 애플의 것보다 저렴하고, 브랜드 가치가 높은 IBM의 PC를 오히려 선호했다. 또한 MS사의 MS-DOS의 오픈 소스 시스템을 제공함으로써 당시의 OS(운영 체제) 점유율은 IBM이 가장 높았다.

이후 언제나 애플은 신기술을 자사의 컴퓨터에 채택함으로써 사용자들의 편의를 제공하면서 전세를 바꿔보려 하였다. 대표적인 기술로 아이콘의 개념과 윈도우의 개념을 도입함으로써 기존의 DOS에서 불가능하던 멀티 태스킹의 기능을 도입하였다.

애플은 이런 기술적 우위에 대해서 자신만만했고 승리를 자신했다. 하지만 기술의 승리에도 애플은 이를 유사한 개념으로 도입한 MS에 패하였다.

또한 MS는 컴퓨터는 대학생과 지식인 등 회사의 중간 간부 및 비서가 PC의 고객층이 될 것이라 타겟팅했지만 그에 반해 스티브 잡스는 실무적 비즈니스 층의 전문가들을 주 고객층으로 선정하고 마케팅을 시작했지만 현실은 MS의 편을 들어 주었다.

혁신을 두렵지 않게 여기던 애플은 '혁신의 저주'라는 말이 있었다. 애플의 혁신적 제품의 시장 판매 성공률은 10%에 못 미친다는 말이었다. 애플은 기술이 '뛰어나면' 소비자들에게 어필할 수 있다 믿었지만 현실은 그렇지 못하였다. 애플 초기의 스티브 잡스는 매킨토시의 판매 목표를 100일 만에 8만 대라는 엄청난 자신감의 결과를 자신하고 광고비용으로만 75만 달러(약 8억)가량을 쏟아 부었고 1983년 12월에 첫 광고를 시작했다. 조지 오웰의 미래 사회의 소설인 '1984'를 모티브로 한 광고였다. 이 광고는 지금까지도 혁신적 광고로 거론되는 광고 중 하나인데, 광고 내용에는 제품에 대한 설명은 단 한 주로 들어가지 않았다. 그래서 그런지 제품에 대한 판매 부분에선 엄청난 실패였다. 하지만 애플은 충분히 알려졌다. 그리고 이후 애플은 소비자를 만족시킬 수 없는 상품은 판매 역시 불가능하다는 진리를 이해하였고 다시 제품 개발에 들어갔다.

연이은 실패로 애플 경영진들은 잡스의 경영 능력을 의심하기 시작했다. 결국 1983년 존 스컬리를 CEO로 영입하게 된다. 하지만 존 스컬리 역시 스티브 잡스와 같이 애플3와 비즈니스용 Lisa의 실패 등 스티브 잡스보다 더한 실패들을 연이어 나갔다. 그리고 그 책임은 스티브 잡스에게 몰렸으며 그는 애플 경영진들에게 축출당할 위기에 처하였다. 하지만 가장 큰 문제는 바로 존의 리더십의 부재가 문제였다. 기술에 대한 기본적 이해도도 낮을뿐더러 제품의 변화가 필요 없던 분야에서의 일을 하였기 때문에 애플의 신제품의 혁신이라는 절실함이 없던 그는 애플의 경영에서의 리더십을 발휘할 수 없었다.

1985년, 스티브 잡스의 해임 사건 이후 애플은 정체성의 혼란을 거듭하기 시작한다.

당시 애플의 운영 체제는 유일하게 그래픽 유저 인터페이스를 갖춘 OS로서 타 운영 체제에 비해 크게 앞서 있었다. 그러나 애플은 컴퓨터 제조회사로서의 정체성은 소프트웨어보다 하드웨어가 중요하다 판단하였고, 결국 애플은 MS의 독점에 밀려나 버렸다.

그 상황에서 스티브 잡스는 해임이 되어 있는 상태에서도 존에게 '매킨토시를 표준으로 만들어야 한다.'는 메모를 남기며 애플에 대한 애정을 표하기도 하였다.

하지만 스티브 잡스는 1985년, 해임된 것에 대한 질문에 대해 '당시에는 몰랐지만 애플에서 해고된 것은 내 인생 최고의 일이었습니다. 성공에 대한 중압감을 벗어 던지고 초심자의 가벼운 마음으로 돌아갈 수 있었으니까요.'라고 이야기하며 세간의 주목을 받았다.

애플에서 해임된 잡스는 넥스트(Next)사를 설립하였다. 그리고 1988년, 디자인 지향적 컴퓨터인 '넥스트큐브'를 출시하였지만 여러 이유로 실패하였다. 하지만 스티브 잡스는 피드백을 통한 결과로 하드웨어보단 소프트웨어에 치중해야 함을 배웠고, 하드웨어 생산을 중단하였다.

이후 그는 '루카스 필름'을 인수하며 이를 '픽사'로 개명하고 3D를 통한 애니메이션 제작의 가능성을 예견하고 새로운 도전을 시작하고자 했다. 픽사 초기 'Tin Toy'라는 애니메이션을 제작한 이후로 영화에 빠지게 되고, 픽사의 역작인 'Toy Story'를 제작하며 억만장자의 명성에 다시 오르게 되었다. 1993년 계약을 체결하고, 'Convergence Creaticity with Technology'라는 이념 아래 성공시켰고, 이는 스티브 잡스의 창의성을 재인식 시켰다는 면에서 중요한 전환점으로 삼을 수 있었다.

Toy Story의 성공으로 세상에 다시 자신을 알린 잡스는 애플의 경영진 임시 복귀 요청에 응하여 다시 복귀한다. 그는 과감한 결정을 하였다. 애플의 추진 프로젝트 중 75%가량을 정리하고 기존의 25%의 사업에 매진하기로 한 것이다. 그리고 이 프로젝트를 '애플의 혁신'이라 명명하고 진행하기 시작했다.

잡스가 애플에 처음 복귀하고 시작한 것은 라인을 간단하게 정리하는 것이었다. 기존의 애플은 같은 모양의 부품 하나씩만 다른 데스크톱과 랩톱이 무려 50개가량의 라인이 존재했다. 애플의 직원조차도 라인을 다 외우지 못해 고생하기 일쑤였다. 그래서 잡스는 이를 간단히 4가지 라인으로 정리하기로 결정하고 가장 먼저 iMac을 세상에 내놓았다. iMac은 기존의 것과는 확연히 달랐다. 애플이 원하는 제품이 아닌 고객이 원하는 제품을 만들고자 하였고, 픽사를 통해 경험을 쌓은 스티브 잡스는 디자인 감각과 컬러 감각을 더하여 기존의 모니터와 본체가 분리되어있던 데스크톱의 개념을 뒤

집은 일체형 데스크톱을 출시하였다. 이는 데스크톱의 새로운 혁명이었고 이 혁명은 신기술이 집약되어있는 집약체라 할 수 있었다. 그는 고객층 분석에 심혈을 기울여 그들을 파악하고 불필요한 기능을 제외한 CD 방식을 채택하여 특이한 디자인과, 선택의 다양성을 제공함으로써 대성공을 거둘 수 있었다.

스티브 잡스는 시장에서 한창 주목을 받던 PDA를 주목했다. 너도나도 PDA 시장에 뛰어들 때 오히려 스티브 잡스는 생산 라인을 없애버렸다. 그리고 그는 손에 들고 다니며 노래를 들을 수 있는 MP3P가 인기를 끌 것이라 상상력을 발휘했다. 스티브 잡스는 "문화는 억지로 만들어지지 않는다. 그런데 음악은 분명 문화에 속한다. 음악은 우리의 유전자 속에 깊이 새겨져 있는 것이지도 모른다. 음악은 공상적인 시장이 아니다."라고 이야기하며 새로운 시장을 개척해 나가고자 했다.

PDA(Personal Digital Assostants)는 휴대용 컴퓨터의 일종으로, 집이나 사무실에 있는 컴퓨터로 작성한 문서 파일을 집어넣으면 이동하면서도 계속 작업이 가능하고, 전자수첩과 마찬가지로 개인 정보 관리나 일정 관리가 가능한 휴대용 개인 정보 단말기를 말한다.

잡스는 MP3를 개발하되 단순한 노래 재생을 벗어나, 디지털 뮤직 시스템 시장을 만들겠다는 창조적 발상으로 임하였고, 기존의 제품과의 차별화를 주길 원했다. 그리고 새로운 스타일로 일에 임하기 시작했다. 바로 기성 부품을 활용하고, 내부와 외부에서 함께 협력해 나가는 새로운 개념의 시스템을 받아들였다는 것이다.

애플의 새로운 MP3P는 기존의 불편함을 버리고 사용 빈도가 높은 것들을 모아 생산하기로 마음먹었다. 외부와 함께 협력하면서 새로운 마음가짐으로 모든 것에 임하였고, 이것이 고객 중심 서비스의 시작이었다. 또한 아이튠즈라는 온라인 음악 스토어를 시작하며 기존의 앨범을 통해 소비하던 형태를 새로운 소비 형태로 변화하면서 새로운 모습을 보여줬다.

잡스는 애플에 복귀하면서 '디자인'에 큰 비중을 두기 시작했다. 그것이 바로 애플의 성공신화의 한 획이었다. 제품의 질과 성능이 비슷해짐에 따라 소비자들은 상품을 고를 때 디자인을 중시하게 되었고 애플은 이 가능성을 놓치지 않았다. 이것을 감안한 그는 다양한 모델을 연이어 출시해 선택의 폭을 넓힘으로 고르게 모든 고객층을 섭렵하였다.

경영자에게 요구되는 것은 비단 리더십만은 아니다. 직원들을 휘어잡을 수 있는 카리스마 역시 큰 역할을 한다. 스티브 잡스는 최고들을 움직일 수 있게 하는 최고의 카리스마가 있었다. 그의 카리스마는 매년 열리는 애플의 제품 발표회와 연설에서였다.

수많은 매킨토시 마니아가 모이는 그 곳에서 잡스는 자신의 생각을 발표하곤 했는데, 그의 연설을 듣기위해 매년 실리콘밸리로 모여드는 것이었다. 또 신제품 발표회는 수천만 명의 기대 수요자들을 '생산'해 낼 정도로 엄청난 호소력과 카리스마를 지닌 CEO였다. 그의 카리스마는 한 편으로는 독선적 면모로 이해가 되기는 하지만 창조를 위해 열정으로 다듬어진 또 다른 카리스마의 모습이라 할 수 있다.

그렇다면 그의 창조적 카리스마는 어떻게 구성되어 있을까? 실패를 두려하지 않는 도전 정신과 다르게 생각하는 창조적 사고, 마지막으로 팀원에게 동기를 부여하고 이끌어내는 침착하지만 강한 리더십이다. 새로운 사업에 대해 심도 있는 사전 조사와 연구를 통해 도전을 준비하고, 그것을 도전하겠다는 결정력, 그리고 그 사업을 다양한 시각으로 바라보는 창조적 사고. 마지막으로 이 아이디어를 팀원들에게 호소하고 함께 공감할 수 있는 그의 열정적인 모습은 직원들로 하여금 그를 따를 수밖에 없게 만들었다.

쓸쓸한 미소를 짓고, 사과 한 개를 들고 있던 젊은 시절, 지금은 이렇게 나이를 먹었지만 지금도 제가 볼 때 멋진 그는 바로 스티브 잡스입니다.

본명은 Steven Paul Jobs인데 흔히 스티브 잡스라고 합니다. 간단히 설명하자면 이 스티브 잡스는 1955년 2월 24일 미국에서 태어나자마자 버려지고, 입양됐습니다. 그래도 그는 열심히 자라나 리드대학을 입학했는데, 도중에 학교에서 나와 친구인 스티브 워즈니악과 함께 한 컴퓨터 회사를 설립했습니다.

이것이 바로 초기의 애플컴퓨터사입니다. 그는 자신이 설립한 애플사에서 해고되었다가 회사에서 다시 돌아와 달라는 부탁에 복귀했고, 한 때는 췌장암으로 죽어가다가 어떤 사람으로부터 췌장을 이식받아 간신히 살아난 사람이지요.

애플사의 로고 변천사입니다. 초기에는 뉴턴의 '만유인력의 법칙'을 토대로 제작되었습니다. 그 후 알록달록한 색상의 로고가 나오게 되었고, 현대에 들어서는 심플하면서도 멋진 로고를 가지게 되었죠.

애플사의 대표 제품 중 컴퓨터에 대해 말씀드리면 이 제품은 그가 창업할 때 처음 출시된 애플 I 이 있습니다. 굳이 이 모양과 비슷한 것을 찾아보자면 슈퍼마켓의 계산대과 비슷하다고 할 수 있습니다. 비록 외관은 좋지 않지만, 그 당시에는 진짜 혁명이었습니다.

그리고 최초로 맥 북이 출시되었으며 신형으로 개발되었습니다. 사람들을 유혹하는 디자인과, 정말 얇은 두께에서부터 입이 떡 벌어지게 만들었습니다. 또한 아이맥이라고 하는 제품은 '컴퓨터는 본체랑 모니터랑 별도다.'라는 관념을 깬 제품입니다. 말 그대로 일체형인데 가격이 너무 높게 책정되어 출시되었습니다. 애플의 제품들은 포터블 기기들, iPod Nano 등 오랜 시간동안 발전하면서 카메라도 생기고 이제는 소형터치 화면으로 변화했습니다.

또한 iPhone, 3GS, 현재는 4까지 유통되고 있으며 iPod Touch와 유사하지만 핸드폰을 담당하고 있습니다. 아이패드 Tablet PC iPad 등은 국내에서도 상당히 인기를 누리고 있지요. 애플의 특징은 디자인에 심혈을 기울이는 점이지요.

스티브 잡스는 언제나 어디서나 항상 검정색 목 폴라티와, 청바지, 그리고 뉴발란스 신발을 신고 다닙니다. 그래서 사람들은 도대체 "왜 저 옷만 입지?"라고 생각해서 잡스 옷 입히기도 만들었다고 합니다.

이런 그의 옷은 가격을 모두 더해도 iPod Touch 한 대의 가격에 미치지 못합니다. 다른 CEO들에 비해서 옷부터 매우 검소하죠. 그런데 이게 옷이 없어서 그런 것은 아닙니다.

스티브 잡스가 입은 옷은 색상이 블랙, 블루, 그레이잖아요? 이 색상들이 프레젠테이션을 보는 청중에게 안정감을 준다고 합니다. 그리고 그가 제품 발표를 할 때, 자신의 옷보다 제품에 눈길이 가도록 집중력을 높인다고 합니다. 그의 의도가 놀랍지 않나요?

포브스지에 의하면 그의 재산 규모는 세계에서 상위 그룹에 위치합니다. 순위에 상관없이 많은 사람이 스티브 잡스를 존경합니다. 그는 프레젠테이션의 마술사라고도 불리어 프리젠테이션의 모델이기도 합니다.

스티브 잡스는 2009년 포춘지 선정 최고의 CEO로서 평가를 받습니다.

스티브 잡스의 연봉은 1달러입니다. 그 이유가, 연봉이 생길 경우 회사와 CEO의 고용 관계가 유지될 수 없기 때문이라고 합니다. 그럼에도 불구하고 그가 부자랭크에 들 수 있었던 이유는 경영 활동을 통해 벌어들인 외부 수익으로 인한 것입니다.

그가 스탠포드 연설 중에 한 명언이 있는데 "Stay Hungry and Stay Foolish"입니다. 이 말의 의미는 "항상 바보스러우며 항상 갈망해야 한다."입니다.

무엇인가에 갈망한다면 항상 그 사람은 무엇인가를 찾게 되어있다. 그리고 다른 사람이 뭐라고 하든지 자신을 믿고 달려가는 모습은 바보스러워 보일지 모릅니다. 해석하기 나름이지만, 이 연설 전체 내용을 듣는다면 정말 좋은 말이라 생각될 것입니다.

그에게 있어서 이 말이 적용되는데, 스티브 잡스가 대학을 그만 둘 때에도 다른 사람들은 바보라고 손가락질 했을지 모르나 그는 멍청하게 그만 두었고, 그가 좋아하는 일을 할 수 있었다는 것입니다. 하지만 스티브는 그의 건강과 관련하여서는 자신도 어찌할 수 없어 2011년 10월 5일 그의 나이 55세에 생을 마감하여 많은 사람들에게 아쉬움을 남겨야 하였습니다. 어찌됐든 그의 성공은 그가 하고 싶은 일을 찾고, 노력하고, 자신의 판단에 확신을 갖고 노력하는 자세였습니다.

## 5. 존 데이비슨 록펠러(John Davison Rockefeller)

출생-사망 : 1839년 7월 8일 (미국) – 1937년 5월 23일
뉴욕주(州) 리치퍼드 출생
1859년 친구와 함께 상사회사(商事會社)를 설립하고,
1863년 부업으로 클리블랜드에 정유소(精油所)를 설립한 것이 번창
1870년 자본금 100만 달러의 주식회사 형태를 갖추어 오하이오스탠더드석유회사가 설립, 이 회사에 록펠러가 사장으로 취임, 타회사의 흡수 급속히 사업을 확대
1882년 미국 내 정유소의 95%를 지배하는 스탠더드오일트러스트를 조직
1899년 오하이오의 주재판소로부터 셔먼독점금지법(반트러스트법) 위반의 판결을 받음
뉴저지주(州)에 지주회사 뉴저지스탠더드석유회사를 설립하여 실질적으로 석유업계의 지배
미국 내뿐만 아니라 해외에도 유전과 정유소를 소유한 거대한 회사로 성장
1911년 미국 연방최고재판소로부터 반(反)트러스트법 위반으로 해산명령을 받고 해체
그 후 록펠러는 재계에서 물러나 자선사업에 몰두
1890~1892년 시카고대학 설립을 위해 6,000만 달러 이상을 기부
그 후에도 3억 5,000만 달러를 기부
록펠러재단, 일반교육재단, 록펠러의학연구소 등을 설립
역사상 전 세계 최고의 부호 / 당시 미경제의 1.53%를 차지
1937.5.23 '석유왕' 록펠러, 숨을 거두다

록펠러가 20세기 초 '미국의 석유 왕' 이라고 불리기 전까지 그의 행보는 현대의 어떤 기업들도 흉내 내기 힘든 대단한 사건들의 연속이었다. 그는 1878년 4월, 미국 전체의 정유 능력에 해당하는 연간 360만 배럴을 차지하고 있었다. 이미 1881년 록펠러는 미국에서 생산되는 석유의 95%를 손에 쥐고 있었다. "신대륙이 개척되기 시작했을 때, 영국 여왕이 개인에게 독점 사업권을 하사했던 때를 제외하곤, 이 땅에 이런 절대적인 독점은 존재하지 않았다"고 한다.

당대를 같이 살았던 미국의 신화적인 부자들인 앤드류 카네기, J. P. 모건과 더불어 록펠러라는 이름은 현대 경영자들에게 별과도 같은 존재이다. 재산 가치는 현재의 빌 게이츠의 3배 정도라고 한다. 그리고 엄청난 기부금을 낸 자선사업가이기도 하다. 그의 경영기법, 근검절약을 그대로 따라하는 우리나라 재벌회장들도 많이 있다.

### (1) 미국이라는 거대한 나라에서 생산되는 석유의 95%를 독점

어떻게 이런 어마어마한 부를 축척할 수 있었을까? 우선은 석유다. '쥬라기 공룡'의 시체가 땅 속에서 수만 년 동안 썩어 만들어진 석유. 이미 현대인들의 산소, 공기와 같은 이 연료가 산업화 시대에 들어서면서 록펠러를 공룡 기업인으로 만들어 주었다. 고래 기름으로 등잔을 밝히던 시대에 태어난 록펠러는 석유를 원료로 하는 내연기관이 필요한 시대를 살았으니 그의 사업은 번창할 수밖에 없었다. 우선 시대를 잘 타고난 거인이었다.

물론 록펠러만이 석유 사업을 한 것은 아니다. 당대의 그 수많은 석유업자들은 모두 록펠러의 희생양이었다. 미국이라는 거대한 나라에서 생산되는 석유의 95%나 독점한 록펠러는 기업인으로서 무자비한 사람이었다. 말 그대로 '피도 눈물도 없이' 타 기업을 흡수·통합하고, 돈 되는 일이라면 무엇이든지 하는 재벌기업의 전형이었다. 자신의 집무실에 앉아서 들어오는 돈과 나가는 돈을 유심히 바라보면서 자신에게 이토록 거대한 재산을 내려주시는 하나님의 은총에 감사하는 건실한 사람이기도 했다.

미국 사회의 전설적인 가문인 록펠러가의 시조인 존 데이비슨 록펠러. 그는 켈리포니아에서 금광이 발견되어 이주민들이 몰려들던 서부 시대의 개막 10년 전인 1839년 7월 8일 뉴욕 북부 리치포드에서 부자도 가난하지도 않은 평범한 집안에서 태어났다. 아버지는 윌리엄 에이버리 록펠러, 어머니는 일라이지 데이비슨 록펠러다.

### (2) 잡지에 등장한 카툰으로 산업계의 황제로 그려진 록펠러(1901)

어린 시절 간혹 떼돈도 벌어오는 아버지의 모습을 보면서 성장한 록펠러는 돈에 대해서는 어려서부터 남달랐다. 지금까지도 자기 개발서의 원조가 되기도 하는 그의 근검절약, 시간절약, 성공의 지름길과 같은 이야기와 잠언들은 모조리 돈에 대한 이야기이다. 그가 돈에 대해 남긴 감동적인 일화들도 인터넷 공간에 차고도 넘친다. 이러한 그의 인생에 결정적인 순간은 1855년 클리블랜드의 센트럴 고등학교를 졸업하고 9월 26일 '휴이트 앤드 터틀'에 경리과 직원으로 입사해 '회계장부 A'를 기입하면서부터 시작되었다. 이 회사는 곡물과 여타 상품의 위탁판매와 생산물 하송도 담당하는 업체였다. 록펠러는 첫 직장에 취업한 9월 26일을 그의 두 번째 생일로 기념한다. 훗날 대성한 록펠러는 매년 이 날이 되면 '자신의 영지'에 깃발을 올리고 그 때의 일을 축하했다. 이 지역을 지나가다 운전사에게 차를 세우게 하고 록펠러는 살짝 눈물을 머금은 얼굴로 이렇게 말했다고 한다. "봐! 저기 장방형의 건물 좀 보라구. 내가 저기서 주급

4달러로 처음 일을 시작했지."

그의 회계장부는 그의 인생 그 자체였다. 록펠러처럼 성공하고 싶다면 그의 '회계장부 정신'을 일단 배워야 한다. 록펠러 가문의 평전인 〈록펠러 가의 사람들〉에 이런 문장이 나온다. "그는 하루도 빼놓지 않고 장부를 기록했으며, 한 푼도 소홀히 하지 않고 수입과 지출금, 저축과 투자금 그리고 사업과 자선금의 내역을 작성해 나갔다. 매주 그는 싸구려 하숙집의 집세로 1달러를 지불하는 것 외에도 소액기부 모임에 75센트를, 그리고 이리 스트리트 침례교회의 주일학교에 5센트, 빈민구제 활동에 10센트, 해외선교 활동에 10센트를 헌금했다." 그는 4달러 주급 시절부터 기독교 정신의 핵심인 십일조, 즉 자신의 수입의 10%를 헌금으로 평생을 낸 독실한 신자였다. 또한 미국 사회에 엄청난 기부금을 선사한 자선사업가이기도 했다.

언제나 단정하고 엄정한 눈빛으로 적들을 관대하게 바라보면서 '석유왕'의 품격을 잃지 않았다. 그렇게 재산을 증식했다. 어떤 기독교인은 그의 재산에 대해서, 아담이 낙원에서 추방된 직후부터 매일 500달러씩 저축을 해도 아마 록펠러의 재산만큼은 안 될 것이라고 주장했다.

록펠러는 이러한 엄청난 부를 사회에 반드시 환원해야만 했다. 돈이 눈덩이처럼 불어나 어쩌면 그 눈덩이에 록펠러가 깔려 죽어버릴 수도 있었다. 이때 프레데릭 게이츠 목사가 혜성처럼 나타나 그의 재산을 자선사업에 유용하게 쓸 수 있도록 도와주었다. 게이츠 목사는 록펠러 이름을 딴 자선단체를 설립하고, 미국 최초의 의학 연구소인 록펠러 의학 연구소(손자에 의해 훗날 록펠러 대학으로 개편), 교육사업 등을 통하여 실추된 이미지의 록펠러를 자비로운 자선사업가의 모습으로 대중에게 부각시켜 주었다. 97년을 살다 간 만년의 록펠러는, 그를 증오하던 세대가 하나 둘 세상을 떠나면서, 새로운 이미지로 미국의 존경받는 인물이 되었다.

한편 게이츠 목사는 탁월한 사업 감각으로 록펠러의 재산을 사회에 환원하면서도 당시 카네기가 주도권을 쥐고 있는 철강사업에도 손을 뻗어 재산을 늘렸다. 록펠러에게는 정말 신이 내려준 존재와 같은 인물이었다. 그가 사람 쓰는 법은 이렇다. "내가 바라는 것을 해낼 수 있는 사람을 찾아내서 모든 것을 맡겨라." 게이츠 목사 이외에도 그를 비방하던 많은 적들이 록펠러 밑으로 들어와 가장 충직한 사업가로서 활동했다.

### (3) 노년의 록펠러(오른쪽)와 그의 아들 록펠러 주니어(1925)

록펠러의 시간은 바로 돈이었다. 그 정신으로 근 100년 동안 돈을 벌었고, 평생 동안 많은 재산을 사회에 기부했다. 록펠러는 1937년 5월 23일에 97세를 일기로 눈을 감을 때까지 부에 관한한 개인이 보여줄 수 있는 최고의 정점을 보여주었다. 장례식은 25일에 리버사이드 교회에서 치루었다. 이 장엄한 날, 전 세계의 스텐더드 오일 계열사에서 5분간 일손을 놓고 20세기에 누구보다도 활활 타올랐던 석유 왕을 추모하였다. 죽기 얼마 전에 그는 간신히 입술에서 새어나오는 힘든 목소리로 "스텐더드 오일에게 축복을, 우리 모두에게도"라고 말했다.

록펠러는 석유 세상을 움직이는 왕이었다. 이 말은 자본의 왕이라는 말과도 상통했다. 그리고 그는 엄청난 재산을 기부와 사회사업에 쏟아 부었다. 비판자들이 비아냥거려도 독실한 기독교 정신을 가지고 그의 방식대로 성경을 읽고 사랑을 실천한 신자였다.

### ■ 석유왕 록펠러를 성공 비결 〈어머니와의 세 가지 약속〉

1. 록펠러의 어린 시절 관련 '어머니와 3가지 약속'이라는 유명 일화가 있음
2. 이 일화는 그가 대사업가로 성공한 뒤 발표한 자서전에서 고백한 것
3. 록펠러는 자신의 성공비결로 어렸을 때 어머니와 한 약속을 평생 동안 지켰음을 강조

#### 1. 십일조 생활을 해야 한다.

1) 어머니는 어려서부터 교회를 데리고 다녔고, 용돈 20센트중 십일조 헌금 습관 가르침
2) 록펠러는 사업에 대한 모든 비전을 기도 중에 얻었고 십일조를 생활화함
3) 어머니로부터 철저한 십일조 교육으로 세계 최고 부자가 된 후에도 변함없이 준수

#### 2. 교회에 가면 맨 앞자리에 앉아 예배를 드린다.

1) 어머니는 언제나 록펠러를 데리고 40분 일찍 교회에 나가 맨 앞자리에 앉아 예배 봄
2) 그래야만 목사님의 설교 말씀에 더 많은 은혜를 받을 수 있다고 항상 강조
3) 어머니는 맨 앞자리를 가장 큰 축복의 자리로 생각하신 것

#### 3. 교회 일에 순종하고 목사님의 마음을 아프게 하지 않는다.

1) 록펠러는 어머니 가르침에 따라 하나님께 많은 물질을 드리게 되었음

2) 그는 20년, 30년 후에 그것이 반드시 어마어마한 결실을 맺는다는 것을 확신함
3) 이런 하나님의 경제학을 록펠러는 철저히 어머니로부터 배웠던 것

■ 교훈

1. 어머니에게서 꼼꼼한 도덕교육을 받은 록펠러는 실천을 통해 세계 최고 부자 됨
2. 어머니는 록펠러에게 십계명 같은 유언을 남겼는데 그는 평생 가슴에 품고 실천

■ 록펠러 어머니의 유언 ⇒ 록펠러의 신앙 유산

1. 하나님을 친아버지로 섬겨라
2. 목사님을 하나님 다음으로 섬겨라
3. 오른쪽 주머니에는 항상 십일조를 준비해라
4. 누구도 원수를 만들지 말아라
5. 예배드릴 떼에는 항상 맨 앞자리에 앉아라
6. 남을 도울 수 있으면 힘껏 도와라
7. 주일예배는 꼭 본교회에 가서 드려라
8. 아침엔 가장 먼저 하나님 말씀 읽어라
9. 잠들기 전 반드시 하루 반성하고 기도해라
10. 항상 아침에는 그날의 목표를 세우고, 하나님 앞에 기도를 드려라

◈ 어린이의 미래를 구축하는 것은 어머니의 일이다<나폴레옹>

[출처] 어머니와의 약속 세 가지 – 록펠러 (꿈과 사랑이 있는 집) |작성자 푸른초원

## 6. 네덜란드의 상인정신

네덜란드의 선장이자 지도제작자, 모험가였던 상인 빌램바렌츠(Willem Bareltsz, 1550-1597)는 1594년 6월 5일 세 척의 배를 이끌고 시베리아에서 북동쪽으로 항해하고 있었다. 그는 네덜란드에서 북극에 이르는 항로를 개척할 작정이었다.

그의 목적은 단순히 항로개척만이 아니었다. 그 세 척의 배 안에는 러시아에서 구입, 유럽 각국에 전달해야 될 수십 톤의 화물이 실려 있었다. 배는 항해 도중 북극으

로부터 떠내려 온 빙하에 갇히게 된다. 하는 수 없이 그들은 간신히 배를 몰아 북극 근처의 킬딘이라는 작은 무인도에 상륙했다.

거기서 그들은 빙하의 흐름이 멈추거나, 빙하가 녹을 때까지 그 섬에서 지낼 작정이었다. 얼음투성이인 무인도에는 먹을 것이 없었다. 그와 선원들은 배에 있는 식량으로 일단 연명하기로 했다. 가지고 있던 식량은 한 달도 안 돼 떨어졌다. 배안에는 고객들에게 전달할 식료품이 있었으나 손대지 않고 식량을 구하기로 했다.

무인도에서 체류한지 한 달여가 지난 7월 9일 그들은 해안가에서 처음으로 어슬렁거리는 백곰을 보았다. 먹을 것이 없었으므로 곰을 잡아먹기로 하고 곰 사냥이 시작되었다. 그러나 곰은 난폭하게 달려들었다. 사투 끝에 간신히 곰을 잡아 끓여 먹었다.

이윽고 유빙이 멈추자 그들은 근처의 윌리암스 제도로 건너갔다. 그들은 거기서 지도에 없던 오렌지 섬을 발견해서 지도에 그려 넣은 후 다시 네덜란드로 돌아왔다. 그 이듬해 6월 2일, 빌렘 바렌츠는 두 번째 항해에 나섰다. 두 번째 항해에는 모리스 황태자가 직접 격려해주었고 중국과 교환할 수 있는 상품을 6척의 배에 가득 채워줬다.

그들은 북극과 시베리아 사이의 해양을 돌아 알래스카를 경유, 남진하여 중국에 갈 생각이었다. 8월 30일 경 그들은 시베리아부근의 바이카치라는 섬에 잠시 상륙했는데 거기서 대략 20명의 사모에드라는 부족을 만났다. 그들의 배려로 섬에서 잠시 머물기로 했다.

갑작스러운 북극곰의 공격으로 2명의 대원이 죽게 된다. 엎친 데 덮친 격으로 날씨가 급격히 나빠져 바이카치 섬 인근의 바다가 얼어버렸고 그들은 오도 가도 못하는 신세가 되어버렸다. 거기서 버틴 끝에 간신히 구조되어 돌아갔다. 즉 두 번째의 항해에서도 북극해 항로의 개설에 실패한 것이다.

다시 그들은 1596년 세 번째 북극항로 개설에 나선다. 이미 투 번의 항로 개설에 실패하였으므로 이번에는 어느 누구의 지원도 받을 수 없었다. 빌렘 바렌츠는 두 척의 작은 배를 구입하여 다시 항해에 나섰다 이번에는 장비도 변변치 않았다. 단지 1개월 정도를 버딜 수 있는 빵이 고작이었던 것이다. 대신 그 두 척의 배에는 러시아 시베리아의 고객들에게 배달할 무역상품들이 가득실려 있었다.

그들은 시베리아의 고객들에게 물자를 가져다주기 위해 항해를 계속하던 도중 다시 노바야젤라섬 근처에서 빙하에 갇히게 된다. 하는 수 없이 그들은 간신히 노바야 젤라섬에 상륙 유빙이 더 이상 흘러오지 않을 때까지 기다리기로 했다. 유빙은 멈추지 않았고, 어떠한 배도 그 근처를 지나가지 않았다.

이윽고 식량이 모두 떨어졌고 마침내 그들은 여우와 북극곰을 사냥하면서 허기를 달랬다. 북극곰도 잡히지 않아 17명의 선원 중 8명이 굶어죽었다 . 그 사이 다행히 빙하가 녹아 그들은 배를 돌려 네덜란드로 향했다 배가 항해를 다시 시작한지 1주일만인 1597년 6월 20일 선장바렌츠도 먹지 못해 사망했다. 그들은 그 후 러시아 선박에 구조되어 4개월 후 네덜란드의 암스테르담에 돌아가게 된다.

그들이 네덜란드에 돌아왔을 때 조사를 맡았던 네덜란드 공무원들은 뜻밖에 놀라운 사실을 알게 되었다. 고객들에게 전달할 식량과 모포와 옷들을 단 한 개도 건드리지 않았던 것이다. 고객들에게 전달할 식량의 일부를 허기를 달래기 위해 먹었더라면 그들은 사망하지 않았을 수도 있었다.

비록 굶어 죽을망정 고객에게 전달할 화물은 손대면 안 된다는 상인정신이 있었기에 고객의 화물을 단 한 개도 건드리지 않았던 것이다 네덜란드 국민들은 이 사실을 알고 슬퍼하면서도 그들의 상인정신에 감탄했다 이 이야기는 훗날 바렌츠의 승무원에 의해 책으로 출판되었다.

이처럼 네덜란드 상인들은 고객과의 약속을 지키기 위해 목숨을 불사하는 뛰어난 상인정신을 갖고 있으며, 바렌츠 선장의 얼굴은 10유로짜리 동전에 지금도 새겨져 있다. 이것이 네덜란드의 상인정신이다.

PART

02

# 창업론

Chapter 6 창업의 개념

Chapter 7 창업 절차

Chapter 8 창업사업타당성 분석

Chapter 9 창업사업계획서

"네 시작은 미약하였으나
네 나중은 심히 창대하리라." (욥8:7)
"Your beginnings will seem humble
so prosperous will your future." (job8:7)

Chapter 6

# 창업의 개념

## 1. 창업의 정의

창업(創業, Start-up, Inauguration of an Enterprise)은 사업을 처음으로 시작하는 것을 말한다. 창업이란 개인이나 회사(법인기업)가 수익사업을 목적으로 새로이 기업을 설립하여 사업을 시작하는 것을 의미한다. 즉, 기업가의 능력을 갖춘 개인이나 단체가 사업의 아이템을 가지고 사업목표를 설정하여 사람, 기술(아이템), 자본, 원자재 등 경영자원을 투자하여 제품을 생산, 판매하거나 서비스 용역을 제공하기 위한 사업의 기초를 세우는 것을 말한다.

창업이란 개인이나 법인이 돈을 버는 것을 목적으로 하는 기업을 새로 만드는 일 또는 창업자가 사업 아이디어를 갖고 자원을 결합하여 시장에 판매하는 사업활동을 시작하는 일이라고도 한다.

창업의 정의는 획일적이지 않고 지원하는 법규에 따라 다르게 규정되며 지원하는 내용에 따라 다르게 적용된다.

학생들이 졸업 후 마땅한 직장을 선택하는데 어려움을 당하고 있는 것이 현실이다. 이 과정 속에서 나이와 경력에 상관없이 다양한 계층의 사람들이 창업대열에 합류하고 있다. 정부에서는 젊은 세대는 물론 노인세대를 대상으로 창업열기를 확산시키기 위하여 대학생과 고등학생 창업에 대하여 창업할 수 있도록 자금을 지원하고, 매년 창업경연대회를 실시하여 우수 아이템에 대하여 포상을 실시하고 있다. 한편 창업자가 원활한 사업수행을 할 수 있도록 각 대학과 연구기관 등에 창업보육센터(Business Incubator)를 설치하여 전문매니저를 두어 예비창업자와 창업초기의 기업에게 사업장 제공과 기관의 인프라를 활용하게 하고, 기술 및 경영 등을 지원하고 애로사항 등을 법률가 등 전문가들과 연계하는 프로그램을 통하여 지원하고 있다.

**| 사업 인·허가 및 창업절차 흐름도 |**

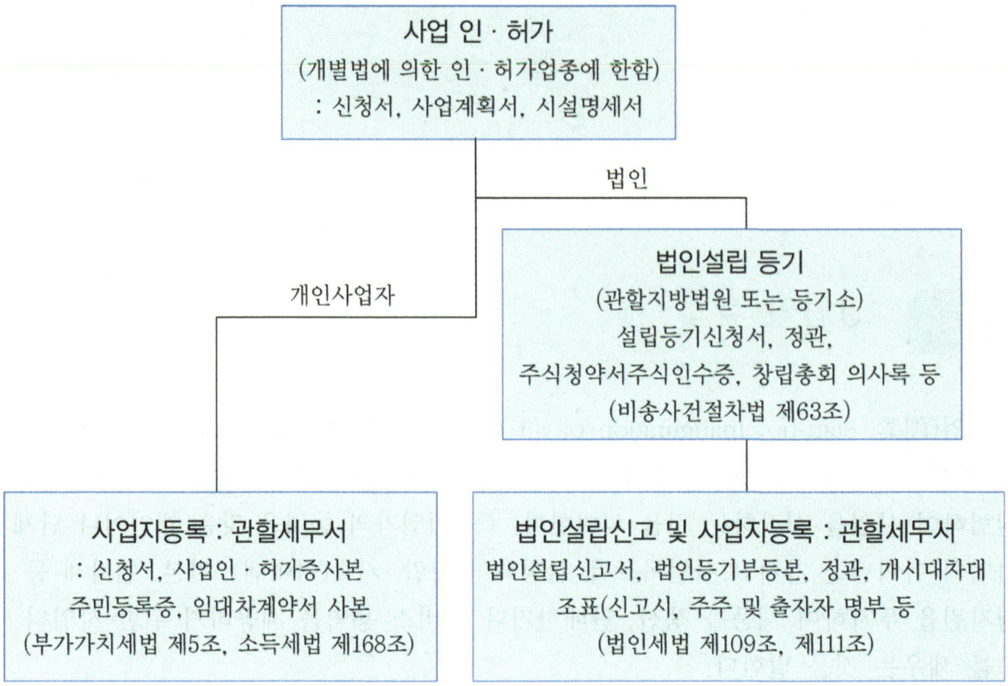


그렇지만 창업을 하여 성공하기란 그렇게 쉬운 일이 아니다. 실제 사업을 수행하는 과정에서 매출, 자금, 기술력 등 여러 가지 어려운 상황에 직면할 수도 있고 이러한 상황을 극복하지 못하면 심지어 중도에 사업을 포기해야 하는 경우가 발생할 수도 있다. 그러므로 실패하지 않는 창업을 위한 최선의 방법은 실패의 확률을 낮출 수 있도록 철저히 사업계획을 수립하여 준비하는 것이라 할 수 있다. 창업은 무엇보다도 창업가의 불굴의 의지와 인내로 사업의 전반 분야에 대하여 지식을 습득하려는 성실한 자세가 필요하며, 어떠한 위험에도 기꺼이 대처한다는 용기와 도전정신이 요청된다.

## 2. 창업의 요소

창업의 네 가지 요소는 창업자(사람), 창업자금(자본), 창업업종선택(아이템), 그리고 창업사업장(장소)로서 창업의 4개 필수 요소라고 한다.

### (1) 창업자(사람)

사업의 성패는 창업자의 기업가 자질과 사업수행능력에 의해 많은 영향을 받게 된다. 왜냐하면 사업을 성공적으로 이끌기 위해서는 창업자 본인의 경험이나 선행지식, 성공에 대한 집념, 리더십, 의지력, 성격, 체력 등이 밑받침 되어야 하기 때문이다.

그리고 창업자는 성공적인 사업수행을 위하여 본인의 기존 의식 구조를 사업에 맞게 전환하고 자기에게 수익을 가져다 줄 수 있는 고객이나 구매자에게 최선을 다해야 한다. 본인이 사업을 시작하기 전에 사회적으로 높은 지위에 있었는가 등은 현재 큰 의미가 없다. 현실이 중요한 것이며 오직 이 사업을 성공시키기 위한 노력만이 필요한 것이다.

### (2) 창업자금(자본)

창업을 하기 위해서는 사업규모에 맞는 자금이 필요하며, 창업자의 대부분이 창업과정에서 자금문제로 많은 고민을 하게 된다. 그리고 실제로 사업을 진행하는 과정에서도 일반적으로 당초 계획된 자금소요액 보다 더 많은 지출이 따르게 되는 경우가 많다. 이것은 계획사업이 진행과정에서 차질을 가져올 수도 있고 예기치 않은 투자요인이 발생할 수도 있기 때문이다.

그러므로 초기 창업자금은 본인의 능력에 맞게 최소화하는 것이 좋으며 예산편성은 운전자금인 개업준비 운영자금과 고정자금인 시설자금 등으로 구분하여 계획하는 것이 좋다. 왜냐하면 시설자금과 같이 장기적으로 투자해야 하는 자금은 조달과정에서부터 미리 장기적으로 사용할 수 있는 자기자금이나 장기차입금으로 충당하여야만 유동성 부족으로 인한 자금곤란을 막을 수 있기 때문이다.

한편 창업 시 남에게 많은 돈을 빌려 부채의존도가 너무 높게 되면 과중한 이자비용 부담으로 경영이 불실해 질수가 있으므로, 창업자 본인의 자금능력에 맞는 사업규모로 창업하는 것이 매우 중요하다.

### (3) 창업업종선택(아이템)

어떤 업종을 선택하느냐의 문제는 창업에 있어서 중요한 사항이다. 실제 많은 창업자들은 성공을 위한 확실한 업종을 선택하기 위하여 많은 준비를 하게 되는데, 이러한 준비과정에서 창업 희망업종에 대한 정보수집, 체험자 또는 종사자와의 면담, 사업아이템에 대한 정밀분석 및 검토 등의 과정을 거치게 된다.

업종을 선택할 경우에 주의할 사항은 자기가 하고자 하는 업종의 미래 성장가능성과 창업자의 경험이나 특성을 충분히 활용할 수 있는 업종인지를 먼저 살펴보아야 한다. 일반적으로 상품의 수명주기는 도입기 → 성장기 → 성숙기 → 쇠퇴기의 과정을 거치게 되는데 신규 창업의 가장 적합한 시기는 성장기 업종이다. 만약 성숙기후반에 뒤늦게 사업에 참여하게 된다면 소위 막차를 타게 되어 사업에 실패할 확률이 높다.

그리고 창업자의 경험, 지식, 기술, 특성 등을 활용할 수 있는 업종을 선택한다면 유리한 창업을 할 수 있어서 그 만큼 성공의 확률을 높일 수 있을 것이다.

### (4) 창업사업장(장소)

특히 소매업, 서비스업, 음식업 창업의 경우에는 점포의 입지가 사업성패에 중요한 요인으로 작용할 수 있기 때문에 사업장 선정이 매우 중요하다. 제조업의 경우에는 제품의 특성이 매출에 중요한 요인으로 작용하지만 점포 사업에서는 상품성 보다 오히려 사업장의 입지가 더 중요할 수도 있다. 사업장의 중요성을 실제 사례를 통해 살펴보면 다음과 같다.

창업자 A씨는 아파트 단지에서 최근에 인기를 끌고 있는 돈가스 전문점을 창업하였다. 물론 창업 준비과정에서는 세대수가 많으므로 별 무리 없이 사업이 잘될 것이라고 생각하였다. 그러나 기간이 경과하여도 사업이 제대로 되지 않았다. 그래서 여러 가지 사항들을 분석·검토한 결과 사업장 선정에 문제가 있음을 알 수가 있었다. 아파트 입주자들의 성별, 연령, 직업 등을 집중 분석한 결과에 의하면 이 아파트는 세대수는 많지만 영세한 노령층의 인구가 의외로 많아 소득수준과 소비성향이 낮음을 알 수 있었다. 더구나 돈가스의 경우 어린이들이 좋아하는 음식인데 입주자들의 연령 분포상 노령 층이 많으므로 소비에 문제점이 있음을 알 수 있었다.

이상과 같이 아무리 좋은 아이템을 가지고 좋은 시설투자를 하여 창업을 하더라도 사업장 선정이 잘못되면 사업실패로 나타나게 되어, 결국 사업장 이전이나 새로운 업종 변경 등으로 많은 추가 부담을 안게 된다.

## 3. 창업의 적용범위

### (1) 창업지원 내용에 의한 분류

창업의 적용범위는 정부의 창업지원 내용에 따라 대상업종 및 적용기간 등이 다르게 적용되는데 다음과 같이 3가지로 구분 할 수 있다.

① 창업사업계획승인 및 창업의 기본적인 사항에 대한 적용 : 중소기업창업 지원법 적용
② 조세 감면시 적용 : 조세특례제한법 적용
③ 기타 각종지원제도 : 중소기업창업 지원법 상의 창업에 해당하는 중소기업 중 개별지원제도에서 특별히 정하는 내용에 따라 적용

### (2) 중소기업창업지원법 상의 창업범위

중소기업창업지원법에서 창업이란 중소기업(중소기업기본법 제2조에 따른 중소기업을 말한다)을 새로 설립하여 사업을 개시하는 것을 말하며 사업의 승계, 기업형태의 변경, 폐업 후 사업재개에 해당하는 경우에는 창업에 해당되지 않는다.

#### 가. 사업의 승계

타인으로부터 사업을 승계하여 승계전의 사업과 같은 종류의 사업을 계속하는 경우

• 사업승계의 예

① 상속이나 증여에 의해 사업체를 취득하여 동종 사업을 계속하는 경우
② 폐업한 타인의 공장을 인수하여 동일한 사업을 계속하는 경우
③ 사업의 일부 또는 전부의 양도·양수에 의해 사업을 개시하는 경우
④ 기존공장을 임차하여 기존 법인의 사업과 동종의 사업을 영위하는 경우

#### 나. 사업승계에 해당하지 않는 경우

사업의 일부를 분리하여 해당기업의 임직원이나 그 외의 자가 사업을 개시하는 경우로서 다음의 요건을 갖춘 경우로 한다.

① 사업을 영위하던 자와 사업을 개시하는 자 간에 사업분리에 관한 계약을 체결할 것
② 사업을 개시하는 자가 새로이 설립되는 기업의 대표자로서 그 기업의 최대주주

또는 최대 출자자가 될 것

### 다. 기업형태의 변경

개인사업자인 중소기업자가 법인으로 전환하거나 법인의 조직변경 등 기업형태를 변경하여 변경전의 사업과 같은 종류의 사업을 계속하는 경우(시행령 제2조 제1항)

① 개인사업자가 법인으로 전환하거나, 합명회사와 합자회사, 유한회사와 주식회사 상호간에 법인형태를 변경하여 동종의 사업을 계속하는 경우

② 기업을 합병하여 동종의 사업을 영위하는 경우

### 라. 폐업 후 사업재개

폐업 후 사업을 개시하여 폐업전의 사업과 동종의 사업을 계속하는 경우

① 사업의 일시적인 휴업이나 정지 후에 다시 사업을 재개하는 경우

② 공장을 이전하기 위해 기존장소의 사업을 폐업하고, 새로운 장소에서 사업을 재개하는 경우

## (3) 중소기업창업지원법에서 제외되는 업종

중소기업창업 지원법은 모든 업종의 창업에 관하여 적용한다. 다만, 다음의 업종을 영위하는 중소기업에 대하여는 이를 적용하지 아니하며 업종의 분류는 한국표준산업분류를 기준으로 한다.

① 숙박 및 음식점업

② 금융 및 보험업

③ 부동산업

④ 무도장 운영업

⑤ 골프장 및 스키장 운영업

⑥ 기타 갬블링 및 베팅업

⑦ 기타 개인 서비스업(산업용세탁업을 제외한다)

⑧ 그 밖에 제조업이 아닌 업종으로서 지식경제부령이 정하는 업종

## (4) 조세특례제한법상 창업의 적용범위

창업자란 중소기업을 창업하는 자와 중소기업을 창업하여 사업을 개시한 날로부터

7년이 지나지 아니한 자를 말한다. 창업자는 중소기업창업 지원법의 규정에 의한 창업사업계획승인제도에 의하여 공장설립의 특례지원을 받을 수 있다.

조세특례제한법상의 적용대상 업종을 영위하는 중소기업으로서 "나. 창업으로 보지 않는 경우"에 해당하지 않아야 한다.

### 가. 적용대상업종

① 광업
② 제조업
③ 건설업
④ 음식점업
⑤ 출판업
⑥ 연구개발업
⑦ 방송업
⑧ 전기통신업
⑨ 컴퓨터프로그래밍, 시스템통합 및 관리업)
⑩ 정보서비스업(뉴스제공업 제외)
⑪ 영상·오디오 기록물제작 및 배급업(비디오물 감상실 운영업은 제외한다)
⑫ 광고업
⑬ 그 밖의 과학기술서비스업
⑭ 전문디자인업
⑮ 전시 및 행사대행업
⑯ 창작 및 예술관련 서비스업(자영예술가는 제외)
⑰ 엔지니어링사업 : 엔지니어링기술 진흥법에 따른 엔지니어링활동(기술사법의 적용을 받는 기술사의 엔지니어링활동을 포함
⑱ 물류산업 : 운수업 중 화물운송업, 화물취급업, 보관 및 창고업, 화물터미널운영업, 화물운송 중개·대리 및 관련 서비스업, 화물포장·검수 및 형량 서비스업 및 항만법에 따른 예선업과 기타 산업용 기계장비 임대업 중 파렛트임대업
⑲ 학원의 설립·운영 및 과외교습에 관한 법률에 따른 직업기술분야를 교습하는 학원을 영위하는 사업
⑳ 관광진흥법에 따른 관광숙박업, 국제회의업, 유원시설업 및 관광진흥법 시행령 제2조에 따른 전문휴양업과 종합휴양업

㉑ 노인복지법에 따른 노인복지시설을 운영하는 사업
㉒ 전시산업발전법에 따른 전시산업

### 나. 창업으로 보지 않는 경우

① 사업의 승계 : 합병·분할·현물출자 또는 사업의 양수를 통하여 종전의 사업을 승계하거나 종전의 사업에 사용되던 자산을 인수 또는 매입하여 동종의 사업을 영위하는 경우. 다만, 종전의 사업에 사용되던 자산을 인수 또는 매입하여 동종의 사업을 영위하는 경우에 당해 자산가액의 합이 사업개시 당시 토지와 건물 및 기계장치 등 사업용자산(법인세법 시행령 제24조의 감사상각자산)의 총가액에서 차지하는 비율이 100분의 30이하인 경우를 제외한다.
② 개인기업의 법인전환 : 거주자가 영위하던 사업을 법인으로 전환하여 새로운 법인을 설립하는 경우
③ 폐업 후 사업 재개 : 폐업 후 사업을 다시 개시하여 폐업전의 사업과 동종의 사업을 영위하는 경우
④ 사업의 확장 및 업종 추가 : 사업을 확장하거나 다른 업종을 추가하는 경우 등 새로운 사업을 최초로 개시하는 것으로 보기 곤란한 경우

창업자는 사업아이템의 발굴과 사업자금의 조달을 통해 사업을 시작하여야 하는 데 창업절차에 따른 과정을 거쳐야 한다. 창업절차는 법률적으로 갖추어야 할 내용을 포함하지만, 철저한 준비는 창업자에게 사업기회를 제공하며 사업의 성공가능성을 높여준다.

창업절차는 보통 다섯 단계로 구분하여 설명한다.

## 4. 창업자의 SWOT 분석

### (1) SWOT분석의 의의

SWOT(Strength Weakness Opportunity Threat)분석은 외부환경의 기회요인과 위협요인을 파악하고 기업내부의 장점과 약점을 분석한 후 전략적 대안을 도출하는 분석방법이다.

**SWOT분석의 구성요소**

| 요인 | 구성요소 |
|---|---|
| 장점 (Strength) | 독특한 능력, 경쟁우위, 강한 상표명, 혁신력, 원가·가격의 주도자, 우수한 노동력, 견고한 재무능력, 독점적 기술, 충실한 고객 등 |
| 약점 (Weakness) | 가격인상의 취약성, 약한 시장점유율, 약한 재무력, 낮은 제품개발력, 마케팅 능력부족, 상대적으로 높은 원가, 독특한 능력부족, 진부한 상품, 낡은 시설, 공급자에 대한 취약성 등 |
| 기회 (Opportunity) | 새로운 시장에서의 성장, 국제적 확장, 신제품 개발, 새로운 서비스, 품질개선, 수직적 통합, 고객의 욕구 증대, 경제적 이점 등 |
| 위협 (Threat) | 새로운 경쟁자 진입, 제품원가 증대, 원자재 부족, 기술의 변화, 수입된 대체품, 불리한 경제적 요인, 불리한 법률, 고객의 강한 압력 등 |

SWOT분석은 사업에 영향을 끼치는 각종 환경분석을 통해 기회요인(O: opportunity)과 위협요인(T: threat)을 발굴하고, 이를 다시 자신이 가진 강점(S: strength)과 약점(W: weakness)에 연결시켜 타당한 방향을 찾는 방법이다. SWOT분석은 환경을 분석하는 안목을 갖출 수 있고, 나아가 자신의 잠재력과 결합해 거시적인 창업방향을 탐색할 수 있다.

SWOT분석을 통해 기업의 장점을 최대한 활용하면서 새로운 사업기회를 포착하고 기업의 약점을 최소화하면서 위협요인에 대처하는 전략을 다각적으로 모색할 수 있다.

## (2) 창업자의 내부요인 분석

창업자 내부요인으로는 창업자 자신의 강점요인과 및 약점요인으로 분석한다.

성공적인 창업을 위해서는 무엇보다 창업자의 자신감의 중요하다. 그러나 환경이나 역량에 대한 분석적인 시작이 없는 자신감은 무의미하다. 그러므로 자신의 강점과 약점을 파악해보는 것은 대단히 중요하다. 자신이 가지고 있는 강점을 최대한 활용하고 약점은 미리 보완하거나 피해감으로써 실패를 미연에 방지할 수 있기 때문이다.

자신의 강점과 약점에 대한 판단은 주관적이기 쉽기 때문에 합리적으로 모색할 필요가 있다. 한 가지 유의할 점은 자신의 강점과 약점을 스스로 발견해야 하기 때문에 가급적 3자적 관점에서 접근하는 것이 중요하다. 강점이나 약점 파악은 창업에 전략적으로 활용하려는 것이므로 냉철하게 살펴보되 긍정적 안목에서 분석할 필요가 있다.

### 가. 창업자의 강점 분석

어려운 상황일수록 자신의 강점을 발견하기 쉽지 않으므로 자신의 잠재력을 찾는 것이 중요하다. 부정적인 여러 상황을 개선하기 위해서라도 자신의 강점을 찾는 일은 중요한 것이다. 자신의 강점을 평가할 때는 직장이나 학창생활 등에서 검증된 것들을 중심으로 기술해야 주관적 오류를 방지할 수 있다.

아래의 체크리스트를 통해 자신의 강점을 발굴해보자. 항목별로 자신이 어디에 해당하는지 체크해 보면서 강점을 파악할 수 있다. 평가방법은 먼저 각 항목에 자신의 해당정도를 체크해서 '보통' 이상으로 표시되는 항목을 강점으로 분류한다. 만일 성품, 대인관계, 업무습관, 미래대비 항목에서 자신이 생각하고 있는 내용이 없거나 추가하고자 하는 경우에는 새로운 항목을 넣어서 점수를 매기면 된다. 이렇게 분류된 강점 항목을 상위 5개만 골라 아래의 표에 옮겨 적으면 된다.

### 나. 창업자의 약점 분석

스스로 생각해도 능력이나 자질이 부족한 부분은 누구나 있기 마련이다. 제시된 체크리스트에서 '보통' 이하에 해당하는 항목들이 자신의 약점이다. 평균(30)에 미치지 못하는 항목 중에서 하위 5개 항목을 아래의 표에 강점과 함께 정리하면 된다.

### 다. 창업자 자신의 강약점 분석 활용

창업전략을 수립 할 때 강점이 기회를 극대화시키는 용도로 활용된다면 약점은 위험을 피하는 용도로 활용된다. 예를 들어 컴퓨터를 이용해서 PC통신을 통한 정보제공 사업을 하려는 두 사람이 있다고 하자. 한 사람은 컴퓨터에 능숙하고 정보 마인드가 높은 반면, 다른 사람은 그렇지 못하다면 과연 누가 성공 가능성이 높을까? 당연히 전자가 성공할 가능성이 높다. 따라서 후자는 이런 분야보다 자신의 강점이 있는 분야를 중심으로 창업을 준비하는 것이 현명하다.

다음과 같이 창업자의 강·약점 분석 체크리스트를 활용하여 사용하면 된다.

### ▎창업자의 강·약점 분석 체크리스트 ▎

매우 그렇다(5), 비교적 그렇다(4), 보통이다(3), 그렇지 않은 편이다(2), 전혀 아니다(1)

<성품>

1. 긍정적 사고를 한다. (　　　)
2. 겸손하다. (　　　)
3. 기지나 재치가 있다. (　　　)
4. 인내와 끈기가 있다. (　　　)

<대인>

1. 활발한 성격이다. (　　　)
2. 화술과 표현력이 뛰어나다. (　　　)
3. 인상이나 외모가 호감을 준다. (　　　)
4. 대인관계의 폭이 넓고 깊다. (　　　)

<업무습관>

1. 추진력이 있다. (　　　)
2. 창의력이 있다. (　　　)
3. 업무에 완벽하다. (　　　)
4. 일에 대해 집중한다. (　　　)
5. 기획 및 분석력이 있다. (　　　)

<미래대비>

1. 독서를 많이 한다. (　　　)
2. 어학 능력이 있다. (　　　)
3. 건강하다. (　　　)
4. 정보 마인드가 있다. (　　　)
5. 컴퓨터 실력이 뛰어나다. (　　　)

**| 강·약점 분석결과표 |**

| 번호 | 강점 BEST 5 | 약점 BEST 5 |
|---|---|---|
| 1 | | |
| 2 | | |
| 3 | | |
| 4 | | |
| 5 | | |

### (3) 창업자의 외부요인 분석

창업자의 외부요인으로는 기회요인과 위협요인으로 나누어 분석한다.

오늘날 경제환경의 급속한 변화로 미래의 경제상황을 예측하기 어렵다. 이런 객관적인 상황만 고려한다면 창업을 결심하기가 쉽지 않다. 그러나 이런 상황을 심층 검토해보면 그 자체가 성공적인 사업의 기회가 될 수 있는 업종을 발굴 할 수 있다. 뿐만 아니라 창업은 적어도 몇 년 후를 내다보며 준비하는 것이기 때문에 현재의 상황만을 고려하는 것은 바람직하지 않다. 현재와 앞으로의 상황이 어떻게 변화할 것인지를 분석하면서 준비하여야 한다.

환경변수와 자신의 잠재력을 감안해 창업의 방향을 설정하고자 할 때 많이 사용하는 방법 중의 하나가 바로 SWOT분석이다.

기회요인이란 지금의 환경변화가 창업을 할 때 어떤 점에서 유리할지를 찾아내는 것이다. 위협요인은 환경변화 중에서 창업자들에게 불리하게 작용할 변수들을 말한다.

기회요인이나 위협요인을 발굴하는 방법은 환경변화 내용을 직시하고 그 중에서 창업에 유리하거나 불리한 영향을 줄 항목들을 골라내면 된다. 환경요소를 분석할 때는 1년 이상 3년 정도의 중기적 관점에서 접근하는 것이 일반적이다.

### (4) SWOT분석의 활용전략

SWOT분석의 주된 전제는 내·외적인 현실에 대한 냉철한 진단 분석이 기업의 목적을 달성하기에 적절한 전략을 선택·구성할 수 있게 한다는 데 있다.

**전략의 수립을 위한 SWOT 매트릭스**

| 내적요소 / 외적요소 | 내적인 강점(S) | 내적인 약점(W) |
|---|---|---|
| 외적인 기회(O)<br>외적인 위협(T) | SO전략 : 극대-극대<br>ST전략 : 극대-극소 | WO전략 : 극소-극대<br>WT전략 : 극소-극소 |

### 가. SO 전략

이는 기회와 강점이 다 같이 많은 기업, 다시 말하면 기회의 이점을 얻기 위해 강점을 활용할 수 있는 상황으로서 강점과 기회를 다 같이 극대화하는 전략(SO)이 가장 바람직하고 성공적이다. 따라서 모든 경영자는 이 전략을 취할 수 있는 위치에 있기를 원하며 다른 유형에서 이 유형으로 옮기려 한다. 성공적인 전략이란 기업의 능력을 환경의 기회에 가장 유익한 방법으로 연결하는 전략이기 때문이다.

### 나. ST 전략

이는 기업은 강점을 지니고 있으나 위협의 환경에 직면한 기업의 상황을 말하는데 여기에서는 위협을 극복하거나 회피하기 위해 강점을 활용하는 말하자면 강점을 극대화하고 위협을 극소화하는 전략(ST)이 바람직하다

이 같은 상황은 시장점유율 증대에서 커다란 장애에 직면한 성숙시장에 있는 기업에 전형적인 것으로 이윤의 극대화를 기할 수 있으나 서서히 약화될 수 있다.

### 다. WO 전략

이는 기회는 많으나 약점이 있는 기업의 상황을 말하는데, 여기에는 기회의 이점을 업고 약점을 극복하는 말하자면 약점을 극소화하고 기회를 극대화하는 전략(WO)이 바람직하다.

### 라. WT 전략

이는 약점을 지닌 기업이 위협에 직면한 상황을 말하는데, 여기에는 위협을 회피하고 약점을 축소하는 말하자면 위협과 약점을 극소화하는 전략(WT)이 바람직하다.

# Chapter 7 창업 절차

## 1. 일반적 절차

예비창업자는 철저한 사업준비를 통하여 효율적인 창업절차를 밟아야 한다. 예비창업자가 창업의 계획단계에서는 첫 번째 단계인 사업계획 단계에서 업종 및 사업아이템 선정, 사업규모 결정, 기업형태 결정, 창업팀과 조직구성 등의 핵심요소를 먼저 결정하여야 한다.

**일반적인 창업 절차**

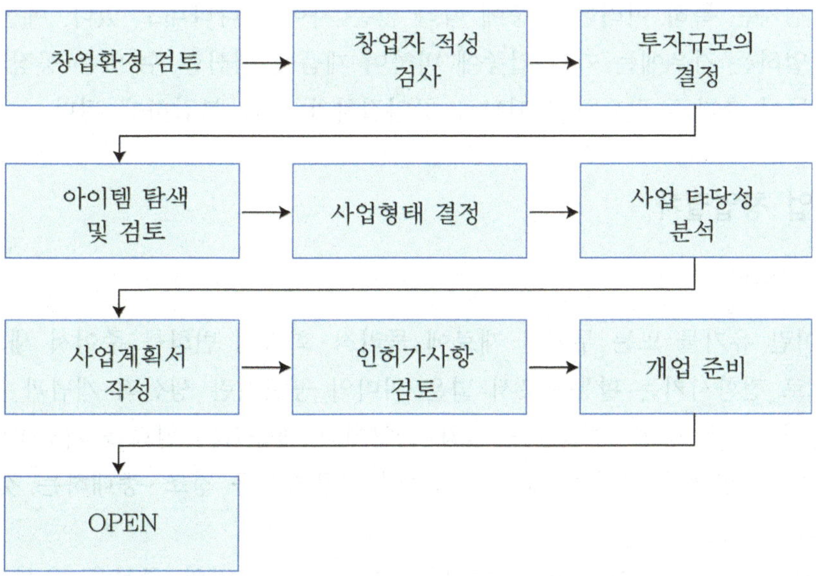

두 번째는 성공 가능성을 높이기 위하여 창업자의 경영능력, 제품의 기술력, 시장 및 수익성 등을 분석하고, 필요한 경우에는 전문가의 도움을 받아 성공 가능성을 높이는 분석을 하여야 한다.

세 번째는 사업계획을 보다 구체화하기 위하여 창업사업계획서를 작성하여야 하며, 창업사업계획서는 외부의 지원자금을 확보하거나 투자자들에게 사업을 설명하는 중요한 자료로 활용되게 된다. 또한 사업을 수행할 때에 사업을 계획대로 진행 되는가 평가해보는 데 꼭 필요한 자료가 된다. 일반적인 창업절차를 도표로 요약하면 다음과 같다.

## 2. 업종별 창업절차

업종이란 업태와 종목의 복합어로서 업태란 제조업, 도·소매업, 서비스업 등을 의미하고 종목이란 취급 품목을 말한다. 예를 들어 컴퓨터를 일반 소비자에게 판매하는 사업을 하는 경우에는 업종이 소매업, 종목은 컴퓨터가 되며, 컴퓨터 관련 기술력을 가지고 컴퓨터 수리를 전문으로 하는 사업을 하는 경우에는 업종이 서비스업, 종목은 컴퓨터 수리가 된다.

창업의 절차는 특히 이러한 업종에 따라 많은 차이를 나타내고 있다. 예를 들어 제조업을 창업하는 경우에는 기타 업종에 비하여 제품을 생산할 수 있는 공장과 기계설비, 기술 등이 추가로 필요하게 되므로 창업절차가 더욱 복잡하게 된다.

### (1) 제조업 창업절차

#### 가. 제조업이란

제조업이란 유기물 또는 무기물 재료에 물리적·화학적 변화를 주어서 새로운 형태의 물품으로 전환시키는 활동으로서 넓은 의미의 공업이란 생산적 개념과 경제적 개념의 통합이다. 즉, 농업·수산업 등 1차 산업에서 제공되는 원료를 가공하여 자연에 존재하지 않는 형태나 성질의 재화를 만들어 사용가치를 창조·증대하는 것으로 2차 산업을 가리킨다.

통계청에서 작성하는 한국표준산업분류표에서는 제조업의 종목을 음식료품·담배 제조업, 섬유·의복·가죽산업 제조업, 목재·나무제품 제조업, 종이·종이제품 제조업, 화합물·석유·석탄·고무·플라스틱제품 제조업, 비금속광물제품 제조업, 제1차금속산업 제조업, 조립금속제품·기계·장비 제조업, 기타제조업 등으로 분류하고 있다.

**▎제조업 창업 절차도▕**

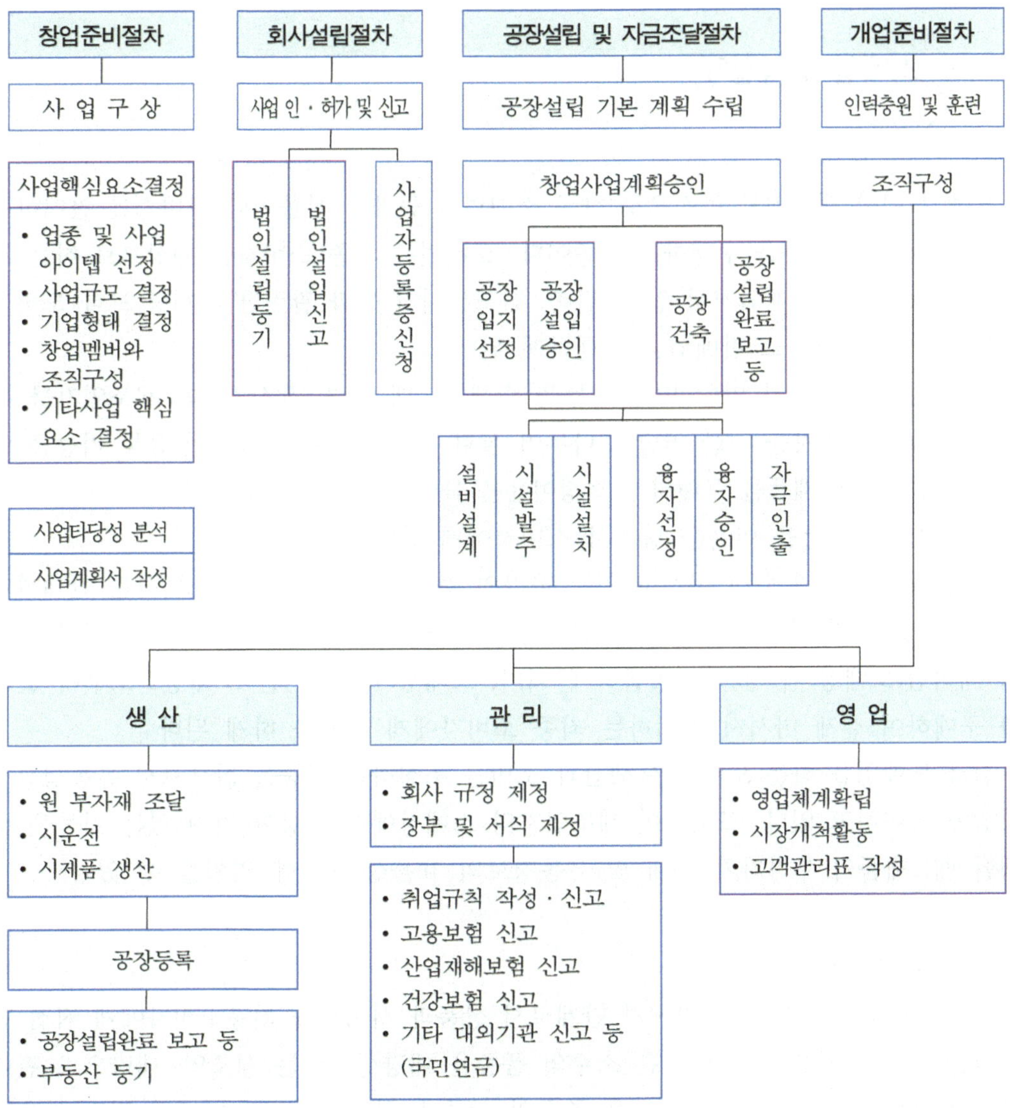

### 나. 제조업 창업절차

사업을 새롭게 시작함에 있어서 기본적으로 이행해야 할 창업절차는 업종과 기업형태, 그리고 공장설치여부에 따라 많은 차이가 있다. 도·소매업이나 서비스업에 비해 제조업이 더 복잡하고 제조업 중에서도 공장을 임차하여 제조활동을 하는 것보다 자기 공장을 마련하여 생산을 하여야 하는 경우에 더욱 복잡하다. 제조업 창업절차도는 앞의 표와 같다.

## (2) 도·소매업 창업절차

### 가. 도매업이란

도매업 이란 재판매를 목적으로 하는 소매업자 등에서 상품이나 서비스를 판매하는데 관련된 모든 활동을 수행하는 업종이다. 도매업은 최종 소비자를 대상으로 하는 소매업과 다르므로 소매업처럼 입지, 판촉, 점포분위기 등과 관련한 마케팅 보다 오히려 넓은 상권을 대상으로 판매업을 수행하게 된다.

도매업은 여러 가지 역할 또는 기능을 수행하는데, 크게 생산자 즉, 제조업자를 위한 역할과 소매업자를 위한 역할로 나누어 살펴 볼 수 있다. 일반적인 유통 기능은 여러 제조업자들의 제품을 구매하여 적정이윤을 붙여서 소매상에게 판매하게 되며, 소매상은 다시 이 상품을 이윤을 남겨서 소비자에게 판매하게 된다.

예를 들어 우리가 일상 마시고 있는 콜라의 경우 소비자가 최종 소비하는 단계까지의 생산 및 유통 과정을 살펴보면, 콜라공장(제조업)에서 제품을 생산하여 전국각 지역 대리점(도매상)에 상품을 공급하게 되며, 소매상(슈퍼 등)은 도매상으로부터 콜라를 구매하여 실제 마셔서 소비하는 최종 소비자에게 판매를 하게 된다.

결국 도매업을 하는 도매상은 생산과 소비를 조절하는 기능을 함으로서 유통생산성 향상에 기여하고 있다. 도매상이 제조업자와 소매상에게 다양한 가치 있는 기능을 수행할 때, 제품의 부가가치 증대 및 유통경로의 효율성 증가에 기여할 수 있다.

### 나. 소매업이란

소매업이란 유통경로 중 마지막 단계로서 상품과 서비스를 최종소비자에게 직접 판매하는 활동을 말한다. 소매업은 소수의 품종을 대량생산하는 제조업, 대량으로 판매하는 도매업과는 달리 소량의 많은 종류의 상품을 취급하여 소비자에게 직접 판촉활동 등을 펼치므로 제조업이나 도매상이 직접 할 수 없는 기능을 수행하게 된다.

최근 경제 환경이 급변함에 따라 소매업의 판매방식도 매우 다양해지고 있다. 전포판매 또는 방문판매가 대부분이던 상품판매도 최근 들어 케이블 TV, 전화, 컴퓨터, 우편주문 등을 통한 무점포판매 등 새로운 판매기법을 활용하는 소매업이 등장하고 있다.

점포형 소매업은 일상적으로 가장 보편화된 판매방식으로 백화점, 대형쇼핑센터, 슈퍼마켓, 편의점, 재래시장, 상점, 상가 등에서 판매하는 방식이다. 점포판매는 현재 우리나라 소매업의 90% 이상을 차지하고 있어 아직도 점포판매가 보편적인 판매방식임을 알 수 있다.

최근 급속 성장하고 있는 무점포 소매업의 경우에는 TV 홈쇼핑, 인터넷 전자상거래, 자동판매기 판매, 텔레마케팅 등이 있다. TV 홈쇼핑의 경우 TV를 통한 소비자에게 직접 제품과 서비스를 판매하는 것으로 홈쇼핑채널을 통해 제품을 판매한다. 또한 인터넷상의 전자상거래는 컴퓨터 인터넷상에 제공되는 사이버마켓(cyber market)에서 상품과 서비스를 판매하는 방법이다.

사이버마켓을 통한 판매는 국내는 물론 외국의 소매점에서 자유롭게 제품을 구매할 수 있어 매우 편리한 판매방법으로 각광받기 시작하고 있다. 장소와 시간적 제약을 받지 않으며, 소비자와 판매자가 모두 여러 단계에 걸친 부대비용을 절감할 수 있어 급속도로 확장될 전망이다. 우리나라에서도 대부분의 백화점이나 소매업체들이 인터넷상에 사이버마켓을 개점하여 판매하고 있다. 그리고 자동판매기(vending machine) 판매는 이제 우리 생활에서 쉽게 접할 수 있는 대표적인 무점포판매라 하겠다. 음료, 담배, 신문, 위생용품, 스낵 등은 오래 전부터 자판기를 통해 판매되기 시작하였고, 점차 판매제품이 확대되어 양말, 화장품, 티셔츠, 오디오 및 비디오테이프까지 확장되고 있다.

텔레마케팅(telemarketing)은 전화를 사용하여 재품이나 서비스를 판매 하는 것이다. TV, 라디오광고, 카탈로그, 직접우편 등을 통해 제품이나 서비스를 알게 된 소비자 전화를 통해 주문하여 구입하는 형태를 취하고 있다.

텔레마케팅은 상품구매권유에서 사후고객관리까지 포함하며 시간과 공간의 제약을 뛰어 넘는 판매기법으로 각광받고 있다.

특히, 시내 통화료가 저렴하여 전화로 소비자와 직접 대화를 할 수 있다는 장점으로 높은 광고비에 비하면 경제적이어서 최근 점차 증가하고 있다. 그러나 소비자들은 아직도 물건을 직접 확인하지 못하는 텔레마케팅을 신뢰하지 않고 있어 텔레마케팅이 더욱 활성화되지 못하고 있다.

방문판매는 판매원들이 직접 소비자를 대상으로 가정방문을 통해 제품이나 서비스를 판매하는 방법이다. 가호방문판매는 소비자에게 점포를 방문하지 않아도 되는 편리함을 제공하고 있다.

### 다. 도·소매업 창업절차

도·소매업은 제조업에 비해서 창업절차가 매우 간단하다.

**도·소매업 창업 절차도**

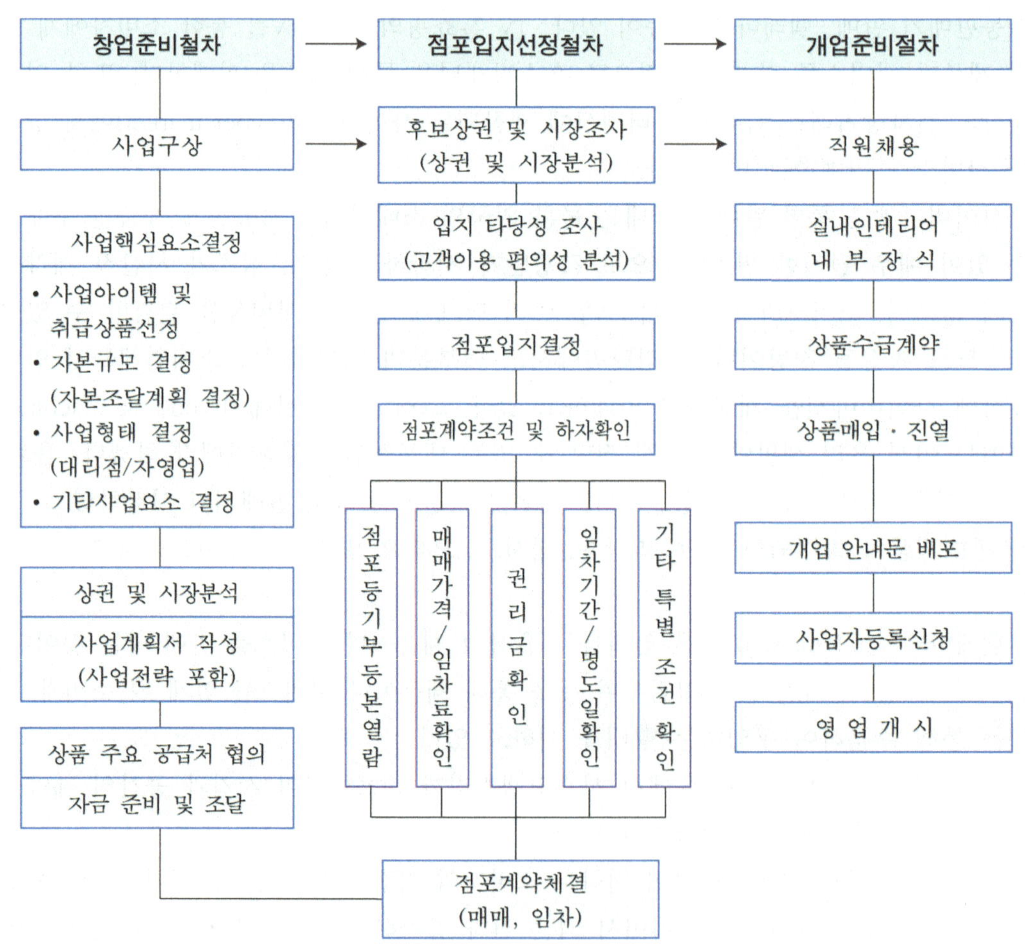

우선 공장설립에 따른 복잡한 절차가 필요 없으며, 일반적으로 소규모로 사업을 시작하기 때문에 법인설립절차가 필요 없는 간단한 개인기업의 창업이 많다.

그러나 도·소매업의 경우에는 점포입지가 매우 중요한 문제로 대두 된다. 특히 소매업의 경우에는 점포가 어디에 위치하는가에 따라서 사업의 성패가 좌우되기 때문에 입지 및 상권분석이 중요한 요인으로 작용하고 있다. 도·소매업 창업의 절차도는 앞의 표와 같다.

### (3) 서비스업 창업절차

#### 가. 서비스업이란

서비스업은 크게 나누어 개인서비스업과 사업서비스업으로 나누어진다. 개인서비스업이란 일반개인을 고객으로 하여 각종 서비스 용역을 제공하는 것을 말하며, 부동산 관련 서비스업, 여행알선업, 수리업 등이 이에 속한다. 반면 사업서비스업은 주로 사업체를 주 고객대상으로 하여 각종 서비스용역을 제공하는 사업을 말한다. 한국표준산업분류표에 의하면 사업서비스업은 정보처리 및 기타 컴퓨터 운영 관련업, 연구 및 개발업, 전문·과학 및 기술 서비스업, 사업지원 서비스업이 있다.

사업서비스업이 개인서비스업보다 규모면에서 더 크며, 업무자체도 전문적이고 복잡하다. 따라서 사업서비스업은 법인형태로 설립되는 경우가 많기 때문에 제조업에서와 같이 법인설립절차가 필요하며, 아울러 사무실 입지도 비교적 중요하다.

#### 나. 서비스업 창업절차

서비스업 분야의 창업은 여러 가지 특징을 갖고 있는데 비교적 창업이 쉬운 반면 창업 시 고려해야 할 사항도 적지 않다. 주된 특징으로는 창업자의 지식, 경험, 노하우 등이 직접 사업에 적용되고, 이들 요소가 사업 수익력의 원천이 된다. 따라서 서비스업 창업자는 해당 분야에 대한 전문지식을 보유하고 있는 것이 매우 유리하게 작용한다.

서비스업은 주로 임직원의 지식을 바탕으로 하여 운영되며, 종업원의 능력이 사업의 성패에 큰 영향을 미치게 된다. 따라서 서비스업 창업에 있어서는 창업자가 그 분야에서 정통하지 않고서는 창업자체를 생각할 수 없는 경우가 많다.

그러나 창업에 소요되는 자금은 여타 업종에 비하여 비교적 적게 소요되어 초기창업비용은 사무실 개설비가 대부분이며, 이후 관리업무비도 유지관리비와 인건비가 대부분이다. 일반적인 서비스업 창업의 절차도는 다음과 같다.

**❙ 서비스업 창업 절차도 ❙**

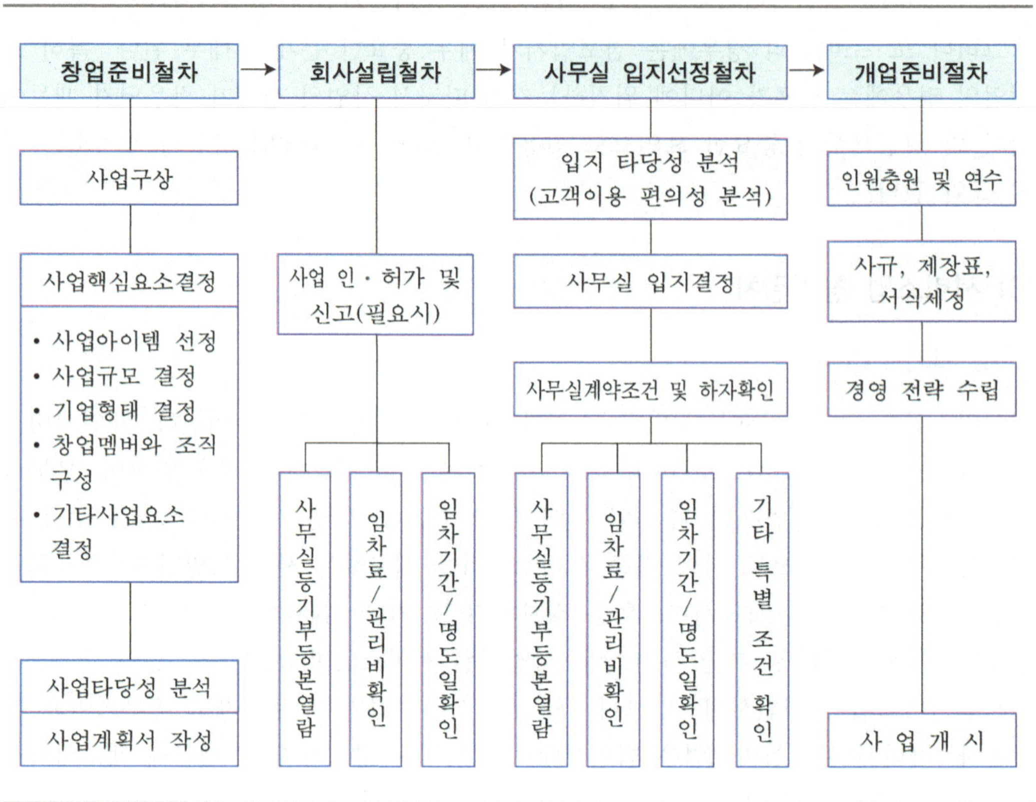


## 3. 단계별 창업절차

### (1) 업종선정 및 사업계획 수립(1단계)

창업의 제 1단계는 창업하고자 하는 업종을 선정하는 일부터 이루어진다. 업종선정이 이루어지면 그 선정 업종의 성공가능성을 사전에 분석하는 사업성분석을 통하여 구체적인 사업계획을 수립하여야 한다. 업종선정단계에서는 우선 경쟁력이 있으며 성장잠재력을 가진 것으로서 다음과 같은 내용들을 기본적으로 고려하여야 한다.

① 경쟁우위를 확보할 수 있는 품목인가?
② 고정설비투자가 적어 영업위험 부담이 작은 업종인가?
③ 기술적으로 발전가능성이 충분한가?
④ 성장가능성에 대한 자금조달가능성은 충분한가?
⑤ 시장에서 수요의 증가추세가 이루어지고 있는가?

**창업절차도**

| | |
|---|---|
| **제1단계** | 업종선정 및 사업 계획 수립<br>업 종 선 정 → 사 업 계 획 수 립<br>(사업타당성 분석 → 업종선정에서 사업계획수립으로 가는 단계) |
| **제2단계** | 사업 인 · 허가 및 회사설립<br>사업 인 · 허가 → 법 인 설 립 등 기 → 법 인 설 립 신 고<br>사업 인 · 허가 → 사 업 자 등 록 (개인사업자의 경우) |
| **제3단계** | 공장입지선정<br>공 장 입 지 확 정 ← 공장설립 계획수립 |
| **제4단계** | 공장건축 및 공장설립완료보고<br>공장 설립 신고 → 공 장 건 축 → 공장 설립 완료 보고 |
| **제5단계** | 행정절차<br>부동산 등기, 취업규칙 신고, 산재보험 성립신고, 의료보험조합 신고 등 |

### (2) 사업 인·허가 및 회사 설립(2단계)

제1단계에서 타당성이 입증된 아이디어가 사업활동으로 이어지기 위해서는 해당 관청에서 법적인 인·허가를 취득해야 하는데, 개인기업이나 법인기업형태로 사업주체를 결정하여 사업자등록이나 법인설립 등기를 해야 한다.

개인기업의 경우는 사업개시일로부터 20일 이내에 사업장을 관할하는 세무서에 사업자등록을 위한 신청서를 제출하고 사업자등록증을 교부받아야 하며, 법인기업의 경우는 관할지방법원이나 등기소에 설립등기를 한 후 30일 이내에 관할세무서에 법인설립 신고를 해야 한다.

**회사 설립 시 인·허가의 절차**

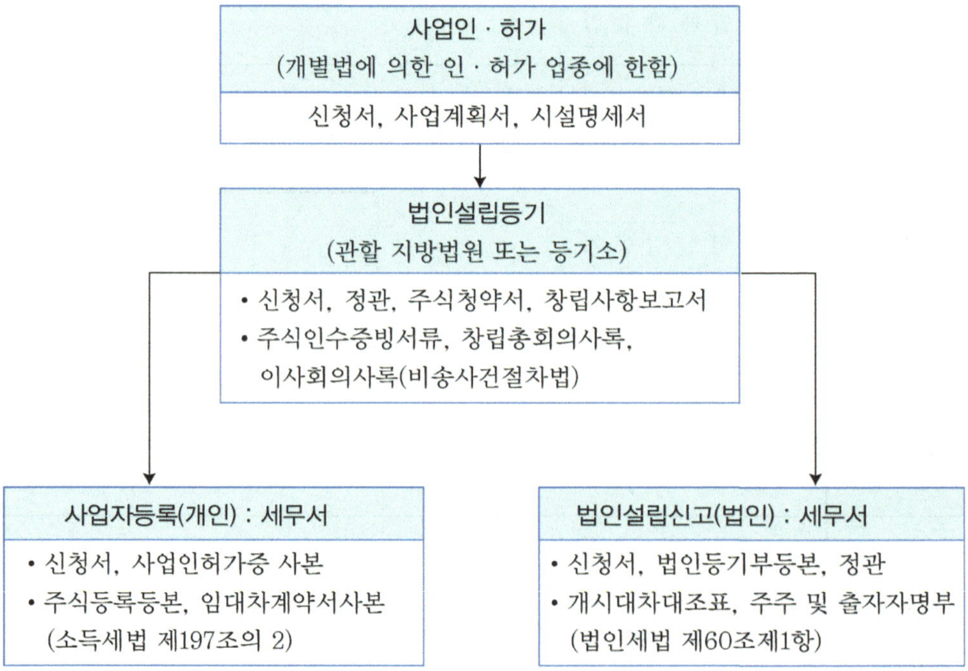


### (3) 공장입지선정(3단계)

인·허가가 완료되면 공장의 위치를 선정해야 하는데, 입지 선정은 국토이용관리법이나 도시계획법 등을 근거로 그 용도에 부합되어야 가능하다. 다음은 공장입지의 확정 절차와 창업사업계획 승인 시 고려해야 할 내용들이다.

① 공장을 설립할 수 있는 지역은 공장건설을 위해 조성한 계획입지(국가공단, 지방공단, 농공단지)와 국토이용관리법 및 도시계획법상 세분된 개별적인 용도지역(지구) 중 공장설립이 허용되는 자유입지에 한정되어 있다.

계획입지는 '산업입지 및 개발에 관한 법률'에서 정한 목적에 부합할 경우에 입주가 가능하며, 자유입지는 '국토이용관리법', '도시계획법' 등이 허용하는 지역에서 공장설치가 가능하다.

② 국토이용관리법상 용도지역은 공업지역, 도시지역, 개발촉진지역, 경지지역, 산림보존 및 수산자원보존지역, 취락지역 등으로 나누어지는데, 이 중 공업지역을 제외하고는 공장설치 허용범위가 제한되어 있다.

### (4) 공장건축 및 설립보고(4단계)

인·허가를 획득한 후 공장입지가 결정되면, 다음 단계에서는 구체적으로 공장설립과 공장건축을 위한 여러 가지 절차로 건축허가, 건축착공신고, 건축중간검사 및 준공검사, 공장설립완료 보고를 해야 한다.

- 공장설립신고 : 공장설립 장소를 마련한 후에는 관할 시·군·구청에 공장설립 신고를 해야 한다. 그 내용은 다음과 같다.

  공단지역(국가공단, 지방공단, 농공단지)에 공장을 설치하고자 하는 경우에는 공업단지 입주계약을 체결하면 별도로 공장설립신고를 할 필요가 없다. '국토이용관리법' 및 '도시계획법'에서 정한 공장설치 허용지역에 공장을 설립할 경우, 공장건축면적 200㎡ 이상 또는 상시 종업원 수가 16인 이상인 공장의 경우에는 공장설립신고를 해야 한다. 공장설치가 허용되지 않는 지역에서 창업사업계획승인을 통해 공장을 설치하는 경우에는 별도의 공장설립신고를 할 필요가 없다.

| 공장설립신고 : 시·군·구 |
| --- |
| • 신고서, 공장배치도, 사업계획서<br>(공업배치 및 공장설립에 대한 법률 제13조) |

- 공장건축 : 공장건축단계에서는 시·군·구로부터의 건축허가 등 건축법이 정한 일련의 절차를 거쳐야 한다. 그 절차는 다음과 같다.

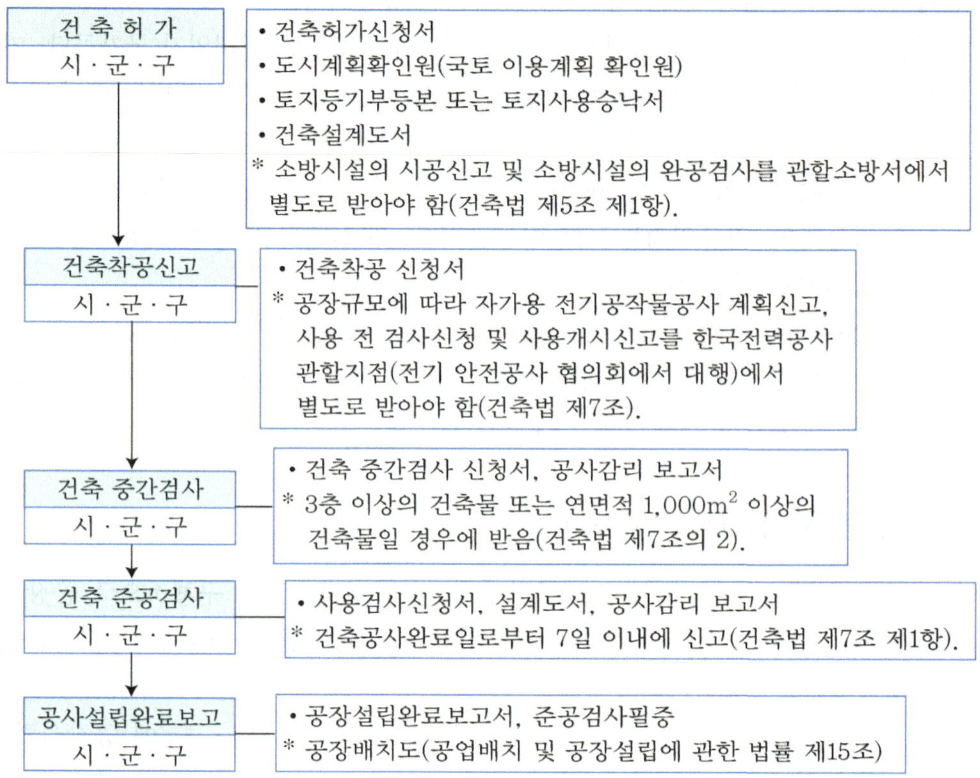


## (5) 행정절차(5단계)

앞에서 설명한 네 가지 단계가 완료되면, 마지막으로 창업에 관련된 행정절차를 마무리해야 한다. 행정절차의 내용이란 부동산등기, 취업규칙신고, 사업장설치계획신고, 산업재해보험관계성립 및 의료보험조합 관련신고 등이며, 이것이 완료되면 기업활동을 개시할 수 있게 된다. 그 내용에 필요한 서류는 다음과 같다.

① 도시계획법상 지역구분은 공업지역, 상업지역, 주거지역, 녹지지역 등으로 나누어지며, 공업지역 외의 지역은 제한적으로 공장설립이 가능하다.

② 수도권(서울, 인천, 경기)에서는 국토이용관리법, 도시계획법 외에 수도권정비계획법이 추가 적용되므로 개별적인 공장입지가 극히 제한적으로 허용되고 있다.

③ 자유입지의 경우 공장설립이 허용되는 지역인지의 여부를 알기 위해서는 해당 군청의 '국토이용계획확인원', '지적공부' 또는 해당 시청의 '도시계획확인원'의 열람을 신청하여 확인할 수 있다.

| 절차 / 관할 | 제출서류 |
|---|---|
| 부동산 등기<br>관할지방법원/등기소 | • 신청서, 등기원인 증빙서류<br>• 주민등록등본, 법인등기부등본(법인의 경우)<br>• 대리인 신청시 권한 증빙서류<br>• 등기의무자의 권리에 관한 동기필증<br>(부동산등기법 제40조) |
| 취업규칙신고<br>노동부 지방사무소 | • 신고서, 취업규칙, 의견서 : 근로자 10인 이상 사업장<br>(근로기준법 제94조) |
| 사업장설치계획신고<br>노동부 지방사무소 | • 신청서<br>• 유해위험방지계획서, 각층의 건물평면도<br>• 기계, 설비배치도면<br>• 제조공정 및 기계설비구조의 표시도면<br>(산업안전보건법 제48조 제1항 및 제2항) |
| 산업재해보험관계성립신고<br>노동부 지방사무소 | • 신고서 : 근로자 5인 이상 사업장<br>(산업재해보상보험법 제6조 제1항) |
| 의료보험조합관련신고<br>직장의료보험조합 | • 신고서<br>(의료보험법 제17조) |

## (5) 창업사업계획 승인제도

정부에서는 중소기업의 창업을 활성화하기 위해 공장설치가 허용되지 않는 지역에서도 중소기업창업자로서의 일정요건을 갖추면 시·군·구청으로부터 '창업사업계획'을 승인받아 공장을 설립할 수 있도록 하고 있으며, 공장설립절차도 간소화하여 시행하고 있다.

### 가. 창업사업계획의 적용대상

중소기업창업지원법상 농어촌지역에서 창업하거나, 농어촌 이외의 지역에서는 기술집약형 업종으로 창업하는 중소기업으로서 창업예정자 또는 창업 후 5년 이내로 공장이 없는 기업이 그 적용대상이 된다.

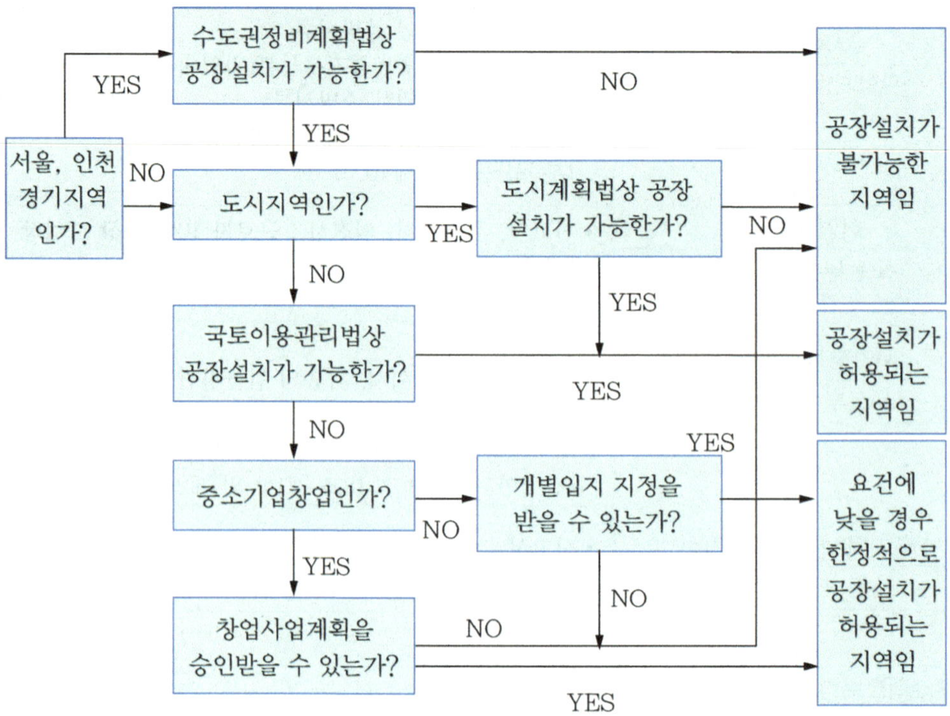


## 나. 창업사업계획의 처리절차

공장설치예정지를 관할하는 시장·군수·구청장에게 '창업사업계획승인신청서'를 제출해야 하며, 다음의 서류를 첨부해야 한다.

즉, 사업계획서, 공장설치예정지의 위치도 및 지적도, 공사개요서, 개략설계서, 개략공사비조서, 부동산권리 사용동의서 등이다.

## 다. 창업사업계획승인의 효과

창업자는 여러 기관을 방문할 필요 없이 '창업사업계획' 신청을 통해 공장설립신고 등 공장설치에 따른 인·허가(23개 법률, 38개 인·허가절차)를 일괄적으로 처리받을 수 있다.

## 라. 창업사업계획승인신청의 접수 및 처리

① 접수 : 시·군·구청의 중소기업 창업민원실

② 처리 : 창업사업계획승인신청의 내용이 시장·군수·구청장 소관사항에 국한되는 경우에는 접수일로부터 20일 이내에 승인여부를 결정

- 동 승인신청내용이 당해 시장, 군수, 구청장 외의 다른 행정기관의 권한에 속하는 사항이 있는 경우에는 접수일로부터 15일 이내에 관계행정기관에 협의요청하게 되며, 관계행정기관의 장은 특별한 사유가 없는 한 접수일로부터 30일 이내에 합의결과를 통보한다.

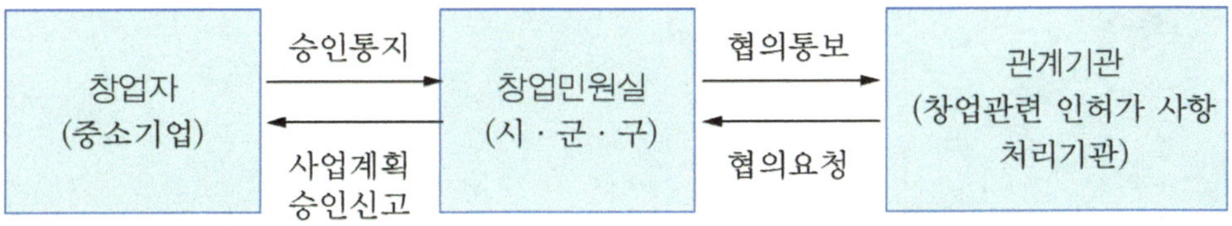

Chapter 8

# 창업사업타당성 분석

## 1. 창업사업타당성 분석

### (1) 창업사업타당성 분석의 정의

사업의 기회를 발견하였다면 다음으로 그 사업이 현실적으로 가능성이 있는지를 검토해 보아야 한다. 이 단계를 사업타당성 분석이라고 한다. 사업 타당성 분석은 기업경영의 핵심요소를 체계적으로 점검하여 실패요인을 사전에 제거하거나 성공 가능성이 적은 사업진출을 미리 포기함으로써 사업 실패로 인하여 발생할 수 있는 손실을 예방하는 등 신규사업의 성공에 있어 필수적인 역할을 한다. 또한, 체계적인 사업 타당성 분석은 경영능력 향상에 도움을 준다.

특히 벤처기업은 고위험을 동반하고 있기 때문에 창업 이전에 자신의 사업 아이디어에 대한 세밀한 분석이 필요하다. 기술 확보, 시장 개척, 자금 조달, 조직 관리 및 인적 자원의 공급과 같은 문제에 흔히들 부딪힌다. 사업 타당성 분석은 창업자가 사업을 시작하기 이전에 자신의 사업이 가지고 있는 잠재성과 성장성만 아니라, 가능한 위험요소를 분석하고 이에 대한 대비책을 가지고 사업을 준비하도록 도와준다.

사업 타당성 분석의 필요성은 다음과 같다.

우선 사업가로 하여금 자신의 주관적 아이디어를 객관적이고 체계적인 사업 계획서로 작성하게 함으로써 계획하고 있는 사업의 객관성을 높이고, 사업 시작 전 위험요소를 확인함으로 성공 가능성을 높일 수 있다. 창업의 실패 요인 중 하나는 자신의 아이디어에 대한 사업가의 과신이다. 체계적이고 객관적인 사업 타당성 분석은 사업가가 자신의 아이디어를 점검해보고, 약점을 보완하고, 위협요소를 사전에 대비하거나 제거할 수 있는 계기를 마련해준다.

두 번째로 창업자들이 사업 타당성 검토를 통하여 구상하고 있는 기업의 제반 문제점과 제약요소들을 사전에 파악하여 창업기간을 단축할 수 있는 등 효율적인 창업업무를 수행할 수 있다. 사업 타당성 분석에서는 앞으로 사업의 전개 방향과 강약점 분석을 실시하게 된다. 이 과정에서 창업자는 자신의 아이디어를 사업화하는데 필요한 자원들을 명확히 구분하고, 이의 획득과 축적에 집중하여 시간 및 자원 낭비를 줄일 수 있다.

세 번째로 창업자가 계획제품의 기술적 타당성, 시장성, 수익성 등 세부항목을 분석해 봄으로써 해당 업종에 대해 미처 깨닫지 못한 세부사항을 사전에 인지하여 성공적인 창업을 이룰 수 있다. 새로운 사업 아이디어가 생기면 일반적으로 자신의 사업은 매우 매력적인 것으로 보인다. 그러나 기술적 타당성, 시장성 등 세부항목에 대한 객관적이고, 면밀한 분석의 과정을 거치지 않는다면, 자신이 예상하지 못한 문제들로 인해 위험에 빠질 수 있다. 사업 타당성 분석은 기술적 타당성, 시장성, 수익성 등의 항목들에 대한 분석을 통해 자신이 구상한 사업 아이디어를 보다 정교하게 만들 수 있고, 미처 생각하지 못한 새로운 기회를 발견할 수 있다. 따라서 면밀한 사업 타당성 분석을 통해 자신이 미처 깨닫지 못한 요소들에 대한 이해를 높일 필요가 있다.

네 번째로 기업의 구성요소를 정확하게 파악함으로써 벤처 기업가의 경영능력 향상에 도움을 줄 뿐만 아니라, 계획사업의 균형 있는 지식습득과 보완해야 할 사항을 미리 확인하여 조치를 취할 수 있게 한다. 사업 타당성 분석 시에는 창업자 자신에 대한 평가뿐만 아니라 사업에 대한 전반적인 분석이 동반된다. 사업 전반에 대한 분석 과정에서 창업자는 자신의 기업규모와 조직 구성방안, 미래 사업방향 등에 대해 구체적인 비전을 가지고 사업을 시작하게 된다.

**| 사업 타당성 분석방법 |**

| 창업자분석 | → | 시장타당성분석 | → | 기술타당성분석 | → | 재무타당성분석 |
|---|---|---|---|---|---|---|
| • 경영능력<br>• 사업배경<br>• 경영자 성향 | | • 수요예측<br>(정성적, 정량적)<br>• 시장동향<br>• 경쟁자 동향<br>• 제품분석<br>• 매출계획 | | • 기술 특성<br>• 기술개발 능력<br>• R&D투자<br>• 대표자 기술<br>장악력 | | • 추정 재무제표<br>• 사업의 경제성<br>분석 |

결국 사업 타당성 분석을 통해 창업자는 자신이 개인적으로 보완해야 할 사항들과 함께 자신의 사업 운영 방식을 결정하고 운영을 위한 필수 지식과 노하우를 습득하게 된다. 따라서 사업 타당성 분석을 통해 창업자는 창업 이전에 경영능력을 향상시킬 수 있는 기회를 가지게 되는 것이다.

사업타당성 분석의 방법은 창업자 분석, 시장성 분석, 기술타당성 분석, 재무타당성 분석으로 나누어진다. 창업자는 사업타당성 분석을 통해 자신이 하고자 하는 사업의 성공가능성을 높여야 한다. 사업타당성 분석 방법은 앞의 도표와 같이 설명된다.

## 2. 창업자 분석

### (1) 창업자 분석요인

창업자 분석은 창업자 자신의 특성과 능력, 사업을 하고자 하는 동기를 분석하여야 한다. 창업자의 분석 단계에서는 창업자가 자신의 성향과 능력에 알맞은 사업을 추진하고 있는지, 필요자원 조달을 위한 네트워크 구축 가능성에 대해서도 살펴보아야 한다.

창업자 분석은 자신에 대한 분석이므로 신중하고, 객관적인 관점에서 냉정하게 분석하여야 한다. 창업기업의 성패를 결정하는 핵심 요인 중의 하나는 창업자 자신이다. 창업자가 어떤 자질과 특성과 배경을 갖추고 있는가는 초기 벤처기업 성공을 평가하는데 매우 중요하다.

미국의 벤처캐피탈리스트 102인을 대상으로 실시한 맥밀란(MacMillan)의 연구보고서에 의하면 창업자는 지속적이고 집중적인 노력을 계속 기울이고 계획사업과 관련된 분야에 경험이 있고, 위험을 잘 평가하여 적절히 대처할 수 있으며, 리더십이 있고, 목표시장에 친숙하여야 벤처기업을 성공적으로 이끌 수 있다고 보고 있다. 만약 창업자가 이를 제대로 할 수 없다면 그러한 특성들을 갖고 있는 우수한 경영자의 영입을 통하여 해결할 수 있어야 한다.

창업자 자질이 창업기업 경영에 매우 중요함에도 불구하고, 많은 경우에 창업자들은 사업 타당성 분석에서 자신에 대한 분석을 게을리 하는 경우가 있을 수 있다. 창업자들은 자신이 가지고 있는 개인적 역량이나 배경뿐만 아니라 자신에 대한 주변의 평판에 대해서도 객관적이고 보수적으로 평가하여 사업타당성 분석에 반영하여야 한다.

창업자는 자신의 위험 감지 및 대처능력, 실천력, 의사소통 능력, 조직 관리능력에 대해서 면밀하게 판단하여야 한다.

## (2) 창업자 분석항목

**❙ 창업자 분석항목 ❙**

| 구 분 | 분석요소 | 창업자 분석항목 |
|---|---|---|
| 창업자 | 통찰력과 예측능력 | • 산업 변화에 대한 인지 정도<br>• 경쟁규칙의 변화방향에 대한 인지 정도<br>• 경쟁우위 창출방안의 유무 |
| | 지배구조 | • 창업자 지분 정도<br>• 스톡옵션 분배 계획 |
| | 신뢰성 | • 주변의 평가<br>• 개인의 재무적 신용도 |
| | 개인적 네트워크 | • 학력으로 구축된 관계<br>• 창업 이전 기업 경험시 구축된 관계<br>• 창업과정에서 구축된 관계 |
| | 실천력 | • 평소 목표 달성 정도<br>• 목표에 대한 몰입 정도 |
| | 창조성 | • 아이디어 개발 능력<br>• 신규 사업 기회 포착 능력 |
| | 모험심 | • 위험을 감안한 모험능력 |
| 경영능력 | 위기대응 및 조직관리 능력 | • 위험감지와 대처 능력<br>• 의사소통 유형<br>• 핵심 인력 유치 방안 |
| | 비전제시 능력 | • 공유 비전의 유무<br>• 비전 달성 방법 제시 정도 |
| | 분석력 | • 경쟁자 분석 능력<br>• 시장기회 분석 능력 |
| | 기획력 | • 사업계획 구체화 능력<br>• 미래 사업 기획 능력 |
| | 조직력 | • 조직 구축과 관리 능력<br>• 조직내부 갈등 관리 능력 |
| | 포용력 | • 종업원의 실수를 용서해 줄 수 있는 정도<br>• 창조적 실패를 장려할 수 있는 능력 |

| 구 분 | 분석요소 | 창업자 분석항목 |
|---|---|---|
| 사업배경 | 창업동기 | • 창업이 실질적인 동기<br>• 기술권리와 관련된 문제 발생 가능성<br>• 창업의 적절성 |
| | 성장단계 | • 기업의 향후 성장 가능성<br>• 기업 성장 원동력 |
| | 외부 투자자에 대한 인식 | • 회계 처리의 투명성<br>• 외부자본에 대한 배당의지 여부<br>• 기업 공개 계획/추진의지 여부 |

## 3. 시장타당성 분석

### (1) 시장타당성 분석요인

시장타당성이란 기업이 제공하고자 하는 제품이나 서비스의 시장반응을 측정, 평가하는 개념이다. 실제로 제품이나 서비스가 시장에 진입했을 경우 고객들이 어떤 반응을 보일 것인가, 즉 얼마나 많은 수의 고객이 그 제품이나 서비스를 구매할 것인가는 사업의 성패과 직결된다. 따라서 시장성은 창업기업의 사업타당성 분석과정에서 가장 중요한 분야다. 아무리 좋은 제품을 만든다고 하더라도 해당 제품이 시장에서 수용되지 않는다면 기업의 생존이나 성과실현이 불가능하기 때문이다.

창업의 실패사례를 보면 좋은 제품을 만들고도 판매가 제대로 되지 않고, 그 결과 손익분기점에 도달하는 기간이 너무 길어져 사업이 시장성 분석을 통하여 사업 성패를 사전에 판단할 수 있는 중요한 정보를 얻고자 하는 것이다. 생산할 제품이나 서비스가 시장에서 언제, 어느 정도 팔릴 수 있는가를 분석하기 위해서는 다양한 환경 변수들에 대한 가정을 두고, 각 상황에 따른 판매예측을 실시해야 한다.

시장성타당성 분석에서는 자신이 하고자 하는 산업의 시장 동향이 어떠한지, 경쟁자들은 어떻게 분포되어 있으며, 그들의 사업전략은 무엇인지, 시장 수요는 어떻게 변하고 있으며, 소비자 욕구는 어떻게 변화되고 있는지, 매출 계획은 어떠한지를 분석하여야 한다. 이에 더하여 경쟁자들과 차별화하기 위한 자신의 경쟁우위요인은 무엇인지 계획을 세워야 하며, 만약 창업자가 시장 후발주자라면 선발주자의 이점을 상쇄할 수 있는 요인이 무엇이지도 명확히 해야 한다.

### (2) 시장타당성 분석의 특징

시장타당성 분석의 특징은 다음과 같다. 첫째, 시장타당성 분석의 주요 목표는 시장 점유율이다. 그러나 일반적으로 창업기업의 주된 관심은 수익성이다. 수익성은 판매량, 가격, 비용이 들어가는 개념으로서, 가격과 비용은 다분히 개별 회사 차원의 변수이며, 판매량은 산업마다 단위가 모두 다르다는 약점을 가지고 있는 변수이다.

시장타당성 분석방법은 시장 전체를 100%로 보았을 때 새롭게 제공하고자 하는 제품이나 서비스가 그 중 얼마나 차지하게 될 것인가를 분석하게 된다. 이것이 시장 점유율(Market Share)이라는 개념으로 모든 산업에서 공통적으로 활용가능하며, 한 산업에서 해당 기업의 성과나 경쟁우위 정도를 반증할 수 있는 대표적인 지표라고 할 것이다.

둘째, 시장타당성 분석은 급격한 시장 상황의 변화는 없다는 것을 가정하고 있다. 이는 시장타당성 분석을 위한 다양한 평가 도구들의 한계점에서 기인한다. 정성적 방법에서는 구체적인 계량 모델이 없기 때문이다. 이러한 계량모델들도 선형적이고 회귀적인 분석의 방법론을 사용하고 있다. 따라서 급격한 시장 환경의 변화는 없다는 가정 하에서 해당 벤처기업의 시장성이 어떻게 변화될 것인지를 예측하고자 한다는 한계점을 가지고 있다.

셋째, 시장타당성 분석은 출시 후 일정 시점의 시장 점유율을 예측하기 위하여 행해진다. 특정 계획 사업이 언제, 얼마만큼의 성과를 가져올 것인가를 분석하는 것이다. 미래 일정 시점을 기준으로 하여 해당 시점의 시장 점유율이 어떻게 될 것인지를 예측하고, 시장 규모를 고려하여 매출액을 계산하게 된다. 따라서 시장타당성 분석이 상대적으로 정태적이고 일정 시점에 대한 예측에 불과하다는 한계가 있음을 인지하고 접근해야 한다.

### (3) 시장타당성 분석방법

시장타당성 분석은 크게 정성적 분석방법과 정량적 분석방법으로 나누어진다. 정성적 방법이란 과거 사례조사나 전문가의 의견수렴, 경험, 직관 등 비계량적으로 행해지는 분석방법을 의미하고, 정량적인 방법이란 간단한 계산이나 계량적인 모형의 이용 등 계량적으로 행해지는 분석방법을 의미한다.

사업타당성 분석에 어느 한 가지의 방법론만 사용하여 시장타당성을 분석하여서는 안 된다. 정성적 방법은 비계량적이고 직관적이기 때문에 시장의 크기가 얼마가 될 것인지와 같은 구체적인 자료를 제시하지 못한다. 정량적인 방법은 매우 구체적이고 계량화된 자료를 제시하지만, 시장 예측 시 사용된 기본 가정에 대한 설명이 빈약하다. 따라서 이 두 가지 방법은 병행해서 사용하는 것이 바람직하다.

정성적 방법으로는 과거사례 참고법, 전문가 의견 참고법, 경영자의 경험 및 직관으로 나누어진다. 정량적 방법은 휴리스틱 분석법, 배스 모형을 이용한 분석법, 반복구매 의도 분석법, 시험시장 테스트를 이용한 분석법이 주로 활용된다. 이와 같은 분석 방법의 선택 기준은 정확성, 비용, 시간, 목적과의 일치 정도에 따라 결정될 것이다.

### (4) 시장타당성 분석항목

시장타당성 분석항목은 다음과 같다.

**| 시장타당성 분석항목 |**

| 분석요소 | 시장타당성 분석항목 |
|---|---|
| 가격 및 품질 경쟁력 | • 경쟁제품 및 수입품과의 비교<br>• 자사 제품의 비교 우위 요인 도출 |
| 시장현황 및 수요전망 | • 일반적인 시장 현황<br>• 시장 규모 및 전망<br>• 판매영역별, 고객별 잠재수요 분석<br>• 국내 제품 및 대체, 유사품에 대한 수급 실적<br>• 시장의 특성 및 구조 분석<br>• 소비자 특성 및 변화 추세 분석 |
| 매출계획 | • 시장 개척 및 판매계획의 실현가능성 분석<br>• 시장 점유율 분석<br>• 판매량 증감요인 분석 및 영역별 판매 전망 |
| 제품 분석 | • 제품의 강약점 분석<br>• 제품의 라이프 사이클 및 보급률 분석<br>• 제품 원가 및 마케팅 비용 분석<br>• 마진율 및 제품 가격 분석 |
| 경쟁자 분석 | • 재무 상태 비교<br>• 생산 능력 및 실적 비교<br>• 주요 경쟁요소 비교<br>• 전략집단 분석 |

## 4. 기술타당성 분석

### (1) 기술타당성 분석요인

기술타당성 분석은 자신이 보유하고 있거나, 개발 계획 중인 기술의 특징은 무엇인지, 연구개발진의 기술 개발 능력은 어떠한지, 연구 개발 투자 계획과 창업자의 기술에 대한 이해정도와 개발, 참여 가능성에 대해 분석하고자 하는 것이다.

기술타당성 분석은 창업자 자신의 기술 또는 추후 개발을 예정하고 있는 기술이 경쟁자에 비해 어떠한 차별성을 가지고 있는지에 초점을 맞추어야 한다. 만약 창업자가 가지고 있는 기술이 차별성이 있다면, 이를 적극적으로 강화할 수 있는 기술 개발 능력 및 인력이 조달 가능한가를 살펴보아야 한다. 기술타당성 분석에서는 창업자뿐만 아니라 기술개발 인력에 대한 중요성도 강조된다. 그리고 핵심 기술인력의 이탈이 발생하더라도 사업에 큰 영향을 주지 않도록, 창업자의 기술에 대한 이해 정도와 역량에 대해 살펴보아 분석하여야 한다.

기술타당성 분석은 사업타당성 분석 중 가장 난해한 과정이다. 자료나 지식이 부족한 상태에서 실시해야 하는 경우가 많아 정확성이 떨어지는 경우가 많다. 기술타당성 분석은 먼저 기술의 핵심적 내용을 포괄하고 그 기술의 위험 요소를 분석하는 과정을 포함하며 기술의 유용성을 평가하는 것이다. 창업자가 기술전문가이거나 엔지니어인 경우라도 기술타당성에 대한 면밀한 분석을 하여야 한다. 창업기업의 핵심이 기술력인 만큼 기업의 미래가 좌우될 수 있는 기술력에 대해 창업자 자신이 개발자라는 이유로 분석을 등한시 하는 오류를 범하여서는 안 된다.

기술타당성 분석에서는 계획제품의 생산과 관련된 생산시의 문제점, 생산계획 및 제조원가를 추정하여 상업화의 가능성을 검토하여 보아야 한다.

또한 기술 수준이 선진국과 비교하여 손색이 없더라도 상품화하여 시장을 개척하는 데는 선진국보다 어려움이 있는데, 이는 기술타당성과 시장타당성이 반드시 일치하지 않기 때문이다. 기술타당성이란 시장 경쟁력을 유지하는데 중요한 요소인 것이다.

### (2) 기술타당성 분석의 특징

기술타당성 분석의 특징은 먼저 제품 개발 가능성 및 기술 능력에 있다.

기술타당성 분석은 첫째로는 기술인력 현황, 핵심 기술의 내역, 기술 도입 및 협력

가능성, 연구개발 과정 및 개발 일정을 먼저 확인해 보아야 한다. 기술 인력의 학력분포, 연구개발 업적 등에 대해서도 면밀하게 분석해야 한다. 핵심 기술의 내역에서는 핵심 기술의 정의, 개발 진척 정도, 향후 전망에 대해 초점을 맞추어야 한다.

기술 도입 및 협력 가능성에서는 외부로부터 기술 이전 계획, 혹은 핵심 기술 개발에 있어 타기업과의 공동 개발, 협력 개발 가능성에 대해 살펴보아야 한다.

두 번째는 제품의 특성 및 경쟁력을 분석하여야 한다. 제품의 특성 및 경쟁력 분석에서는 유사제품과 비교한 계획제품의 기술적 우수성, 가격 경쟁력, 대체기술의 출현가능성, 기존의 특허현황, 해외기술의 도입 가능성, 기술 변화 사이클을 분석해야 한다.

세 번째는 생산 능력 및 계획에 대한 분석이 요구된다. 공장시설 확보의 정도 및 계획, 적정한 기계 설비 구입 및 배치, 원·부자재 조달의 안정성, 원·부자재 가격의 안정성, 생산인력 조달상의 문제점, 생산 계획 및 원가 추정이 본 단계에서는 필요하다. 공장시설 확보의 정도 및 계획에서는 기존 입지 조건과 요구되는 입지 조건과의 비교를 통해 보다 합리적인 결과를 도출해야 한다. 그 외의 요인들에 대해서도 면밀한 현상파악과 미래 조망을 통해 기술타당성 분석을 보다 명확히 해야 한다.

기술타당성 분석에 대해여 투자자는 제품의 마진율 정도와 시장 수용성을 중요하게 생각하는 반면, 첨단 기술제품이거나 특허 등 독점적 소유권으로 보호받는 것에 대해서는 별로 중요하게 생각하지 않는 경우가 있다. 이는 기술타당성 분석시 첨단 기술로서 높은 위험과 이윤이 보장되는 제품의 개발보다는 일정한 마진과 판매가 보장되며 생산에 문제가 없는 제품을 선호하는 것으로 볼 수 있다.

### (3) 기술타당성 분석항목

기술타당성 분석항목은 다음과 같다.

**❙ 기술타당성 분석항목 ❙**

| 분석요소 | 기술타당성 분석항목 |
|---|---|
| 기술적 특성 | • 기술상의 차별성<br>• 경쟁제품 및 수입품과의 기술 차이, 성능 비교<br>• 외부 연구기관의 자문<br>• 신기술 관련 인증, 심사 등의 시험자료 활용<br>• 동업계와 산업별 단체 또는 기술에 대한 분석 |

| 분석요소 | 기술타당성 분석항목 |
|---|---|
| 기술개발 능력 | • 기술인력의 과거 개발 실적<br>• 회사의 개발기술 보유 내용 |
| R&D 투자 | • R&D 투자비율<br>• 총인원대비 기술인력의 비율 |
| 대표자의 기술 장악력 | • 대표자의 기술개발 능력<br>• 핵심 기술인력의 이탈 가능성<br>• 신규 인력 확보 노력 |

## 5. 재무타당성 분석

### (1) 재무타당성 분석요인

재무타당성 분석은 기존의 추정 손익계산서와 추정대차대조표를 계산하여 보아야 한다. 특히 재무타당성 분석에서는 과거 자료나 경쟁사의 재무구조를 살펴봄으로써 창업자 자신의 사업을 육성시키기 위한 현금 흐름 관리를 준비해야 한다. 재무타당성 분석에서는 총소요 자금의 정확한 추정이 필요하다.

창업을 하여 사업을 시작하게 되면 설비 및 인적자원, 연구개발 등에 대한 대단위의 투자가 요구된다. 따라서 총요구 비용과 기대 매출액을 정확히 산정하여 순익분기점에 도달하는 시기를 명확히 하여야 한다. 만약 재무타당성 분석이 명확하지 못하다면, 벤처캐피탈이나 엔젤로부터 투자 받기가 매우 어려워지고, 이는 사업 성공의 장애요인이 된다. 따라서 세밀한 재무타당성 분석을 통해 창업자 자신의 사업목표를 명확히 설정하여야 한다.

재무타당성 분석은 사업에 필요한 주요 자본의 추정과 수익성 추정, 이를 기초로 한 경제성 분석이 중심이 된다. 일반적으로 창업기업의 자금수요는 당초의 예상보다 늘어나기 마련이다. 기술 창업인 경우 자금 조달과 관리를 안이하게 생각하거나, 사업의 빠른 성장에 고무되어 과다한 설비투자와 방만한 경영을 시도하다가 자금부족이 발생하여 사업에 어려움을 겪는 경우가 많다. 재무타당성 분석은 시장타당성 분석과 기술타당성 분석에서 얻은 자료를 토대로 재무정보를 구축하여 창업기업을 성장시키는 데에 목적이 있는 것이다.

### (2) 재무타당성 분석의 특징

재무타당성 분석의 특징은 우선 기존의 재무구조, 수익성, 자금 수지 상황분석과 사업계획을 토대로 향후 소요되는 시설자금과 운전자금을 통하여 들어오는 현금과 내부유보자금과 증자 등을 통한 자금조성의 가능성을 검토한다. 그 다음에 각 기간별로 예상되는 자금 과부족에 대하여 그 규모와 신규 차입가능성 및 상환능력을 평가한다. 추정 재무제표는 미래의 사업에 영향을 주는 여러 가지 불확실성을 단순화하여 작성되기 때문에 민감도 분석이나 위험분석을 실시하여 효율적인 투자결정을 유도하여야 한다.

민감도 분석은 계획의 전제가 된 가정치를 변경하여 같은 추정과 검토를 통한 결과를 만들어 내는 것이다. 각 비용과 수익성 요인이 변화할 때 그것이 현재 가치 현금흐름과 투자 수익률에 양적 영향을 얼마나 미치는지를 시뮬레이션을 통해 분석하는 기법이다. 민감도 분석은 회귀분석을 이용한 분석과 전문적인 시뮬레이션 프로그램을 이용한 분석이 있다.

손익분기점 분석은 모든 비용을 고정비와 변동비로 나누어 비용과 가격, 판매수량에 따라 매출과 이익이 어떻게 변하는가를 분석하는 방법이다. 창업기업의 경우 고정비와 변동비는 추정 손익계산서 등에 의해 각각 구분하여 계산하는 것이 원칙이지만 다음과 같은 약식을 활용하기도 한다.

고정비 = 판매비와 일반관리비+영업외 비용+제조경비+노무비
변동비 = 재료비+노무비 50%+재고조정 중 변동비
손익분기점 매출액 = 고정비/(1-변동비+실제 매출액)

### (3) 재무타당성 분석항목

재무타당성의 분석항목과 분석흐름은 다음과 같다.

**| 재무타당성 분석항목 |**

| 분석요소 | 재무타당성 분석항목 |
| --- | --- |
| 필요 자금 분석 | • 시설자금<br>• 운전자금<br>• 향후 현금 흐름 |

| 분석요소 | 재무타당성 분석항목 |
|---|---|
| 경제성 분석 | • 자본 조달 비용<br>• 수익성 추정<br>• 손익분기점 도달시기 |
| 유동성 분석 | • 민감도 분석<br>• 부채비율<br>• 유동비율 |

**| 재무타당성 분석의 흐름 |**

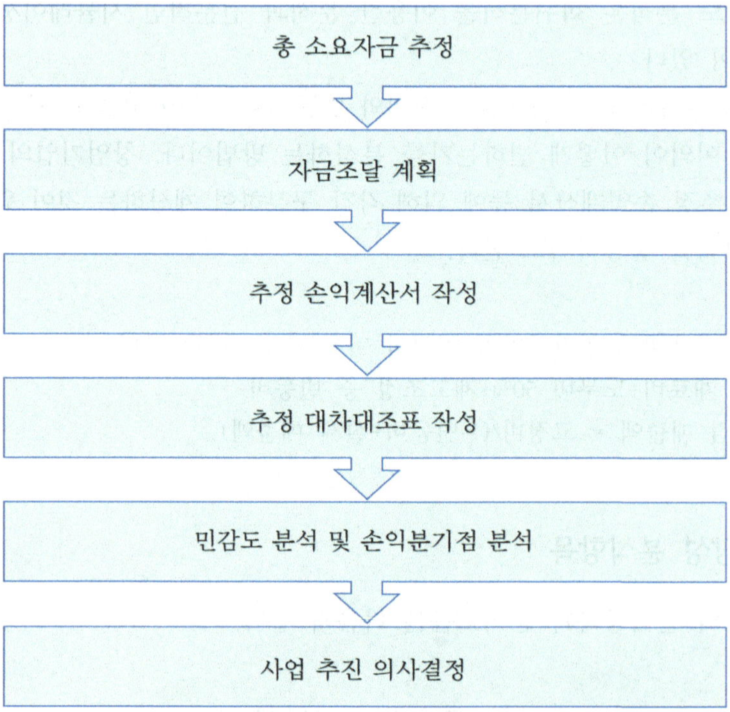

# Chapter 9 창업사업계획서

## 1. 창업사업계획서의 개념

### (1) 창업사업계획서의 정의

창업 사업계획서는 사업내용과 세부일정계획 등을 문서로 기록해 놓은 것이다. 창업 사업계획서는 창업과정에 있어 꼭 필요한 과정으로 이제까지 준비된 모든 사항들을 일목요연하게 계획된 사업내용을 담고 있어야 하는 서류인 것이다.

사업계획서는 창업자 자신을 위해서는 사업성공의 가능성을 높여주는 동시에 계획적인 창업을 가능케 하여 창업기간을 단축하여 준다. 또한 창업에 도움을 줄 제3자, 즉 출자자, 금융기관, 매입처, 매출처, 더 나아가 일반 고객에 이르기까지 투자자의 관심유도와 설득자료로 활용도가 매우 높다. 특히 부족한 자금을 조달하기 위해서 다른 사람이나 금융기관에 투자 또는 융자를 신청하는데 있어 투·융자자의 관심을 유도하고 설득하는데 결정적인 자료가 될 수 있는 것이다. 따라서 사업계획서 작성은 정확하고 객관성이 유리되어야 하며 전문성과 독창성을 갖춘 보편타당한 사업계획서가 되어야 한다.

사업의 규모가 작고 간단한 사업이라 할지라도 구체적인 계획 없이 즉흥적으로 대처한다면 성공하기 어렵기 때문에 어떤 경우의 창업일지라도 사업계획서를 작성하는 것은 필수적 절차이다.

창업기업의 실패원인은 내적 요인과 외적 요인으로 구분하여 볼 때 90% 이상이 내적 요인에 의한 실패로 나타나고 있는데, 이러한 요인을 제거하기 위한 최우선과제는 무엇보다도 정확하고 실질적인 사업계획의 수립에 있다. 사업계획은 위험성과 불확실성에 대해여 세밀하고 전문성 있는 방법에 의한 분석이 필요하며, 상품의 구상에서부터 초기 성장단계로 진입하기까지의 활동은 물론 성장 단계별로 변화에 대처하는 사업계획서가 필요한 것이다.

대부분의 사업자는 객관적이기 보다는 주관적인 판단으로 흐를 가능성이 높기 때문에 체계화된 사업계획서 형식에 맞추어 구체적으로 각 부문별, 요소별 계획과 검토를 진행하다 보면 예상치 못한 문제점을 발견하게 되고 이러한 예기치 못한 작은 원인에 의해서 성패가 좌우될 수도 있다는 것을 잊지 말아야 할 것이다.

정부에서도 각종 금융기관이나 투자기관들을 통하여 창업기업과 중소기업을 위한 금융지원의 폭을 넓히고 있으며, 기술개발자금도 매년 증액하여 지원하고 있다. 특히 예비창업자를 비롯한 초기의 창업자들에게 창업자금을 무상으로 지원하는 제도가 늘어나고 있다. 이러한 여러 가지 자금을 활용하기 위해서는 객관적이면서도 세밀한 사업계획서가 있어야 하는 것은 너무나 당연한 것이다.

### (2) 창업사업계획서 작성 시 유의점

창업 사업계획서는 창업자의 얼굴인 동시에 창업자 자신의 신용이다. 창업 사업계획서는 창업자 자신이 효율적으로 기업을 설립하여, 그 사업을 지속적으로 성장·발전시켜 가고자 하는 창업자의 구체화된 의지를 체계적으로 정리·기술한 창업 사업계획서이기 때문이다. 이런 관점에서 사업계획서 작성 시에는 다음과 같은 점을 유의하여 작성해야 한다.

① 창업자가 가지고 있는 기업목표와 기업가정신을 분명하게 밝히고, 창업 아이템을 제3자에게 설득력 있게 납득시키는 것이 창업 사업계획서의 가장 큰 목적이다. 따라서 계획사업에 대한 내용을 충분히, 그리고 구체적으로 작성할 필요가 있다.
사업내용이 창업자 자신에게는 다년간 관심과 연구의 결과일 수 있지만, 제3자의 입장에서는 생소한 경우가 대부분이기 때문이다.

② 창업 사업계획서는 객관성이 있어야 한다. 자신감이 너무 지나쳐 제3자가 보기에 허황되고 실현가능성이 없다고 판단될 때는 신뢰성에 큰 타격을 입을 수도 있다. 따라서 공공기관 또는 전문기관의 증빙자료를 근거로 한 시장수요조사와 정확한 회계적 지식을 가지고 매출액과 수익이 추정되어야 한다.

③ 계획사업의 핵심내용을 강조하여 부각시켜야 한다. 사업계획이 평범하여서는 제3자의 호감을 사지 못한다. 계획제품이 경쟁제품보다 소비자의 호응이 있으리라는 기대를 갖고, 제품의 특성을 중심으로 설명하되 잡다한 부수적 생산제품보다 창업초기 전략계획상품을 중심으로 설명할 필요가 있다. 흔히 창업자들이 이 목표상품을 잘못 선택하여 창업에 실패하는 경우가 많기 때문이다.

④ 제품 및 기술성 분석에 대한 내용은 가급적 전문적인 용어의 사용을 피하고, 단순하고도 보편적인 내용으로 구성한다. 해당 제품 자체의 설명에만 국한하지 말고 관련 산업, 관련업종의 내용부터 접근하는 것이 필요하며, 제품 생산 공정을 구체적으로 설명한다. 또한 제품 및 기술성 분석 근거자료로서 공공기관의 기술타당성 검토보고서 또는 특허 등의 증빙서류를 첨부함으로써 신뢰성을 높여줄 필요가 있다.

⑤ 자금조달 운용계획은 정확하고 어느 정도 실현 가능성이 있어야 한다. 창업자 자신이 조달가능한 자기자본은 구체적으로 표시함으로써 제3자로부터 창업자의 최소한의 자금조달능력을 신뢰하게 할 필요가 있다. 그 다음 동업자, 금융기관 등으로부터의 조달계획도 구체적으로 표시하여야 한다.

자금조달계획이 어느 정도 확정된 후에는 정확한 소요자금산정이 필요하다. 흔히 창업자의 대부분이 소요자금을 먼저 산정한 후, 자금조달계획을 수립하는 경우가 많다.

⑥ 창업 사업계획서는 잠재되어 있는 문제점과 향후 발생 가능한 위험요소를 심층 분석하고, 예기치 못한 사정으로 인하여 창업이 지연되거나 불가능하게 되지 않도록 다각도에 걸쳐 점검할 것이 요구된다. 사업의 핵심요원은 구체적으로 사전에 확정되어 있어야 하며, 조업률 80% 수준의 종업원확보에 어려움이 없는지도 집중적으로 검토해 보아야 한다.

**▎사업계획서 작성 절차 흐름도 ▎**

| 단계 | 내용 | 세부사항 |
|---|---|---|
| **제1단계** | 사업계획서 작성의 목적에 따라 기본방향을 설정 | • 사업계획서의 용도 확인<br>• 사업계획서의 종류 검토 |
| **제2단계** | 사업계획서 작성 목적 및 제출기관의 소정양식 검토 | • 사업계획서의 용도 분류<br>• 사업계획서의 종류 구분 |
| **제3단계** | 사업계획서 작성 계획의 수립 | • 계획의 기본요점 정리<br>• 세부적인 유의사항 검토 |
| **제4단계** | 사업계획서 작성에 직접 필요한 자료와 첨부서류 검토 | • 각종 정보수집 및 정리<br>• 작성 시 보조자료 검토 |
| **제5단계** | 작성해야 할 사업계획서의 폼(form)을 결정 | • 용도에 따라 양식 선택 |
| **제6단계** | 용도에 맞는 사업계획서 작성 | • 실질적 사업계획서 작성 |
| **제7단계** | 사업계획서 편집 및 제출 | • 최종 확인 및 점검 |

특히 기술성이 뛰어난 제품 등은 기술상 조금만 하자가 있어도 실패하는 경우가 많기 때문에 기술인력의 확보와 생산시설에 있어서도 사전 충분한 준비 절차가 있어야 한다.

사업계획서는 크게 나누어 기존업체의 사업계획서와 창업기업의 사업계획서로 대별된다. 기존업체의 사업계획서는 일종의 경영계획으로서 작성되며, 기간에 따라 중·장기 경영계획과 단기 경영계획으로 구분된다.

창업 사업계획서는 크게 나누어 외부기관 제출용 사업계획서와 자체검토용 사업계획서로 구분할 수 있는데, 외부기관 제출용은 인·허가용 사업계획서, 금융지원을 위한 사업계획서, 농공단지 등 공업단지 입주계약신청용 사업계획서 등이 있다.

사업계획서의 대부분의 내용을 망라한 기본 사업계획서를 창업자 자체용도의 간이 사업계획서, 외부관계기관 제출용 사업계획서로 구분할 수 있다.

### (3) 창업사업계획서 작성의 예

〈요약서〉

**Ⅰ. 기업체 현황**

1. 회사개요
2. 업체 연혁
3. 창업동기 및 향후계획

**Ⅱ. 조직 및 인력현황**

1. 조직도
2. 대표자, 경영진 및 종업원 현황
3. 주주현황
4. 인력구성상의 강·약점

**Ⅲ. 기술현황 및 기술개발계획**

1. 제품의 내용
2. 기술현황
3. 기술개발투자 및 기술개발계획

**Ⅳ. 생산 및 시설계획**

1. 시설현황
2. 생산공정도
3. 생산 및 판매실적(최근 2년간)
4. 원·부자재 조달상황
5. 시설투자계획

**Ⅴ. 시장성 및 판매전망**

1. 일반적 판매전망
2. 동업계 및 경쟁회사현황
3. 시장 총규모 및 시장점유율
4. 판매실적 및 판매계획

**Ⅵ. 재무계획**

1. 최근 결산기 주요 재무상태 및 영업실적
2. 금융기관 차입금 현황
3. 소요자금 및 조달계획

**Ⅶ. 사업추진 일정계획**

**Ⅷ. 특기사항**

**Ⅸ. 첨부서류**

1. 정관
2. 상업등기부 등본
3. 사업자등록증 사본
4. 최근 2년간 요약결산서
5. 경영진 이력서

창업사업계획서 예시(중소기업청 지원사업 창업진흥원 예시자료 참조)

## 「창업지원사업」 창 업 사 업 계 획 서

<table>
<tr><td colspan="2">신 청 대 상</td><td colspan="2">□ 일반부 □ 학생부</td><td>접수번호</td><td colspan="3">○○대학교 -</td></tr>
<tr><td colspan="2">창업아이템</td><td colspan="6"></td></tr>
<tr><td colspan="2">사 업 분 야</td><td colspan="6">□기계·재료 □전기·전자 □정보·통신 □화공·섬유<br>□생명·식품 □환경·에너지 □디자인·공예 □기타업종</td></tr>
<tr><td colspan="2">핵 심 기 술</td><td colspan="6"></td></tr>
<tr><td colspan="2">팀 명</td><td colspan="6"></td></tr>
<tr><td rowspan="6">참가자<br>(팀은<br>대표자)</td><td>참가구분</td><td colspan="6">□ 개인 □ 단체</td></tr>
<tr><td>성 명</td><td colspan="2"></td><td colspan="2">주민등록번호</td><td colspan="2">-</td></tr>
<tr><td rowspan="2">소 속</td><td>일반부</td><td colspan="5"></td></tr>
<tr><td>학생부</td><td colspan="5">대학(교) 학과 학년 (재학, 휴학)</td></tr>
<tr><td rowspan="2">연락처</td><td>전 화</td><td colspan="2"></td><td>휴대폰</td><td colspan="2"></td></tr>
<tr><td>Email</td><td colspan="5"></td></tr>
<tr><td rowspan="6">팀구성원<br>(팀 참가자)</td><td>성 명</td><td>생년월일</td><td colspan="2">소 속</td><td colspan="3">담당분야</td></tr>
<tr><td></td><td></td><td colspan="2"></td><td colspan="3"></td></tr>
<tr><td></td><td></td><td colspan="2"></td><td colspan="3"></td></tr>
<tr><td></td><td></td><td colspan="2"></td><td colspan="3"></td></tr>
<tr><td></td><td></td><td colspan="2"></td><td colspan="3"></td></tr>
<tr><td></td><td></td><td colspan="2"></td><td colspan="3"></td></tr>
<tr><td colspan="2">시제품 제작 현황</td><td colspan="6">□미제작 □제작중 □제작완료</td></tr>
<tr><td colspan="2" rowspan="2">지적재산권<br>출원 및 등록 현황</td><td>검색여부</td><td colspan="5">□검색완료 □미검색 □해당없음</td></tr>
<tr><td>출원여부</td><td colspan="5">□미 출 원 □출원중 □등록완료</td></tr>
<tr><td colspan="2" rowspan="4">동아이템이 중소기업청<br>창업지원사업에서<br>개발지원금을 받은 적이<br>있는 사항</td><td colspan="2">사업명</td><td colspan="2">지원금액</td><td>기간</td><td>시행기관</td></tr>
<tr><td colspan="2"></td><td colspan="2"></td><td></td><td></td></tr>
<tr><td colspan="2"></td><td colspan="2"></td><td></td><td></td></tr>
<tr><td colspan="2"></td><td colspan="2"></td><td></td><td></td></tr>
<tr><td colspan="8">상기와 같이 『대한민국 실전창업리그』 참가신청서를 제출합니다.<br>년 월 일<br>신청인 : (서명 또는 날인)<br><br>○○(대)학교 장 귀하</td></tr>
<tr><td colspan="8">※ 구비서류<br><첨부1> 창업사업계획서 및 요약서 각 1부.<br><첨부2> 증빙서류(경력(재학)증명서, 시제품사진, 설계도 등)</td></tr>
</table>

# 창업사업계획서

| 사업분야 | 분야 |
|---|---|
| 창업아이템 | XXX용 안전 장치 |
| 신청대상 | ■ 일반부 □ 학생부 |
| 참가구분 | □ 개 인 ■ 단 체 |
| 팀 명 | 홍길동과 왈패들 |
| 참가자(대표자) | 홍 길 동 |

## 유의사항

1. 본 계획서의 보충 설명을 위해 필요한 사진 또는 도면이 있을 경우 첨부
2. 제출된 사업계획에 대해서는 접수 및 심사과정에서 비밀 유지
3. 특허 출원관련 서류, 재학증명서, 경력증명서 등의 증명자료는 별도첨부

## 사업계획 요약서

| | |
|---|---|
| 사업개요 | ○ 창업동기 및 참여인력의 전문성<br>- 자동차의 안전성에 대한 소비자의 관심이 높아지고 있고 XXX가 높은 비율을 차지하여 시장전망 밝음<br>- 팀원 모두 XXX 멤버십 회원 활동하며 높은 수준의 전자개발 능력 및 실무 마케팅 능력 보유하고 있음<br>○ 사업내용 및 특성<br>- 본 사업은 XXX로부터 촬영된 XX영상으로부터 3차원 영상에 관한 것으로 미리 저장된 X차원 시뮬레이션 데이터를 실제 X차원 공간에 재생할 수 있다는 특징이 있음 |
| 기술개발 | ○ 기술개발의 수준<br>- 개발제품을 시장에서 바로 적용할 수 있도록 현제 양산중인 XXX 모델을 기준으로 제품설계 완료후 1차 샘플 제작 완료<br>○ 시제품 제작 계획<br>- 시제품 개발 시에 테스트 완료 되었으나, 보다 선명하고 XXX 동기화가 잘되는 방식으로 개선된 XXX를 제작 예정 |
| 시장분석 | ○ 목표시장 규모 및 전망<br>- XXX 부상을 XXX% 감소시킬 수 있다는 결과를 공지함으로써 자동차회사에서와 소비자의 선택이 높아질 것으로 예상됨<br>○ 사업화 가능성 및 마케팅 전략<br>- 가격 경쟁력으로는 독일의 XXX 사의 XXX에 비해 1/3 가격으로 공급할 수 있다는 장점이 있어 시장 경쟁력 확보 가능<br>- 전량 수입에 의존하고 있으므로 국산화 개발 시 원가절감 효과 및 공급의 원할함을 장점으로 XXX회사에 마케팅 전략 수립 |
| 사 업 화<br>추진계획 | ○ 사업화 추진일정<br>- 추가 연구개발 : 2023년 하반기<br>- 시장분석 및 평가 : 2024년 상반기<br>- 초기 시장진출 : 2025년 하반기<br>○ 사업계획 차질시 대처방안<br>- 비용 조달이 어려워 초기 시장 진출이 어려울 경우 예비기술창업자 지원사업 등 정부지원을 최대한 활용하고, XX 금융기관 및 XX보증기관 등을 통해 사업자금 추가 확보 |

## 1. 창업사업개요

### 1-1. 창업동기

**□ 창업목적 및 배경**

○ 최근 자동차의 안전성에 대한 소비자의 관심이 높아지고 있고 특히 XXXX에 의한 부상자가 높은 비율(XX%)을 차지하고 있음이 밝혀지면서 기술 선진국에서는 신기술개발에 주력하여 'XXX XXX'를 개발하여 적용하고 있음

○ 'XXX XXX'가 후방 XXX시에 XXX를 예방하는데 효과적으로 밝혀졌으나 국내자동차 업계는 자체기술력 부족으로 인하여 전량 선진국(미국, 독일)에서 수입하거나, 특허에 대한 로열티를 지불하고 있고 단가가 높아 일부 고급차종에만 적용되고 있는 안타까운 실정

**□ 사업의지**

○ 본 참가팀은 다년간의 XXX회사 연구소 및 관련회사 연구개발 경력이 있어서 XXX업계 경영환경을 잘 알고 있으며 인적 Network가 구성되어서 정보수집이 비교적 수월함

○ 'XXX XXX'는 국산화 개발이 절실하게 필요한 제품으로 수입품 대비 성능 및 가격경쟁력을 확보한 Idea가 있으면 국내는 물론 수출도 가능한 아이템으로 판단하였고, 연구개발을 통하여 성공적으로 제품개발을 할 수 있는 능력을 갖추고 있어 사업화를 통해 해당 시장에 대한 진입이 가능함

**□ 아이템 선정동기**

○ 'XXX XXX'은 약 X년 전부터 창업에 관심을 가지고 검토했던 아이템으로 국내 자동차 생산량을 기반으로 제품의 판로를 확보할 수 있을 것으로 판단하고서 그동안 검토한 자료를 바탕으로 특허를 출원한 후 창업을 준비하고 있음

○ 성능 및 가격경쟁력에서 우수한 아이디어로 XXXX년 대한민국XXXX대전에서 X상을 수상하였고 XXXX기업지원센터에서 X-창업스쿨과 X-창업프로젝트를 우수한 성적으로 졸업하여 현재 XXX센터에서 연구원 X명을 포함하여 총 XX명이 XXXX년 상반기 제품출시를 목표로 제품개발에 노력하고 있음

**□ 창업 효과**

○ 자동차 XXX 안전도를 향상시켜 경추부상자 감소와 치료비 절감(2000억원/년)

○ 전기/전자, 사출, 프레스, 조립 등 산업 전반에 걸친 제조공정이 수반 되어야 하므로 국가기술발전과 외화획득, 일자리창출에도 많은 기여 가능

## 1-2. 참여인력의 전문성

□ **대표자 및 내부구성원의 전문성**

○ 팀원 모두 XXX 멤버십 회원 활동하며 높은 수준의 전자개발능력을 보유하고 있고, 한국 대학생 XX학회 활동을 통한 실무 마케팅 능력 보유하고 있음

○ 팀원 모두가 XXX 및 XXX 출신으로 소프트웨어 개발 및 알고리즘 구현이 가능하고, PCB XXX 및 자체 하드웨어 회로 설계 가능

□ **전문가풀 구성 및 대외 협력관계 구축 현황**

○ 팀원들은 XXX 기관의 XXX 개발팀원으로 활동하고 있으며 XXX기관의 전폭적 기술지원을 받을 수 있음

○ 특히 팀원 전우치는 XXX 소프트웨어 맴버십(現XXX 무선사업부/XXX 정보통신 총괄)를 통한 자문을 받고 있음

| 성 명 | 경 력 |
|---|---|
| 홍길동 | 000대 교수, 000대 000 연구소 객원연구원 |
| 전우치 | 000대학교 000 교수 |
| 이몽룡 | ~회계사 |
| 성춘향 | ~변리사 |
| 변학도 | ~기술거래사 |

## 1-3. 사업내용 및 특성

□ **사업아이템 기술분야**

○ 본 사업아이템의 기술분야는 "산업용 XX로부터 촬영된 XX영상으로부터 3차원 영상을 재구성하고 이 영상을 화면에 보여서 사용자가 임의로 살펴볼 수 있도록 하는 자동차용 XXXX 안전 장치"에 관한 것임

○ 본 사업의 아이템은 시스템 통합과 관련된 각 XXX는 개별적으로 판매가 가능하지만 이들을 하나로 묶고, 각 부품 회사의 특성에 맞도록 XXX를 커스텀화 시켜서 자동차 제조 현장에서 라인화 되어서 가동되도록 solution을 제공하는 것으로써 현장의 요구사항을 적시에 반영시키는 기술 분야임.

□ **사업아이템의 기술내용**

○ 본 사업아이템에서는 "회전하는 XXX 평판의 1회전 주기 동안 각 XXX를 독립적

으로 특정 회수만큼 점멸시키고 각 XXX를 독립적으로 특정 XX단위로 빛의 강도를 조절함으로써 시각의 XXX효과를 이용하여 XX차원 동영상을 구현하고, 3차원 시뮬레이션 녹화 과정에 의해 언제 어느 XXX를 점등하고 밝기를 조절할 것인지에 대한 정보를 기록함"

- XXX의 점멸과 밝기, 색상을 제어함으로써 간단한 S/W와 H/W치를 이용하여 아무리 복잡한 XX 영상이라도 쉽고 정확하게 재생할 수 있으며, XXX평판의 회전과 상기 점멸 제어부의 점멸 타이밍을 동기화함으로써 모터의 회전속도가 변하더라도 항상 올바른 위치에서 XXX가 점등될 수 있도록 한 3차원 영상 재생기와 재생방법에 관한 기술을 그 내용으로 함

○ 본 사업아이템은 다양한 용도에 맞게 제작가능하며 자동차와 관련된 인테리어, 3D 입체 조명XX(조형물), 3D 입체XXX, 3D 입체조명등, 3D XX장치 등 여러 관련 분야에 적용하여 용도 특성에 맞게 사용할 수 있음

□ **사업아이템의 특징**

○ 본 사업아이템은 주어진 공간 안에서 회전하는 XXX의 색상과 밝기를 조절하여 X차원 동영상으로 합성하는 방법을 이용하여 미리 저장된 X차원 시뮬레이션 데이터를 실제 X차원 공간에 재생할 수 있다는 특징이 있음

- 또한, 플래시 XXX 등을 이용하여 시뮬레이션 데이터를 교체해 주는 방식으로 다양한 영상을 재생할 수 있음

○ 본 사업아이템은 단순 제품판매만이 아닌 다양한 컨텐츠를 개발 판매하여 제품판매 이후의 수익이 가능하며 임대사업 또한 가능함

| | |
|---|---|
| 특 징 | ▸ XX동작 인식 XXX과 XXX측정장치를 이용<br>▸ XXX센서, XXX를 이용한 제스처 인식 XXX<br>▸ 저전력 소형화 설계로 인한 XXX<br>▸ XXX 알고리즘을 응용한 XX 인식 |
| 장 점 | ▸ 사용자 편리성을 우선한 안전 프레임 제작<br>▸ 임베디드 XX와 XXIC를 이용한 휴대성<br>▸ 사용자 별 수화 데이터 학습 프로그램 제공<br>▸ XXX 데이터 변경으로 사용자 성별 및 연령에 맞춘 XX와 다국어 XXX 출력 가능 |

## 2. 기술개발

### 2-1 기술개발수준

**ㅁ 개발과정**

○ 개발제품을 시장에서 바로 적용할 수 있도록 현제 양산중인 XXX 모델을 기준으로 제품설계 완료
- 상기 설계Data를 이용하여 XX 샘플 제작 완료
- XXX 충격시험기를 통한 작동성능 평가 완료
- XXX 대학교 XXX팀에서 Structure XXX 분석중임

○ 개발 진척사항
- 자동차 XX업체 및 XXX 제작업체와 XXX 개발 협의 중
- XXX 개발협의후 상기 XXX 적용이 확정 후 제품 개발예정임
- XXX 시험 완료 후 실차적용 Model 선정 후 XXX사 제안예정(Big-3)

**ㅁ 지적재산권**

○ 국내특허 : 등록 완료(등록번호: 특허 제 10-0XXXXXX)

○ 해외특허 : PCT 출원 완료(출원번호: KR20XX/XXXXX)

### 2-2. 시제품 제작 계획

**ㅁ 시제품 제작계획**

○ 제품 재질은 테스트용이기 때문에 비교적 가공이 용이한 알루미늄으로 했으나 양산용 재질로 변경 가능함

○ XXX를 포함한 XXX 기판은 이전의 시제품 개발 시에 테스트 완료 되었으나, 개발비 부족으로 인한 내구도 저하로 현재는 동작이 되지 않는 상태로, 보다 선명하고 XXX 동기화가 잘 되는 방식으로 개선된 XXX를 제작 예정
- 기판제작, XXX 및 XXX 부품의 설계 및 조립을 완료하여 회전체와 결합하고 개선된 X차원 동영상의 재생을 기능적인 면에서 테스트후, 내구도와 회전체의 디자인이 개선된 시제품을 제작할 예정

○ 현재는 시제품 1기를 제작, X차원 영상의 재생 테스트까지 완료한 상태이고, XXX 조립 및 XXX장치 제작을 수작업으로 완료하였기 때문에 제품의 내구도가 낮아서 상업화를 위해서는 추가의 연구개발 비용이 필요한 상태

**ㅁ 시제품 제작일정**

○ 실전창업리그의 시제품 제작기간(6~8월 예정)에 시제품 제작비 지원을 통해서 보다 시제품을 완성하여 사업화를 진행할 예정

## 3. 시장분석

### 3-1. 목표시장 규모 및 전망

**□ 소비자 분석**

○ 안전에 대한 소비자 Needs가 높아지고 있고 특히 XXX는 본인의 의지와 관계없는 불가피한 부상이므로 이를 최소화 하려는 욕구가 높아질 것으로 예상됨

○ XXXX 자동차연구소 시험결과 XXX를 적용하므로 후방XXX시 XXX부상을 XX% 감소시킬 수 있다는 결과를 공지함으로써 자동차회사에서와 소비자의 선택이 높아질 것으로 예상됨

**□ 경쟁사 분석**

○ 현재 미국의 XXX사 제품은 가격은 저렴하나 부상방지에는 효과적이지 하고, 독일의 XXX사 제품은 부상방지에는 효과적이나 구조가 복잡하고 단가가 높음

**□ SWOT분석**

| SWOT분석 | Opportunities 기회요인 | Threats 위협요인 |
|---|---|---|
| Strength 장점요인 | 최근 각광받는 XXX시장에서 정부의 지원을 최대한 활용하여 제품을 개발하고 기술을 선점하여 XX시장에서 독보적 위치에 확보 | XX의 시각적 광고효과도 중요하지만 제품의 내구성과 수명주기를 분석하여 XX기간을 설정 |
| Weakness 약점요인 | XXX시장이 아직 미개척되었기 때문에 세계적인 XXX싸이트 등에 게재하여 특화된 XX효과를 알리고 시장을 개척 | 제품의 내구성을 충분히 테스트하고 마케팅이 비교적 쉽고 수요처가 확실한곳을 공략 |

### 3-2. 사업화 가능성 및 마케팅 전략

**□ 사업화 가능성**

○ 본 사업아이템은 XXX 장비와 XXX S/W의 융합기술이라는 측면이 있으며 가격 경쟁력으로는 독일의 XXX 사의 XXX에 비해 1/3 가격으로 공급할 수 있다는 장점이 있어 시장 경쟁력 확보 가능

**□ 마케팅 전략**

○ 현재 전량 수입에 의존하고 있으므로 국산화 개발 시 원가절감 효과 및 공급의 원활함을 장점으로 XXX회사에 마케팅 전략 수립(원가절감▶ XX%, 부상자 감소율

▶ XX%, 병원 치료비 절감▶ XXXX억원/년)

○ XXX 메이커의 기존거래처와의 입장을 고려하여 XXX를 공급하는 방안을 검토하여 XXX 안전도평가에서 낮은 점수대를 보인 XXX 회사를 대상으로 XXX가 적용할 수 있도록 제안하여 보험개발원 XX시험 결과를 홍보자료로 활용하여 XXX 제품을 개발하여 판매할 예정

3-3. 제품경쟁력

□ **가격 및 품질 경쟁력**

○ Compact형으로 구조를 단순화 시키고 Structure XXXXX를 통한 최적설계로 경쟁사대비 XX%의 원가구조로 개발하여 가격 우위 확보

○ 경쟁사 대비 다단계 지지구조로 개발하여 XXX 사고시 신체 XX을 최소화시켜 XXX방지에 효과적임

- 리셋 기능 XXX를 손쉽게 할 수 있도록 하여 사용자의 편리성 제공
- 독립 형 XXX XXX 교체만으로 성능을 발휘하므로 시장에서도 적용이 가능한 구조(세계최초의 기술임)

3-4. 성장가능성

□ **개발 제품군의 수명주기 및 지속성장전략**

○ 개발 제품군은 XXXX이기 때문에 일정기간이 지나면 부품을 교체해야 하므로 제품수명이 끝나기 전의 AS와 그 후 재구매를 통한 매출 도모 가능

○ 새로운 제품개발로 더 발전된 풀컬러 XXX 혹은 자연스러운 XXX 조절 등으로 신규 수요 창출 가능하고, 소비자 스스로가 구현 동영상의 다양화와 컨텐츠를 공유하도록 할 수 있음

○ 소프트웨어를 변화시켜 XXX 메모리로 입력하여 확인하도록 하고 공간지각을 향상시키는 제품으로의 발전 가능하므로 XXXX 디스플레이를 접목 활용하는 제품군은 점차 다양화시킬 수 있음

□ **위험요소 분석 및 사업화 차질 시 대응전략**

○ 본 사업아이템 제품을 개발하려면 충분한 내구성 등의 테스트를 거쳐야 하므로 적지 않은 개발비용에 대한 사업화 차질이 예상됨

- XXX 구현 테스트를 통하여 일차적으로 확인하였지만 XXX 조립으로 인해 내구성이 부족함

○ XXX 등을 최대한 활용하여 시제품을 제작하고 시제품을 이용한 시장성 평가를 통하여 XXX 이용 자금 확보 및 내구성 테스트를 위해 XX검증기관에서의 제품테스트를 받아 내구성을 검증을 통해 대응 예정

## 4. 재무계획

### 4-1. 자본 및 재무계획

□ **자금조달 계획**

○ 아이디어 상업화 예비기술 창업화 사업 등 국가 지원사업 참여를 통한 최대한의 국가지원 활용, 창업후 벤처자금 융자

□ **수익전망**

○ 매출액 목표치

(단위: 억원)

| 구분 | 2022년 | 2023년 | 2024년 | 2026년 | 2028년 |
|---|---|---|---|---|---|
| 매출액(목표치) | 5 | 10 | 15 | 30 | 60 |

○ 매출액 목표치에 따른 차입금 상환계획

(단위: 만원)

| 구분 | 2022년 | 2023년 | 2024년 | 2026년 | 2028년 |
|---|---|---|---|---|---|
| 당기순이익 | 5,000 | 10,000 | 15,000 | 30,000 | 60,000 |
| 상환액 | 1,650 | 3,300 | 4,950 | 9,900 | 19,800 |
| 상환잔액 | 28,350 | 25,050 | 20,100 | 10,200 | -9,600 |
| 손익분기 | -31,500 | -21,500 | -6,500 | +23,500 | +83,500 |

※ 손익분기는 단순 계산으로 당기순이익을 자기자본금+융자액 대비 유동자산+시설투자금을 합산하여 계산한 것임.(추정치)

## 4-2. 소요자금 및 조달계획

(단위 : 천원)

| 소요자금 | | | 조달계획 | | |
|---|---|---|---|---|---|
| 용 도 | 내 용 | 금 액 | 조달방법 | 기 조달액 | 추가 조달액 |
| 운전자금 | 판매관리비 | 10,000 | 자기자금 | 45,000 | |
| | 제품원가 | 750,000 | 금융차입 | | 280,000 |
| | | | 기 타 | | |
| | 소 계 | 760,000 | 소 계 | 45,000 | 280,000 |
| 시설자금 | 사무실 회사 보증금 | 30,000 | 자기자금 | 20,000 | |
| | 기자재 구입비 | 10,000 | 금융차입 | | 20,000 |
| | | | 기 타 | | |
| | 소 계 | 50,000 | 소 계 | 20,000 | 20,000 |
| 합 계 | | 333,000 | 합 계 | 50,000 | 300,000 |
| 소요자금 산출근거 | 1. 제품원가 : 재료비 + 노무비 + 경비 = 50%<br>2. 판매관리비 : 15%<br>3. 기자재구입비: 사무실 PC 외매출액 5억의 경우 | | | | |
| 조달계획 산출근거 | 1. 자기자금: 창업자 개인 자금<br>2. 금융차입금: 벤처 융자. | | | | |

※ 운전자금은 창업 후 생산제품의 판매대금으로 정상 영업자금 회전이 될 때까지의 기간 동안 소요되는 전체 예상자금을 자금용도별로 구분 기재

## 5. 사업화 세부 추진 일정

| 세부사업화 내용 | M1 | M2 | M3 | M4 | M5 | M6 | M7 | M8 | M9 | M10 | M11 | M12 | 비고 |
|---|---|---|---|---|---|---|---|---|---|---|---|---|---|
| 개발을 위한 인력 확보 | ● | ● | | | | | | | | | | | |
| 시제품 개발 | | | | ● | ● | ● | | | | | | | |
| 제품 개선 및 보완 | | | | | | | ● | ● | ● | ● | | | |
| 마케팅 및 시장평가 | | | | | | | | | ● | ● | ● | | |
| 인허가 및 회사등록(창업) | | | | | | | | | | | | ● | |

### (4) 창업사업계획서의 첨부서류

#### 가. 창업자 관련서류

① 대표자 경력증명서(창업자의 근무분야, 최종직책, 근무년수 기재)

② 최종학교 졸업증명서

③ 연간 재산세과세증명(창업자 및 그 배우자와 법인명의의 최근 1년간 토지, 건물분 재산세 납부실적 영수증 또는 증명서, 최근 3개월 예금 평균잔액증명서)

#### 나. 기업체 관련서류

① 사업장 확보서류(공장건물등기부등본, 매매계약서, 사업장임차계약서)

② 기술성 관련서류(특허, 실용신안등록증 또는 출원확인서, 국공립연구기관 개발기술 또는 품목추천서)

③ 기술인력 보유자료(공대, 공고졸업 임직원의 졸업증명서, 창업제품 생산관련 기능사, 기사 등 자격증사본)

④ 판매 관련 서류(창업제품 판매 세금계산서, 부가세공급가액증명원, 공인기관의 제품성능시험자료, 시제품사진 또는 시험성적서, 제품개발의뢰서, 설계도면)

⑤ 기타 참고자료(전문기관검토 사업타당성 보고서, 투자기관 투자관계서류, 제품시장조사자료, 수출관계서류, 계약서, offer sheet)

## 2. 창업기업(회사)의 설립

### (1) 개인기업(회사)의 설립

신규로 사업을 개시하는 자(개인 사업자)는 당해 업종을 관장하는 주무 부처에 필요한 인·허가를 받은 다음, 사업개시일로부터 20일 이내에 관할 세무서에 사업자등록을 신청하여 사업자등록증을 교부받음으로써 설립된다.

- 인·허가의 취득 : 법령에 의하여 인·허가 등록 및 신고를 득해야 사업을 개시할 수 있는 업종은 미리 당해 업종을 주관하는 주무관청 또는 지방자치단체에서 인·허가를 취득하여야 한다.
- 사업자 등록 : 신규로 사업을 개시하는 자는 사업장마다 사업개시일로부터 20일 이

내에 사업장 소재지 관할세무서 민원봉사실에 신고하여 사업자등록을 하면 된다.

• 사업자등록 신청 시 구비서류
- 사업자등록 신청서 1부
- 사업 인·허가증 사본 1부(법령 규정 업종의 경우)
- 주 사업장 매매계약서 또는 임대차 계약서 사본 1부
- 주민등록등본 1부

**개인기업의 설립 설차**

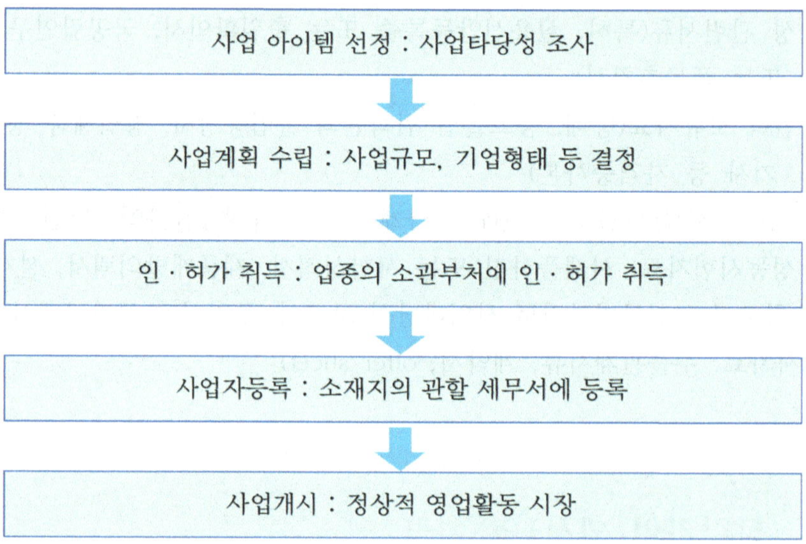


http://www.homeminwon.go.kr

신규로 사업을 개시하고자 하는 자가 사업 인·허가를 득하기 이전에 사업자등록을 하는 경우에는 사업 인·허가증 사본 대신 사업허가신청서 사본이나 사업계획서를 제출하면 된다.

관할 지방 세무서에는 사업자등록 신청일로부터 7일(또는 14일) 이내에 사업자등록번호가 기재된 사업자등록증을 교부한다. 요즈음에는 민원 처리 속도가 빨라져 신청 즉시 사업자등록증이 교부되기도 한다.

▎개인기업(회사)의 세무회계처리 기한▎

| 신고일자 | 신고 내용 | 비 고 |
|---|---|---|
| 매월 10일 | 갑종근로소득세 및 원천징수액 신고 납부기한 | 전월분 |
| 매월 말일 | 특별소비세 신고 납부기한 | 전월분 |
| 매년 1월 10일 | 연말 정산 신고 납부기한 | 전년도분 |
| 매년 5월 31일 | 종합소득세 신고 기한 | 전년도분 |
| 4월, 10월 25일 | 부가가치세 분기 예정신고 납부기한 | 분기분 |
| 1월, 7월 25일 | 부가가치세 반기 확정신고 납부기한 | 반기분 |

- 기타 신고사항 : 사업자등록이 끝나면 법적으로 사업을 시작할 수 있는 절차가 완료되나 기타 행정절차를 요하는 경우에는 신고를 하여야 한다. 근로자 명부와 임금대장의 작성, 취업규칙 작성, 국민연금, 의료보험, 산업재해보험, 고용보험 등의 신고절차를 밟아야 한다.

### (2) 법인기업(주식회사)의 설립

법인기업의 대부분은 주식회사이므로 합명회사, 합자회사, 유한회사의 설립절차는 생략하고 이하 주식회사의 설립절차에 대하여 살펴본다.

#### 가. 법인기업(주식회사) 설립이란?

주식회사란 자기가 인수한 주식의 금액을 한도로 회사에 대하여 출자의무를 질 뿐, 회사 채권자에 대하여는 전혀 책임을 지지 않는 사원(간접 유한 책임사원), 즉 주주로만 구성되는 회사를 말한다. 주식회사는 3인 이상의 발기인이 발기인 조합을 구성하여 상법이 정하는 바에 따라 정관 작성, 주식 인수 및 주금 납입 등 일정한 절차를 거쳐 법원에 설립등기를 함으로써 설립된다. 주식회사는 전형적인 자본단체로서 회사의 소유와 경영이 분리되어 있으며, 계속적인 사업을 추진하기 위하여 흔히 이용된다.

따라서 기업을 설립하고자 하는 경우에는 약간은 복잡한 절차가 수행되지만 주시회사를 설립하는 것이 여러모로 유리하다. 주식회사는 주식과 사채를 발행하여 불특정다수인으로부터 많은 자본을 조달할 수 있어 회사설립 후 지속적인 성장을 위해서는 주식회사 형태로 설립하는 것이 유리하다.

한편 정부는 주식회사 형태의 벤처기업 창업 또는 전환을 촉진하기 위하여 '벤처기업 육성에 관한 특별조치법'을 개정하여 주식회사인 벤처기업의 설립 자본금을 5천만 원 이상에서 2천만 원 이상으로 완화하였다.

### 나. 법인기업(주식회사) 설립절차

법인기업(주식회사)의 설립절차는 발기설립 방법과 모집설립 방법이 있는데, 양 설립방법은 회사가 발행하는 주식을 누가, 어떻게 인수할 것인가의 측면에서 차이가 있다. 따라서 주식발행 사항의 결정단계까지와 창립총회 개최 단계 이후의 설립절차들은 양 설립방법이 서로 동일하다.

**법인(주식회사)의 설립 절차**

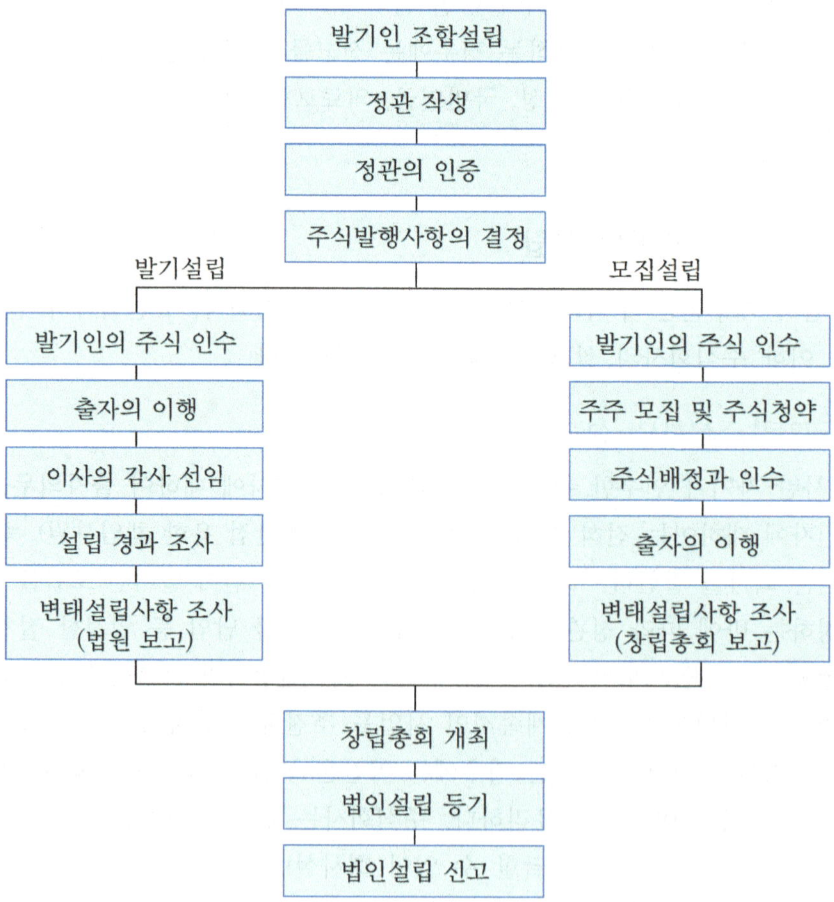

설립방법은 정관 기재사항이 아니므로 발기인들의 합의에 의하여 임의로 결정한다. 발기설립이란 발기인이 발행주식 총수를 인수하는 방법으로 설립절차가 간단하다. 한편 모집설립은 발기인이 주식의 일부를 인수하고 나머지 주식은 주주를 모집하여 인수하게 하는 방법으로 설립되는 것으로서 연고모집과 공개모집이 있다. 이는 전술한 회사채나 유상증자의 경우 공모 및 사모와 같은 의미로서 이에 대한 설명은 여기에서는 생략하기로 한다.

모집설립을 하는 경우에 있어 불특정 다수인 50인 이상을 대상으로 공개 모집하는 경우 금융감독위원회에 사전 등록, 신고 등의 절차를 거쳐야 하므로 일반적으로 발기설립과 연고모집으로 설립하는 경우가 많다.

실무적으로는 모집설립에 의한 방식으로 주식회사를 설립하는 경우가 많은데, 그 이유는 회사의 주주가 일반적으로 다수로 구성되는 경우가 많기 때문이다. 만일 법무사를 통하여 주식회사를 설립한다면 특별한 사전 요청을 하지 않는 경우에는 모집설립 방식을 택하여 서류작성 등 관련 절차를 진행할 것이다. 본 서에서는 양 설립방식을 모두 설명하고자 한다.

① 발기설립

㉠ 발기인 조합 설립

발기인 조합은 발기인 3인 이상으로 구성되어야 하며, 이들은 주식회사설립을 위한 업무를 추진한다는 합의를 하고 발기인 조합 계약을 체결하여 발기인 조합을 설립하여야 한다.

물론 발기인 조합 계약이라는 계약서를 별도로 작성하지는 않으나 발기인 조합은 민법상의 조합으로서 민법 규정을 적용받으며 정관작성, 기명날인, 주식인수 등 설립을 추진하는 주체이다. 이러한 발기인 조합은 회사가 성립하면 자동 소멸된다.

㉡ 정관작성

회사설립의 최초 단계는 정관작성인데, 정관이란 실질적으로 회사의 조직과 활동에 관한 기본규칙을 기재한 서면을 말한다. 발기인은 회사의 근본 규칙을 확정하고 이를 서면에 기재한 후 전원이 정관에 기명날인 또는 서명을 하여야 한다. 정관의 기재사항의 종류와 의미에 대해서는 전술한 관계로 생략하기로 한다.

㉢ 정관의 인증

회사의 설립 시에 작성하는 정간을 원시정관이라 하는데, 원시정관은 정관인증

취급 공증인의 인증을 받아야 그 효력이 생긴다. 정관인증 취급 공증인은 회사의 본점 소재지를 관할하는 지방검찰청 소속 공증인이 취급한다.

정관의 인증은 촉탁인(발기인 조합)이 공증인 앞에서 정관의 기명날인 또는 서명을 자인한 후 그 사실을 기재함으로써 완료된다. 발기인은 정관인증 신청 시 정관 2통을 공증인에게 제출하여야 한다. 공증인은 정관인증 후 1통은 발기인에게 교부하고 나머지 1통은 공증인이 보존한다.

- 정관인증 신청 시 준비서류
  - 정관 2부
  - 각 발기인의 인감증명서 및 주민등록증
  - 대리인의 경우 위임장 및 대리인의 인감증명서

    공증인의 인증을 받은 정관이 창립총회에서 변경되더라도 정관의 경우에는 창립총회에 기재된 것이 증거가 되므로 다시 공증을 받을 필요는 없다. 정관은 관공서, 금융기관 또는 거래회사 등에서 제출을 요구하는 경우가 있으므로 공증인에게 정관인증 시 1-2통을 추가로 인증받으면 유리하며, 발기인은 인증된 정관의 보관, 관리에 신중을 기하여야 한다.
- 정관인증의 수수료

  발행주식의 액면 총액 5천만 원까지는 6만 원이고, 5천만 원을 초과할 경우 그 초과액의 1/2,000을 더하되 60만 원을 초과하지 못함

㉣ 주식발행 사항의 결정

회사의 설립 시에 발행하는 주식의 총수는 정관작성시 정해지지만 주식발행에 관한 나머지 사항은 정관에서 특별히 정한 사항이 없으면 발기인 전원의 동의로 이를 정한다.

- 발기인의 전원 동의를 요하는 사항
  - 우선주, 보통주, 무의결권주와 같은 주식의 종류와 수
  - 액면가 이상의 주식을 발행하는 때에는 그 수와 금액

㉤ 발기인의 주식인수

회사의 설립 시 발행주식 수량과 발행가액이 결정되면 이를 인수할 사람을 결정하여 주식을 배정하게 된다. 발기설립의 경우 발기인이 발행주식 총수를 서면에 의해 인수하여야 하는데, 각 발기인은 반드시 1주 이상의 금액을 인수하여야 한다. 인수시기는 제한이 없으나 주금의 납입 이전까지는 인수하여야 한다. 이때 주의할 점은 발기인의 주식인수에 있어서 반드시 서면에 의해 하여야 한다는 것

이다. 즉, 구두에 의한 인수는 무효이다.

ⓑ 출자의 이행

회사설립 시에 발행하는 주식의 총수를 발기인이 전부 인수한 때에는 발기인은 인수한 주식의 수에 따라 인수가액을 납입할 의무를 진다. 각 발기인은 발행하는 주식을 서면에 의하여 전부 인수하고 지체 없이 발기인 조합에서 지정한 납입은행 또는 기타 금융기관의 납입장소에 그 인수금액 전액을 납입하여야 한다. 만일 발기인의 합의에 의하여 액면 이상으로 주식을 발행하는 경우에는 주금뿐만 아니라 액면 초과액도 납입하여야 한다. 현물출자를 하는 발기인은 납입기일에 출자의 목적인 재산을 인도하고 등기, 등록 기타 권리의 설정 또는 이전을 요할 경우 관련 서류를 완비하여 제출하여야 한다.

현물출자 시 무가치한 재산의 출자, 또는 출자 재산이 과다하게 평가될 경우 회사설립 후 자본 충실의 원칙을 해칠 우려가 있기 때문에 현행 상법에서는 현물출자를 정관의 상대적 기재사항(변태 설립)으로 하고 검사인의 검사를 받도록 하고 있다. 이처럼 변태 설립사항이 있는 경우에는 원칙적으로 법원이 선임한 검사인의 조사를 받아야 하나, 현물출자에 대해서는 감정인의 감정으로 검사인의 조사를 대체할 수 있다.

ⓢ 이사와 감사 선임

현물출자의 이행과 주금의 납입이 끝나면 발기인들은 지체 없이 발기인 총회를 개최하여 의결권의 과반수의 결의로 이사와 감사를 선임하여야 하는데 이사는 3인 이상, 감사는 1인 이상을 선임한다. 단 자본금 5억 미만의 회사는 1~2인의 이사라도 무방하다. 발기인 총회가 완료되면 의사록을 작성하고 발기인들이 기명날인하거나 서명하여야 한다.

ⓞ 설립 경과 조사

이사와 감사는 취임 후 지체 없이 회사의 설립에 관한 모든 사항이 법령 또는 정관의 규정에 위반되지 아니하는지 여부를 조사하여 발기인에게 보고하여야 한다. 단, 이사와 감사 중 발기인이었던 자, 현물출자자 또는 회사설립 후 양수할 재산의 계약당사자인 자는 동 조사에 참여하지 못한다. 만일 이사와 감사가 이에 해당하는 경우 이사는 공증인으로 하여금 조사하여 보고하게 하여야 한다.

또한 이사는 정관에 현물출자 등 변태 설립사항이 규정되어 있는 경우에는 이에 관하여 조사하도록 하기 위하여 관할 소재지의 지방법원에 검사인의 선임을 청구하여야 한다.

검사인의 선임 신청은 이사 전원의 연서로 한다. 만일 설립 중인 회사의 정관에 현물출자, 재산인수 등 변태 설립사항이 기재되어 있지 않으면 법원에서 선임한 검사인의 조사를 받을 필요가 없으므로 신속히 회사설립절차를 진행할 수 있다.

ⓙ 변태 설립사항 조사

검사인은 정관에 현물출자 등 변태 설립사항과 현물출자의 이행에 관한 사항을 조사하여 조사보고서를 법원에 보고하고 지체 없이 조사보고서 등본을 각 발기인에게 교부하여야 한다. 각 발기인은 검사인의 조사보고서에 사실과 상위한 사항이 있는 때에는 이에 대한 설명서를 법원에 제출할 수 있다.

법원은 검사인의 조사보고서와 발기인의 설명서를 조사하여 변태 설립에 관한 사항이 부당하다고 인정하는 때에는 이를 변경하여 각 발기인에게 통보할 수 있다. 이 경우에는 정관을 변경하여 정관 취급 공증인의 변경된 정관의 인증이 없어도 설립에 관한 절차를 속행할 수 있다. 만일 법원의 통고가 있은 후 2주 이내에 주식의 인수를 취소한 발기인이 없는 때에는 정관은 통고에 따라 변경된 것으로 본다.

ⓚ 창립총회 개최

주금의 납입과 현물출자의 이행이 완료되면 발기인은 지체 없이 창립총회를 개최하여야 한다. 창립총회는 주식 인수인들로 구성되는 설립중인 회사의 의결기관이며, 총회의 의결은 출석한 주식 인수인의 의결권의 2/3이상이며 인수된 주식 총수의 과반수에 해당하는 다수로 한다. 발기설립의 경우 창립총회에서 대표이사를 선임하는 경우를 제외하고 창립(발기인)총회에서 선임한 이사로서 구성되는 이사회에서 대표이사를 선임한다.

창립총회에서는 다음의 사항을 보고, 수령하고 이사, 감사인의 선임 등을 결의한다.

- 발기인으로부터의 보고 수령과 이사, 감사의 선임
  - 발기인은 회사 창립에 관한 사항인 주식인수와 납입에 관한 제반 상황과 변태 설립사항에 관한 실태를 서면으로 기재하여 보고해야 한다.
  - 이사와 감사 등 주식회사의 임원을 선임한다.
- 이사, 감사, 검사인의 조사 및 보고 수령
  - 검사인의 변태 설립사항에 관한 조사 및 보고서를 제출하여야 한다. 단, 창립총회에서 변태 설립사항이 부당하다고 인정한 때에는 이를 변경할 수 있고 이에 불복하는 발기인은 주식인수를 취소할 수 있다. 정관의 변경 시 공증이 없이도 설립절차를 속행할 수 있다.
  - 이사와 감사는 취임 후 지체 없이 회사의 설립에 관한 모든 사항이 법령 또

는 정관에 위반되지 아니하는지 여부를 조사하여 창립총회에 보고하여야 한다. 이때 발기인 및 재산 인 수의 당사자인 이사와 감사는 이 과정에 참여하지 못하며, 이사와 감사전원이 제적 사유에 해당하는 경우에는 이사는 공증인으로 하여금 조사 보고를 하도록 하여야 한다.

- 정관의 변경 또는 설립 폐지의 결의
  - 소집 통지서에 이러한 뜻의 기재가 없는 경우에도 결의가 가능하다.

㉪ 법인 설립등기

상기 절차 완료 후 각각 2주 내에 이사 전원(또는 대리인)이 본점 소재지를 관할하는 등기소에 설립등기를 신청하여야 한다. 만일 이 기간 내에 등기신청을 하지 않는 경우, 500만 원 이하의 과태료가 부과된다.

발기설립의 등기시기는 검사인 등의 설립경과 조사 종료일 또는 법원의 변경처분에 관한 변경절차가 종료된 날로부터 2주 이내에 이사가 공동 신청하여야 하며, 모집설립의 등기시기는 창립총회를 종료한 날 또는 변태설립에 관한 사항의 변경절차가 종료된 날로부터 2주 이내에 신청하여야 한다.

㉫ 법인 설립신고

회사 설립등기가 완료되면 회사는 법적으로 완전한 법인격을 취득하게 되며, 등기부 등본을 주금 납입은행에 제출하여 납입금을 수령함으로써 이를 자본화한다. 설립등기가 완료되면 회사는 사업장 소재지의 관할세무서에 법인 설립신고 또는 사업자 등록신청을 하여야 한다.

사업자 등록신청은 법인 설립등기를 한 날로부터 20일 이내에 관할 세무서에 사업자의 인적 사항, 사업자등록 신청사유, 사업개시 연원일 또는 사업장 설치 착수 연월일 및 기타 참고사항을 기재한 사업자등록 신청서를 제출하여야 한다. 다만, 영위하고자 하는 사업이 법령에 의하여 인·허가 사업의 경우 사업자 등록신청 전에 사업허가증을 발급받아야 한다.

법인 설립신고는 법인 설립등기 후 1월 이내에 본점 소재지의 관할세무서(민원봉사실)에 법인 설립신고를 하여야 한다. 우리나라는 법인의 법인 설립신고와 사업자 등록신청을 각각 하는 경우 유사한 사안에 대하여 중복 신고의 절차로 인한 폐단을 방지하고 민원의 절차 간소화를 위하여 법인 설립 및 사업자등록 신청서를 동시에 하도록 하고 있다.

법인 설립신고 및 사업자등록 신청일로부터 7일 이내에 사업자 등록 번호가 기재된 사업등록증을 교부 받는다. 다만, 세무서에서 보정을 요구하는 경우 신청자가 보정서류를 제출한 날로부터 7일 이내에 사업자 등록증을 교부받는다.

② 모집설립

전술하였듯이 주식발행 사항의 결정 단계까지와 창립총회 개최 이후의 설립절차는 발기설립 방법과 모집설립 방법이 서로 동일하므로 차이가 나는 설립단계를 위주로 설명하기로 한다.

㉠ 발기인의 주식인수

회사설립 시 발행주식 수량과 발행가액이 결정되면 각 발기인은 주식을 서면(주식 인수증을 발기인 대표에게 제출)에 의해 인수하여야 하는데, 반드시 1주 이상 인수하여야 한다. 발기인이 구두에 의한 인수를 하는 경우에는 무효가 되며, 그 즉시 발기인 자격을 상실한다.

**| 상시 근로자 수 기준에 의한 의무신고 |**

| 구분 | 상시 근로자수 | | | |
|---|---|---|---|---|
| | 5인 미만 | 5인~10인 미만 | 10인 이상 | |
| 근로자명부, 임금대장 작성, 비치 | - | ○ | ○ | 근로기준법 제32조, 40조 |
| 고용보험 | ○ | ○ | ○ | 고용보험법 제7조 |
| 국민연금 | - | ○ | ○ | 국민연금법 시행령 제19조 |
| 국민건강보험 | - | ○ | ○ | 국민 건강보험법 시행령 제19조 |
| 산업재해 보상보험 | ○ | ○ | ○ | 산업재해보상보험법 제12조 |
| 취업규칙 작성, 신고 | - | - | ○ | 근로기준법 제96조 |

㉡ 주주의 모집 및 주식의 청약

발기인이 일부 주식을 인수하고 나머지는 주주의 모집을 하는데, 현행 상법은 주식청약서 방식을 채택하고 있으므로 발기인은 정관의 절대적 기재사항과 변태설립사항, 회사 조직의 대강과 청약조건 등 회사 설립 개요를 응모 주주가 알 수 있도록 기재한 주식청약서를 작성하여야 한다.

한편 실무에서는 '명의개서'라는 말을 자주 사용하므로 이에 대한 개념을 확실하게 해 둘 필요가 있다. 명의개서란 기명주식의 양도, 상속 등으로 실체상의 권리자가 변경되었을 경우 주권 또는 주주명부 상 명의인의 표시를 변경하는 것을 말하는데, 회사 및 기타 제 3자에 대한 권리 이전의 대항 요건으로서 중요하다.

응모주주(발기인이 아닌 주식 인수인), 즉 주식청약인은 이 주식청약서 양식에 의해서만 주식을 청약할 수 있으며, 주식청약서 2통에 인수할 주식의 종류 및 수와 주소 등 법정 기재사항을 기재하고 기명날인 또는 서명하여 제출하여야 한다.

㉢ 주식의 배정과 인수

발기인 조합은 응모한 주식청약인에 대하여 사전에 정한 방법에 따라 총 발행주식 수 중 인수하여야 할 주식을 배정하면 이것에 의하여 주식인수가 확정된다. 주식인수인 또는 주식청약인에 대한 통지나 최고는 주식인수증 또는 주식청약서에 기재한 주소 또는 주식청약서에 기재한 주소 또는 주식청약인이 요구하는 주소로 하면 된다. 주식배정을 통보 받은 주식청약인은 배정된 주식의 수가 청약한 주식 수보다 적어도 이의를 제기할 수 없으며, 배정주식의 수에 대한 인수가액을 납입할 의무를 진다.

㉣ 주식대금의 납입

회사설립 시 발행하는 주식 전부가 인수된 때에는 발기인과 주식인수인은 주식 인수가액(주금)을 납입할 의무를 지며 주식청약서에 기재된 은행 또는 기타 금융 기관에서만 납입하여야 한다. 만일 납입금의 보관 및 납입장소를 변경하고자 할 때에는 법원의 허가를 받아야 한다. 현물출자를 하는 발기인은 발기설립 시와 동일하게 납입기일에 출자의 목적인 재산을 인도하고 등기, 등록 기타 권리의 설정 또는 이전을 요할 경우 서류를 완비하여 제출한다.

㉤ 변태 설립사항의 조사

현물출자의 이행과 주금의 납입이 끝나면 발기인은 정관에 현물출자 등 변태 설립사항이 규정되어 있는 경우에는 이에 관한 조사를 하도록 하기 위하여 관할 수재지의 지방법원에 검사인의 선임을 청구하여야 한다. 검사인의 선임 신청은 이사 전원의 연서로서 하며 법무사에 의뢰하여 신청서를 작성한다. 만일 설립 중인 회사의 정관에 현물출자, 재산인수 등 변태 설립사항이 기재되어 있지 않으면 법원에서 선임한 검사인의 조사를 받을 필요가 없으므로 신속히 회사설립절차를 진행할 수 있다. 법원에서 선임한 검사인은 정관에 현물출자 등 변태 설립사항과 현물출자의 이행에 관한 사항을 조사하여 법원에 보고하고 지체 없이 조사보고서를 창립총회에 제출하여야 한다.

PART 03

# 창업기업(회사) 관리론

Chapter 10 상품생산관리

Chapter 11 인사·조직관리

Chapter 12 마케팅관리

"그런즉 너희가 어떻게 행할지를 자세히 주의하여
지혜 없는 자 같이 하지 말고 오직 지혜 있는 자 같이 하여
세월을 아끼라 때가 악하니라." (엡5:15-16)

"Be vert careful. than, how you live-not as unwise
but as wise, making the most of every opportunity,
because the days are evil." (Ephesians5:15-16)

Chapter 10

# 상품생산관리

## 1. 상품생산관리의 정의

상품생산관리란 모든 경영활동의 가장 기본적이고 중요한 것 중의 하나로서, 간단하게 재화나 서비스의 산출과정이라고 할 수 있다. 즉, 생산자원이나 생산요소를 유·무형의 생산재로 전환시킴으로써 가치를 증진시키고 효용을 생성시키는 경제적 기능이라 할 수 있다. 또한 공장의 제조활동, 광업, 어업, 병원 및 호텔 등의 서비스 등을 모두 포함하고 있어서 생산을 넓은 의미로 이요할 수 있다.

상품생산관리는 상품생산목표를 달성할 수 있도록 생산활동이나 생산과정을 관리하는 하나의 시스템적 의사결정과정이라 할 수 있다. 생산관리가 추구하는 목표는 생산성 향상과 제 생산력을 조정하여 생산력을 극대화시키는 것이다.

상품생산관리의 합리화를 위해서는 표준화, 단순화 및 전문화의 원칙이 있다. 즉, 3s원칙이라고 불리는 이 원칙들은 생산관리의 일차적 목표인 생산성 향상의 일반원칙으로서 널리 알려지고 있다. 상품생산시스템은 최소의 비용으로 최대성과를 얻을 수 있는 효율적인 관리가 요구되는데, 이러한 생산관리시스템을 합리적으로 관리하는데 적용되는 3s원칙은 다음과 같다.

### (1) 표준화

표준화(standardization)는 표준을 설정하여 이를 활용하는 조직적 행위로서, 기업은 생산의 표준화를 통해서 대량생산을 달성할 수 있고 또한 규모의 경제를 실현할 수 있으므로 경제적인 생산이 가능하다. 이것은 과학적인 연구의 결과 타당하다고 인정된 표준을 설정하여 이를 유지해야 한다는 것이다.

표준화를 실현함으로써 얻을 수 있는 이득으로는 대량생산, 품질향상 및 부품의 호환성 증가, 종업원 교육훈련의 용이, 작업능률의 향상, 원가절감 등이 있다.

### (2) 단순화

단순화(simplification)는 제품이나 서비스의 품목, 형태, 크기 등의 종류를 줄임으로써 작업과정을 간단하게 하는 원칙을 말한다. 단순화함으로써 불합리하고 비효율적인 낭비를 줄이고 인력이나 자재를 절감할 수 있다.

생산수단 및 방법이 단순화되면 노동력, 설비, 재료, 공구, 임금 등의 생산원가를 절감할 수 있고 또한 생산작업이 단순하게 되므로 제조기술의 향상 및 제품품질의 향상을 꾀할 수 있다. 또한 창고 및 재고자살관리의 용이 등의 효과를 가져 온다. 반면에 단순화를 추구하다보면 소비자의 요구를 충족시켜 줄 수 있는 제품계열의 확장 같은 다양화의 욕구를 충족시킬 수 없다는 문제가 생길 수 있다.

### (3) 전문화

전문화(specialization)는 작업을 비롯하여 종업원, 공장, 기계공구 등의 특정부문을 전문화하는 것으로서 전문화는 단순화되고 표준화된 제품 및 방법을 기초로 해서 실시되어야 합리적이다. 전문화의 효과는 종업원의 작업숙련도가 높아져 생산성이 향상되고 전문분야별로 분담이 명확해져 통제가 용이하며, 비용을 절감시켜 경영의 합리화를 기하는 것이다.

생산관리의 3s원칙이 생산활동을 효율적으로 관리하고 생산성을 향상시키기 위해서는 각각 독립적으로 작용되는 것이 아니라 상호유기적으로 적용될 때 생산성 향상이 실현가능하게 된다.

## 2. 상품재고관리

상품재고관리는 기업이 원재료나 부품, 재공품 그리고 완제품 등의 수량과 품질을 가장 적정한 수준에서 유지하면서, 보관비용이나 이자 등의 재고비용을 최저로 하여 기업이 필요로 할 때 효과적으로 사용할 수 있도록 계획하고 통제하는 것이다.

상품재고 및 자재 담당자들은 흔히 이중적 문제점들에 당면하는데, 하나는 수요를 충당하고 생산성을 높이기 위하여 충분한 재고수준을 유지하여야 하는 반면에, 다른 문제는 가능한 한 최소의 재고비용을 유지해야 하는 것이다. 재고에는 다음과 같은 형태들이 있다.

① 원자재 및 구매 부품 : 기업의 생산에 사용하기 위하여 외부로부터 구매된 품목들이다.

② 재공품 : 작업활동 사이에 또는 공정의 여러 단계에서 생산현장에 놓여있는 모든 자재들, 반제품 또는 반조립 부품들을 말한다.

③ 완제품 : 유통되기 위하여 또는 고객들의 구매를 기다리는 최종제품들을 말한다.

④ 필요물자 : 생산이나 행정기능들을 지원하는 데 사용되지만, 완제품의 부분품은 될 수 없는 품목들, 예를 들면 연장, 천공기, 사무실집기 등이다.

### (1) 상품재고관리비용

상품재고자산에의 투자는 주문, 구매, 보관, 유지, 파손, 멸실 등의 비용을 수반하기 때문에 적정재고를 유지함으로써 비용의 극소화를 추구할 수 있다. 재고관리비용은 주문비용, 보관비용, 부족비용, 구매비용 등이 있다.

① 주문비용은 재고품의 구매상담을 하거나 주문, 운송, 검사 등과 관련된 모든 비용을 말하는데 일종의 고정적인 성격을 가지므로 가능한 한 한 번에 많은 양을 주문함으로써 단위당 비용을 감소시킬 수 있다.

② 보관비용은 투입된 자본의 이자, 재고품의 취급 및 창고보관비, 보험료, 세금 또는 손상비용 및 기타 자료처리비용 등을 말한다.

③ 부족비용은 자재나 제품이 부족하여 생산 또는 판매기회를 놓치거나 고객을 잃는 것과 같은 기회손실, 생산중단이나 불충분한 공급으로 인한 기업의 명성이 떨어지는 손실 등을 말한다.

④ 구매비용은 주문품의 실제 구매가격을 말하는 것으로 노무비, 재료비, 경비 등이 포함된다.

### (2) 상품재고유지방법

상품재고를 유지보유하는 방법을 다섯 가지로 설명하면 다음과 같다.

① 불활식한 변화에 대처하기 위한 안전재고 : 이는 판매의 불확실성 내지는 생산의

불확실성이라든가 자재조달의 불확실성에 대처하여 보유하는 재고이다. 이를 흔히 예비재고 또는 안전재고라고 부른다.

② 장래에 대비하는 예비재고 : 계절적으로 수요가 절정에 이르렀을 때를 예상해서 제품이나 자재를 비축하든가, 계획적으로 공장의 가동을 중지할 때에 대비하여 자재나 제품을 사전에 마련함으로써 생기는 재고를 말한다.

③ 롯트 사이즈 재고 : 자재를 구입한다든가, 제품을 생산하는 경우 이들 구입량 내지는 생산량이 매일매일의 제품판매량과 일치하는 경우는 거의 드물며, 실제로는 일시에 일정량(롯트)을 구입(생산)할 때 생기는 재고(lot size stock)를 말한다.

④ 수송기간 중 생기는 재고 : 대부분의 수인자재는 상당한 조달기간을 요하는데, 대금을 지불한 물품으로 수송 중에 있는 재고를 말한다.

⑤ 공정의 독립을 위한 공정품재고 : 연속된 제조공정에서 작업을 할 때 전(前)공정에서 작업이 끝난 공정품은 그 다음 공정으로 넘어가서 작업이 진행되는데, 이때 전공정에서 갑작스런 사고로 공정품이 넘어오지 못할 때 연쇄적으로 후속공정에 영향을 미치게 된다. 이와 같은 사고를 막고 각 공정의 독립을 유지시키기 위해서 말하자면 예비일감을 미리 준비하여 두는 것을 말한다.

## 3. 품질관리

### (1) 품질관리의 정의

국제경쟁에서 기업이 생존하고 성장하기 위해서는 반드시 경쟁우위에 있어야 한다. 이를 위해서는 제품의 생산원가를 낮춤으로써 제품가격을 저렴하게 하는 것도 중요한 일이나 보다 중요한 것은 품질을 향상시키는 것이다.

우수한 품질의 제품을 제공하는 기업은 소비자들의 신뢰를 얻게 되므로 가격경쟁의 피해를 덜 입게 되고 마케팅 비용이나 사후관리비용을 줄일 수 있으며 상대적으로 높은 가격을 유지할 수 있다.

품질의 개념은 내부적인 견해와 외부적인 경해로 이해할 수 있다. 내부적 견해에서 품질은 조직이 내부적으로 설정한 규격과 표준을 의미하며, 외부적 견해에 있어서 품질이란 고객들이 중요시하고 기대하는 결과를 성취하는 것이라고 정의하고 있다.

기업이 생산하는 서비스의 질을 여러 가지 측면에서 기업에 영향을 미친다. 즉, 좋은 제품과 서비스를 제공하고 있는 기업은 그 명성이 높아질 수 있고 또한 품질향상이 시장점유율의 증가와 원가의 절감을 가져와 최종적으로 수익을 증가시키게 된다.

한편, 고객이 불량품을 사용함으로써 발생하는 손해 혹을 사고에 대하여 기업은 책임을 져야 한다. 불량품판매는 재무적 손실을 입히고 기업이미지에도 악영향을 주게 되므로 부정적인 영향을 가져오게 된다.

개방경제시스템하에서는 제품의 품질의 기업이미지와 직결되기 때문에 품질관리시스템의 중요성이 크게 강조되고 있다. 여기서 좋은 품질의 제품이란 모든 면에서 반드시 최선의 제품을 뜻하지는 않는다. 양질의 제품을 만들이 위해서는 그만큼 많은 비용이 들기 때문이다.

기업은 효율적인 품질관리를 통해서 제품의 불량률을 낮추고 제품의 일관성을 이룩함으로써 우수한 제품을 보다 저렴한 가격으로 대량생산할 수 있게 된다. 또한 재료비나 인건비를 절감시켜 제품의 수익률을 높이고 제품에 대한 소비자의 만족과 신뢰를 제고시킬 수 있다.

### (2) 품질관리의 방법

품질관리방법에는 전통적 품질관리기법과 전사적 품질관리기법이 있다. 전통적 품질관리 접근방법에서는 제품의 생산공정이 완료된 다음 제품검사에 의존하는 시정적 통제에 초점을 두고 있다. 이러한 품질관리를 위한 책임은 품질검사원이나 품질검사부서에 주어지며, 그들은 불량품을 선별하여 폐기시키거나 재생산작업을 실시하도록 요청하는 기능을 수행한다.

전사적 품질관리(total quality control: TQC)는 품질의 책임을 모든 종업원이 함께 지도록 하는 조직전략으로서, 철저한 고객만족을 실천하기 위해서 다양한 예방적·시정적 통제방법을 추구하게 된다. 사내(社內) 모든 부문이 사전의 품질관리는 물론 사후의 품질보증까지 책임을 지도록 함으로써 소비자가 만족할 수 있는 품질을 경제적으로 생산하기 위하여 사내 모든 부문의 활동이 종합적으로 관리되어야 할 것이다.

품질은 조직 내의 어느 한 사람, 어느 한 부서가 책임을 질 수 있는 것이 아니라 모든 사람의 책임이다. 이를테면 현장작업자·타이피스트·구매자 그리고 기업의 경영자 등 모든 사람이 품질에 대한 책임을 지는 것이다.

### 가. ZD운동

ZD운동(무결점운동: zero defects)은 신뢰도향상과 원가절감이 목적이지만, 종래의 위에서부터의 하향방식을 배제하고 전 종업원으로 하여금 각자가 담당하고 있는 작업의 낭비나 결점을 제거하고 또 목표를 세워 자주적으로 결점을 파악하여 이것을 조직적으로 검토·시정해가는 것이다. ZD프로그램을 효율적으로 추진하려면 다음 네 가지 요건이 이행되어야 한다.

① 조직구성원(작업자)에게 작업과 작업성과인 제품의 중요성을 인식시킨다.

② 동종의 작업을 수행하는 작업자들로 ZD그룹을 편성하여 결점을 제거하기 위한 목표를 자율적으로 설정케 하고 그들로 하여금 목표달성에 노력케 한다.

③ 오류의 원인을 종업원 스스로 찾아내서 제거할 수 있는 방안을 상사에게 제출토록 한다. 이를 ECR(error course removal)제안이라 하는데, ZD의 성과를 크게 좌우한다.

④ 끝으로 목표를 달성한 그룹에 대해서는 그들의 공적을 널리 인정하고 격려하는 뜻에서 표창을 하여야 한다.

### 나. QC서클활동

일본상품의 품질이 세계시장에서 널리 알려지게 된 것은 품질의 생산성 향상에 주력해온 QC서클활동 때문이라는 것이 일반적인 견해이다. QC서클(quality control circle)은 작업현장에서 품질관리활동을 자율적으로 행하는 소집단을 말하는데, 이 소집단은 전사적 품질관리활동의 일환으로 구성원의 자기계발, 상호계발을 도모하고 작업현장의 관리·개선에 계속적·자주적으로 참여, QC서클활동을 전개하는 것이다. QC서클활동의 운영으로서 품질수준의 향상과 불량품이 감소되고 안전사고 및 기계고장률 등이 감소되며 또한 종업원의 지도력 향상, 작업방법의 표준화기법 향상 등으로 원가절감의 효과를 기대할 수 있다.

### 다. 전사·종합적 품질관리(TQM)

전사·종합적 품질관리는 최고경영자의 리더십 아래 품질을 최우선과제로 하고 고객만족을 통한 기업의 장기적인 성공은 물론 기업구성원과 사회전체의 이익에 기여하기 위해, 경영활동 전반에 걸쳐 구성원의 참여와 총체적 수단을 활용하는 전사 종합적인 전략적 경영시스템이라 정의할 수 있다.

IOS(국제표준화기구)에서는 "품질을 중심으로 하는 모든 구성원의 참여와 고객만족을 통한 장기적 성공지향을 기본으로 하며 조직의 모든 구성원과 사회에 이익을 제공하는 조직의 경영적 접근"이라 정의하고 있다.

조직의 모든 구성원이 품질관리활동에 참여한다고 해서 그것만으로 종합적 품질관리의 목표가 달성되는 것이 아니다. 구성원 각자가 행하는 그들 자신이나 특정 부문 중심의 품질개선활동은 조직 전체에서 볼 때 유효성(effectiveness)이 떨어지기 쉽기 때문에 조직의 공동목적달성을 위해서 전체 구성원의 결집된 노력으로 품질경영활동이 전개되는 전사·종합적 품질경영이 필요한 것이다.

TQM에서는 전통적으로 매출을 늘리고 시장점유율을 증대하기 위한 계획보다는 고객의 기대에 부응하여 그들이 만족할 수 있는 세세한 목표를 제시하고, 구성원들에게는 충분한 권한을 부여하는 것을 중요시한다. 따라서 궁극적 목표는 고객만족이며 이를 위해 조직의 모든 구성원과 자원들을 결집하여 품질 및 서비스를 혁신하여 고객만족도를 극대화함으로써 기업의 경쟁적 우위를 확보하는 것이다.

### (3) IOS 9000시리즈와 품질보증

무역거래가 활발해지면서 상품의 품질문제가 국제통상활동의 중요요인으로 등장함에 따라 국가 간에 품질을 신뢰할 수 있도록 품질제도의 존중 및 상호인증이 요청되는 현실이다. 이와 같은 현실에서 IOS(국제표준화기구)에서는 품질보증시스템 인증제도가 공급자의 신뢰도를 높이고 국가간 품질상호인증의 기본이 된다는 입장에서 "품질경영과 품질보증에 관한 국제규격"(IOS 9000~9004)을 1987년에 제정하였다. 아울러 전세계적으로 'IOS 9000시리즈'를 품질시스템 표준으로 수용하고 있고, 'IOS 9000시리즈'의 등록이 전세계적인 품질보증 내지 품질인증의 선행요건이 될 것이라는 점, 그리고 국제시장에서 인증취득을 요구하는 기업이나 조직이 증가하고 있다는 이유에서 관심이 된다.

IOS 9000시리즈에서 규정하는 품질 시스템 인증제도(quality system certification scheme)는 공급자의 품질시스템을 IOS 9001, 9002 또는 9003의 모델 중 그 기업의 품질시스템에 맞추어 선택한 해당 품질보증규격과의 적합성을 제3자가 평가하여 품질시스템의 품질보증능력을 인증하는 제도이다. 즉, 제품이나 서비스의 공급자가 갖추어야 될 품질시스템을 규정한 것이다.

IOS 9000시리즈에서는 재화 및 서비스의 생산 및 공급형태에 따라서 IOS 9001, IOS

9002, IOS 9003의 세 가지 규격으로 나누어 업체의 실정에 따라 등록을 하도록 규정하고 있다.

IOS 9000은 품질보증에 대한 기본이념과 개념 및 공급자와 구입자의 2자간 계약을 할 경우 표준선택법과 적용시 주의사항 등에 대해 기술하고 있다.

IOS 9001은 관련범위가 가장 넓은데, '설계·개발·생산·설치, 최종검사시험 및 애프터서비스'에 이르기까지 전 과정에 걸친 생산활동을 공급자가 행하는 경우에 선택한다.

IOS 9002는 설계·개발의 과정없이 '제조에서 설치'까지를 대상으로 한 품질보증모델이다. IOS 9001에 비해 설계와 서비스라는 두 가지 품질시스템 요소가 배제되어 있다.

IOS 9003은 최종검사 및 테스트에 있어서의 품질보증모델로서 설계, 제조 및 사용방법이 장기간에 걸쳐 있는 경우에 선택된다.

IOS 9004에서는 공급자의 품질경영 및 품질시스템 요소에 관한 지침을 제시하고 있다. IOS 9001-9003이 구입자를 위한 규칙이라면 IOS 9004는 공급자를 위한 규칙이라고 할 수 있다. 즉, 공급자가 실시하여야 할 전반적인 품질경영과 품질시스템 요소에 관한 지침과 마케팅, 제품안전과 책임, 품질비용 등과 같은 각 분야의 지침이 기술되어 있다.

IOS 9000규격의 인증을 당장 원하지 않는 중소기업이라도 이들 중 가능한 것만을 사내표준으로 만들어 이행하도록 노력하는 것이 품질경영의 토대를 확립하는 지름길이 될 것이다.

IOS 9000 인증의 효과를 살펴보면 품질의식 제고 및 생활화, 고객만족(CS) 증대에 따른 매출액 증가, 일관성 있는 업무수행으로 품질경쟁력 확보, 품질코스트(실패비용)의 절감으로 이익증대, 경영자원의 효율적 이용(모든 업무의 관리기능), 회사 및 제품에 대한 신뢰감제공으로 시장의 마케팅 능력강화, 중복되는 평가면제, 사내 커뮤니케이션의 원활화 등의 효과가 있다.

# Chapter 11 인사·조직관리

## 1. 인사관리

### (1) 인사관리의 정의

인사관리란 인력의 선발과 유지·활용·교육·개발에 관한 계획적이고 조직적인 관리활동의 체계라고 정의 한다. 즉, 조직이 필요로 하는 인력을 선발·충원하고 이들을 유지·교육·개발·활용을 계획·조직하고 통제 및 개발하는 관리활동의 과정을 말한다.

오늘날 사림들이 직장에서 일하면서 어떤 조건에서 근무하는가에 따라 사고와 행동 생활방식 등이 영향을 받는다. 인사관리가 공정하다면 행복의 정도는 높을 것이고 그 가족과 국가사회전체에도 좋은 영향을 끼칠 것이다.

오늘날의 인사관리는 조직의 목적과 개인의 행복을 공존시키는데 그 근본이상이 있다고 볼 수 있다. 기업은 과거 어느 때보다도 높은 수준의 인간의 두뇌와 기능 그리고 의욕을 필요로 하기 때문에 구성원들을 기계와 같이 다루거나 시장에서 팔고 사는 물건과 같이 생각해서는 어떤 조직도 결코 오래 존속하지 못할 것이다.

인사관리는 조직의 구성원들이 자발적으로 조직의 목적달성에 적극적으로 기여하게 함으로써, 조직의 발전과 함께 개인의 안정과 발전도 아울러 달성케 하는, 조직에서의 사람을 다루는 철학과 그것을 실현하는 제도 및 기술의 체계인 것이다.

인사관리가 중요한 것은 조직의 모든 계층에 유능한 인재가 없는 한 조직목표의 달성이 어려울 뿐만 아니라, 비록 가능할 수 있다 하더라도 만족스럽지는 못할 것이기 때문이다. 더욱이 경영관리 그 자체가 바로 다른 사람을 통해 일을 성취해 가는 과정이기 때문에 인사관리는 곧 경영자의 핵심과제이기도 한 것이다. 인사관리는 인간을 대상으로 하는 것이기 때문에 인간의 개성존중과 능력개발과 종업원의 인간적 만족이라는 점에서 다른 제도와 다른 특징이 있다. 인사관리가 지향해야 할 특성은 다음과 같다.

첫째, 인사관리의 대상으로서의 인간은 개업내의 다른 자원과는 달라서 인간중심적이어야 한다. 특히 오늘날의 종업원은 교육 및 의식수준이 매우 높아졌기 때문에 가능한 한 인적 자원관리가 개인 지향적으로 전개되어야 할 것이다.

둘째, 인적 자원이 기타 자원과 달리 무한한 개발가능성이 있기 때문에 인적자원을 전략적 자원으로 생각해야 한다. 인간의 잠재적 능력은 여건만 조성되면 얼마든지 창의적으로 발휘될 수 있다. 그러므로 경영자는 인적 자원의 개발가능성을 항상 인식하고 그들의 잠재력이 효과적으로 발휘될 수 있는 방향에서 전략적인 경영을 해야 한다.

셋째, 경영환경은 매우 급변하고 있으므로 경영자는 과거에 집착하지 말고 미래지향적인 입장에서 인적 자원을 관리해야 한다.

넷째, 인사관리는 과거의 전통적 인사관리에서 강조하던 기록정리, 문서보관, 절차나 규칙의 확립 등의 소극적인 입장에서 벗어나 구성원의 능력개발과 행복감의 증진에 도움을 줄 수 있는 방향으로 경영되어야 한다.

## (2) 인사관리의 계획

### 가. 인사계획의 수립

인적자원계획수립은 조직이 미래에 필요로 하는 인원수를 사전에 예측하고 결정할 수 있도록 체계적인 전략을 개발하는 것을 말한다. 인적 자원계획은 고용계획이라고도 하며, 이는 조직의 목적달성에 도움이 되는 과업을 효과적, 능률적으로 수행할 수 있는 사람, 즉 적절한 능력을 가진 사람을 적시 적소에 공급할 수 있도록 하는 것이 인적 자원관리의 첫 번째 과정이다.

인적 자원계획의 기본적인 특성을 요약하면 다음과 같다.

첫째, 미래의 필요성에 대한 계획으로, 이는 미래에 조직이 활동을 계속하기 위해서 어떤 능력있는 사람이 요구되는가에 관한 계획이다.

둘째, 미래의 균형을 위한 계획으로, 현재 고용된 인적 자원 가운데 특정 미래시점에 얼마나 남아 있을 것인가에 관련된 계획이다.

셋째, 모집과 선발 또는 해고에 관한 계획으로, 이는 조직이 필요로 하는 사람의 수를 어느 정도로 보아야 할 것인가에 관한 계획이다.

넷째, 개발을 위한 계획으로, 이는 조직이 경험있고 능력있는 종업원들을 계속적으로 공급하기 위해 어떻게 교육·훈련하고 이동할 것인가에 관련된 계획이다.

### 나. 사원모집

사원모집이란 조직이 필요로 하는 적합한 능력을 갖춘 인력들을 모집하는 것을 말한다. 회사외부에서 인력을 충원하는 경우는 신입사원을 모집하는 경우와 경력사원을 모집하는 경우가 있다.

일반적으로 기업외부에서 인력을 모집할 때 흔히 활용하는 방법으로는 첫째, 신문, 잡지, 방송 등의 대중매체를 통해 광고하는 것으로 대규모나 공개모집하는 경우에 적합하다.

둘째, 기존 구성원들의 추천으로 특정 직위에 필요한 인문을 모집할 수 있다. 현직에 있는 조직구성원은 자기조직과 조직의 환경을 잘 이해하고 있기 때문에 적합한 인물을 추천할 수 있다.

셋째, 직업안내소를 통하여 모집하는 경우인데 직업안내소에서는 취업희망자에게 직업에 대한 상담과 안내를 하며 인력을 필요로 하는 조직이 요구하는 자질이 있는지를 상담을 통해 검사해주는 역할도 한다.

넷째, 대학과 같은 교육기관을 통해서 인력을 추천받는데 오늘날 직무가 점점 더 복잡해지고 고도의 기술을 필요로 함에 따라서 교육기관 등의 추천이 증가하고 있다.

다섯째, 가족 중심의 조직에서는 친인척등용을 많이 이용하고 있는데 이 경우 조직에 필요한 기능을 갖춘 적절한 인력을 모집하기가 쉽지 않지만 조직에 대한 관심과 충성도는 대단히 클 수 있다.

사원을 모집할 때 공개모집을 하면서도 학연, 지연 출신지역 등에 얽매이면 능력 있는 인력을 확보하지 못하는 경우우로 이어져 인사관리에 어려움을 초래할 수 있음을 알아야 한다.

### 다. 인력선발

인력선발은 모집활동을 통해서 응모한 많은 지원자들을 평가하여 가장 적합한 인력을 선발하여 채용하는 것을 말한다. 인력선발을 할 경우에 입사지원서, 이력서, 입사시험, 면접, 적성·인성검사 및 추천서, 신체검사 등이 선발과정에서 일반적으로 이용되는 수단들이다. 인력선발을 잘못하게 되면 이로 인한 경제적 및 비경제적 손실이 크다는 점에서 선발에 관한 결정은 대단히 중요하다. 인력선발절차는 일반적으로 시험(tests)과 면접(interviews)이 있다. 인력선발시험인 경우에는 전공분야와 일반상식에 대한 필기시험과 구술시험이 있고 면접은 인상이나 취업동기, 태도 등에 관한 조사 등으로 이용되고 있다.

### 라. 오리엔테이션

오리엔테이션은 입사교육으로서 선발된 사람들이 새로운 조직과 직무에 잘 적응할 수 있도록 하기 위한 예비교육을 말한다. 신입사원들은 기존의 동료에게 소개되고 임무를 설명 받고, 조직의 방침과 분위기, 구조 그리고 안전수칙과 목표 등에 대하여 소개받는 것이다.

오리엔테이션을 잘 활용함으로써 신입사원이 조직의 업무에 적응하는 시간과 비용을 감소시키며, 입사초기에 새로운 조직에 대한 불안감과 소외감을 덜어 준다. 또한 초기 이직률을 감소시켜 주며, 높은 성과를 조속히 거둘 수 있도록 기능해주는 것이다.

## (3) 교육 훈련

기업들이 사원으로부터 최고경영층에 이르기까지 다양한 분야와 기간에 걸쳐 교육훈련을 실시하고 있으며, 외부의 많은 연수기관에 위탁 또는 파견하여 교육 훈련을 시키고 있다.

이러한 연수 또는 사내교육을 실시하는 가장 큰 이유는 조직구성원의 기술 및 관리능력을 향상시킴으로써 조직의 목적달성에 보다 효과적인 인력활용을 하기 위해서이다. 교육훈련은 현장에서 직접 상사가 지도하는 훈련에서부터 세미나 참석, 대학 또는 대학원에 파견하여 학위를 취득케 하는 과정에 이르기까지 매우 다양하다.

경험을 통한 교육, 즉 시행착오를 겪으면서 배우는 것이 가장 비용이 많이 드는 방법인 것을 잘 알고 있는 기업일수록 교육훈련에 대한 투자를 많이 한다. 사원들의 능력개발을 위하여 흔히 활용되는 방법들을 소개하면 다음과 같다.

### 가. OJT방법

OJT 방법(on-the-job method)은 비교적 단순한 직무인 경우에 직무현장에서 실제로 업무를 수행해가면서 상사나 숙련된 선배로부터 업무수행의 방법 등을 훈련 받는 방법을 말한다. 이 훈련방법은 상당히 경제적인 방법으로 인정되고 있지만, 훈련자를 처음 현장에 투입하였을 때는 생산성이 일시적으로 떨어지는 경향이 있기 때문에 주의를 요하며, 기능을 전수해주는 사람이 잘 가르쳐 주지 않거나 가르치는 방법이 서툴다면 별 효과를 볼 수 없기 때문에 어느 작업장에서나 마음대로 활용할 수 있는 방법은 아니다.

### 나. 강의식 교육방법과 집단토론 방법

높은 수준의 기술을 요하는 직무인 경우에는 별도의 교육훈련이 필요하다. 강의식 교육훈련방법은 영화, 비디오테이프 또는 전문강사에 의하여 이루어지는 것으로서, 특정한 주제를 다루는 데는 가장 경제적이고 능률적인 훈련방법으로 인정받고 있다.

OJT 방법에 비해 실수에 의한 자재나 시간의 낭비를 줄일 수 있다. 그러나 강의는 일방적으로 되기가 쉽기 때문에 피드백이 부족할 가능성이 크고 수강자가 열의를 갖고 하지 않는다면 전혀 실효를 거둘 수 없다는 단점도 있다.

강의식 방법보다는 집단토론 방식이 보다 효과적이라는 평가가 있으나 시간과 비용이 훨씬 많이 소요되며, 토론의 진행자가 얼마나 능력을 발휘하느냐에 성과가 좌우된다는 약점이 있다.

### 다. 시뮬레이션 방법

시뮬레이션 방법은 모의훈련장을 실제와 유사하도록 작업환경을 인위적으로 설정해 놓고 훈련자들로 하여금 보다 안전하게 실습과 시행착오를 통하여 직무수행에 필요한 기능을 습득하게 하는 것을 말한다. 비행조종사들의 모의비행훈련이 그 전형적인 예라고 하겠다. 일반적으로 기업에서 활용할 수 있는 시뮬레이션 기법은 의사결정과 관련된 것이 많다. 특히 많이 사용되는 기법으로는 사례연구방법, 역할연기방법, 의사결정실습, 경영게임방법 등이 있다.

## (4) 내부승진

승진이란 조직에서 조직구성원의 지위의 상승과 보수, 권한, 책임 등이 다같이 증가되는 새로운 직책으로 이전시키는 것을 말한다. 승진에는 승급이 동시에 따르는 것이 일반적이지만, 항상 그런 것은 아니다. 승진시킬 때는 대상 조직구성원이 승진할 만한 가치가 있는지, 입사시기와 근무기간은 어떠한지를 고려하여야 한다.

이론적으로 승진은 업적에 의해 이루어져야 하지만 한국의 대다수 기업은 연공을 승진의 기준으로 삼은 경우가 많다. 연공주의는 승진에 있어서 근무년수에 비례하여 개개인의 업무능력과 숙련도가 신장된다는 것을 전제로 하고 있다. 반면에 능력주의는 일반적으로 조직구성원들이 조직의 목표달성에 기여하는 업무수행능력에 따라 승진에 우선권을 주는 것이다. 한국같이 일반적으로 연공주의가 지배하는 조직풍토에서는 연공주의의 장점을 최대한 살리면서 점차 능력주의를 받아들이는 것도 필요할 것이다.

### (5) 인사고과

인사고과는 인적 자원관리의 중요한 기능인 업무수행상의 업적평가로 조직구성원의 직무수행능력이나 근무성적 등을 측정해서 발전과 보상결정에 중요한 기준이 되는 인사평가제도이다. 인사고과의 목적은 조직구성원의 성과를 평가하는 것이지만 사용되는 목적은 여러 가지가 있을 수 있다.

인사고과는 여타의 인사시책의 합리성 추구를 위한 수단이 된다. 따라서 고과를 왜 하는지, 어떤 원칙을 적용할 것인지, 그 결과는 어떻게 활용할 것인가의 관점에서 목적합리성을 가지고 검토해야 한다.

인사고과를 조직구성원의 성격과 능력의 판단자료로 활용해서 적재적소배치에 활용할 수 있고, 직무성과를 통하여 조직구성원의 강점과 약점을 평가하여 인력개발에 필수적인 자료로 활용할 수 있다. 또한 조직구성원이 얼마나 만족한 성과를 거두고 있고 조직체의 기대수준에 얼마나 접근하고 있는지를 알려주는 성과 피드백과 목표설정에 이용될 수 있다.

### (6) 보상제도

보상은 개인이 조직체에서 수행한 일에 대한 경제적 대가로서 특히 인적 자원의 유지와 활용에서 가장 중요한 요소라 할 수 있다. 즉, 보상은 개인에게 경제적 만족감과 동기부여 그리고 잠재능력의 개발을 가져 올 수 있고, 그 과정에서 조직체에 대한 성과도 높여줄 수 있다.

보상은 개인과 조직체에 직접적인 영향을 주는 중요한 요소로서 인사관리과정에서 매우 중요한 위치를 차지하고 있다. 그리고 보상관리는 효율적인 인적자원활용과 조직체성과에 많은 영향을 주고 있다. 기업에서 종업원을 채용하여 그의 공헌을 요구하게 되면 종업원은 공헌의 대가로 보상을 요구하게 된다. 결국 기업과 종업원의 관계는 어떤 의미에서 보면 공헌과 보상의 관계에 있다고 볼 수 있다. 보상관리에는 임금, 봉급, 상여금 등 여러 가지 비슷한 용어들이 많이 사용되고 있다.

### (7) 퇴직 및 이직

사원이 근무하던 기업을 그만두는 경우를 말하며 퇴직과 일시해고, 면직 또는 질병 등으로 조직구성원들이 소속조직을 떠나는 것을 말한다. 이직을 결정하는 주체가 본인인지 아니면 조직에 의해서인지에 따라 자발적 이직과 비자발적 이직이 있다. 자발적 이직은 사직이라 하며 비자발적인 해고 또는 파면은 채용자의 의사에 따라 영구적으로 기업체를 떠나게 하는 것이다. 직무수행능력이나 자격이 부족할 때, 사규를 위반하였거나 규칙을 고의적으로 어기거나, 상사의 명령을 거부하고 반항할 때, 심각한 범법행위나 반사회적 행동을 하였을 때, 그리고 직업윤리에 심각히 저촉되는 행위를 하였을 때 해고 또는 파면 할 수 있다. 근로기준법에 의해서 정당한 사유가 없으면 회사의 사정에 따라 직원을 해고시키는 것을 금지하고 있다.

한편, 조직구성원은 규정된 근로연령이 되면 조직을 떠나게 되는데, 이를 정년퇴직이라고 부른다. 이는 노동조건의 하나이므로 반드시 취업규칙 등에 명시해 두어야 한다. 최근에는 고령화 인구가 증가되고 있으므로 이들의 활용방안도 강구되어야 할 것이다.

## 2. 조직관리

### (1) 조직관리의 정의

조직은 어떠한 공동목적을 달성하기 위해 분업을 통하여 함께 일하는 사람들의 집합체로서, 조직이 존재하는 이유는 많은 것을 달성할 수 있다는 데 있다. 조직은 조직구성원들에게 삶의 터전이고 개인적 만족감과 자아성취 욕구를 실현 할 수 있는 장소를 제공해 준다. 즉, 사람들은 조직이 개인적인 욕구를 충족시켜 줄 것으로 기대하기 때문이다.

조직관리라 함은 어떤 조직의 구성단위와 직위들이 어떻게 서로 작용하고 있는가를 보여 주는 것이다. 그것은 또한 그 조직의 계층 및 권한구조와 보고관계를 나타내줌과 동시에 구성원의 변동과는 상관없이 조직생존을 가능하게 하고 환경과의 상관관계를 조정하는데 필요한 안전성과 계속성을 부여한다. 따라서 조직구조는 조직의 목표를 달성하기 위하여 개인과 집단의 행동을 이끌어갈 직무와 부서의 체계적인 틀로서 조직편성 기능의 기반을 제공하는 것이라고 할 수 있다.

따라서 조직관리는 그것이 비록 소규모라 할지라도 조직계층에 따른 권한책임의 위양이 적절히 명시되고 그것이 수용되어 그대로 지켜질 때에 조직의 경제와 능률이 따르는 것이다. 소규모회사에 있어서는 상호대면관계가 쉽게 이루어지고, 공식적인 관계는 실태를 통하여 항시 검토되므로 큰 문제가 없을 수도 있다. 그러나 기업규모가 커지고 사내의 비공식적인 접촉관계가 완전할 수 없는 한계에 이르면, 최저한의 공식적인 위양체계를 확립할 필요성은 더욱 커지게 된다. 그렇지 않으면 통제하기 어려운 비공식조직이 형성되며, 이와 같은 비공식조직은 일반적으로 조직에서 자연발생적으로 형성되는 것이므로 막을 수도 없는 것이다.

### (2) 기업조직의 형태

기업조직은 각 경영자의 직위를 나타내주고 있을 뿐만 아니라 연결선에 따라 누가 어떤 일에 책임을 지고 누구에게 보고를 하며, 어떤 부서와 관계가 있는가 등을 일목요연하게 나타내주는 것이다. 또한 기업조직기구표는 사장으로부터 최하위의 종업원에 이르기까지의 명령계통을 보여주기도 한다.

이러한 기업조직기구표의 기능은 경영자의 직무명이 표시될 수 있고 그리고 어떤 종업원이 누구에게 보고해야 할지 보고의무관계와 또한 담당부서의 책임소재와 의사소통 채널을 명확하게 표시할 수 있다. 기업조직의 규모가 소규모이거나 초기형성단계에서의 조직구조는 매우 단순한 형태이다. 그러나 환경이 급변하고 기업조직규모가 너무 커지게 되면 권한위양을 통하여 문제를 해결할 수밖에 없게 된다. 기업조직구조의 형태는 다음과 같다.

#### 가. 라인조직

라인조직(line organization)은 최고경영자로부터 말단직원에 대한 지휘, 명령의 계통이 일원성을 갖고 직선적으로 되어 있는 조직형태로서, 가장 역사가 오래된 조직형태이며 특히 명령일원화의 원칙을 중시하는 데 그 특징이 있다.

라인조직은 소규모 기업에서 볼 수 있는 간단한 형태의 조직으로서 명령계통이 단순명료하므로 책임과 권한의 소재가 분명하며, 조직의 질서와 규율의 확보가 용이하다. 또한, 최고경영자의 신속한 의사결정에 의해 빠른 움직임이 가능하고 하급자의 업무장악이나 통제가 쉽고 많은 권한이 최고경영자에게 집중되어 있다.

이 조직의 단점은 조직의 규모가 커지고 과업이 다양해지면 최고경영자는 모든 분야의 업무를 파악할 수 없다. 그리고 전문화의 이점을 충분히 활용할 수 없으며, 부문별 업무조정이 여의치 않고, 최고경영자의 독선적 리더십에 따라 하위자의 사기가 떨어지고 창의력 발휘가 어렵다는 단점이 있다.

**▎라인조직의 예 ▎**

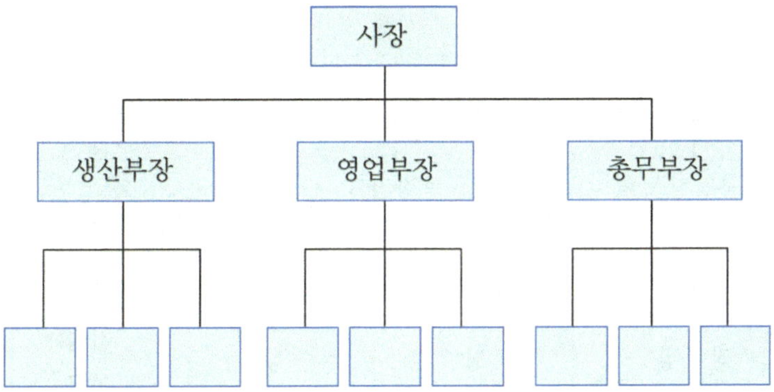


## 나. 라인·스탭조직

라인·스탭조직(line and staff organization)은 오늘날 가장 보편화된 조직형태이다. 이 조직은 그림과 같이 명령일원화의 원칙에 바탕을 둔 라인조직과 기능식조직의 전문화의 원칙을 절충, 조화시킴으로서 두 형태가 지닌 단점을 보완하고자 한 조직형태이다.

라인기능에 대해서는 라인관리자가 직접 결정을 하고 지시와 명령을 내리며, 스탭관리자는 단지 주어진 스탭기능에 관해서 라인관리자를 보조하고 권고하며 필요한 서비스를 제공할 권한만을 갖도록 되어 있는 조직형태이다. 일반적으로 기획이나 기술, 연구 등 전문적인 사항은 스탭(스탭 부문)이 담당하게 되므로, 집행기관으로서의 라인(라인 부문)은 상규적인 일에 전념할 수 있게 된다.

라인·스탭조직의 장점으로는 전문적인 스탭들의 도움을 받음으로써 효과적인 경영활동이 가능하고 라인조직이 유지되고 있어 라인조직의 장점을 지닌다. 그리고 스탭의 권한은 자기부문내에 한정되어 라인의 활동에 안정감을 갖게 한다. 그리고 경영의 계획과 통제가 보다 원활하게 이루어질 수 있다.

반면에 단점으로는 라인의 명령계통과 스탭의 조언계통이 서로 혼동될 수 있고 스탭조직의 설치로 인한 모든 비용이 증대되며 라인과 스탭 상호간에 지나친 의존성이나 마찰이 생길 수 있다.

**| 라인·스탭조직 |**

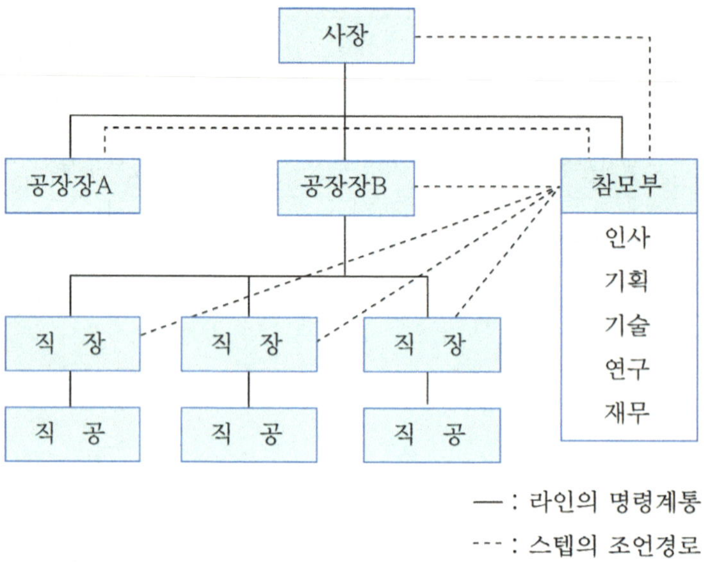


### 다. 위원회조직

위원회조직은 경영정책의 결정이나 특정한 과제의 합리적인 해결을 목적으로 각 부문에서 여러 사람을 선출하여 구성한 위원회를 조직내에 설치하는 것이다. 이는 각 부문간의 불화와 마찰을 피하기 위하여 관련되는 사람으로 하여금 민주적인 의사결정을 하고 이에 의한 집행을 하려는 회의식조직이다. 이러한 위원회제도는 주요 사항의 결정을 모두 위원회에서 협의하고 그 결정에 따라 경영활동을 관리하는 조직형태로, 위원회조직은 1인이 독창적으로 해결할 수 없는 사항이나 제부분에 걸쳐 중요사항을 위원회에서 다수인의 의사결정 과정을 통하여 해결하려는 것이다.

위원회조직의 장점으로는 보다 합리적인 의사결정이 가능하고 결정 및 협의과정은 민주적이며, 상호보완적이다. 또한 한 가지 상항에 대한 의사결정의 중복을 피하고 다양한 지식과 경험의 교환이 가능하다.

반면에 단점으로는 실현 불가능한 관리요소가 절충안으로 채택될 가능성이 있고 회의과정에 시간과 노력의 낭비가 있을 수 있다. 또한 책임의 회피로 개인의 창의성이 저해될 수 있다.

### 라. 사업부조직

기업이 대규모화되고 기술혁신의 가속화, 다양한 사업 등으로 시장을 확대해감에 따라서 최고경영자 혼자서 모든 사업을 관리하기가 어렵게 되므로 제품별, 지역별, 시장별로 조직을 독립적으로 운영해야 할 필요성이 생기게 되었다. 이러한 사업부조직(divisional organization)은 권한위양의 원칙과 독립 채산제도를 기초로 한 분권적 조직이다. 사업부조직은 제품별·지역별로 사업부를 확정하고, 사업부를 중심으로 책임경영을 하도록 일체의 권한을 사업부의 장에게 위임함으로써 관리적 효과를 거두기 위한 관리방식이다. 이때 각 사업부는 하나의 이익센터(profit center)로서 운영되며, 전체적 운영결과에 의하여 각 사업부가 비교되고 평가된다. 따라서 각 사업부의 장은 자기의 사업부를 하나의 독립된 사업체로서 인식하여 경영하게 되므로 각 사업부의 구성원이 자기의 사업부를 위해 보다 큰 노력을 기울인다. 그림은 본사와 사업부의 구조와 관계를 보여준다.

이러한 사업부제조직의 장점은 경영의사결정의 합리화가 이루어지고 생산성향상에 대한 의욕이 강화된다는데 있다. 그리고 제품의 제조와 판매에 대한 전문화와 분업이 촉진되며 책임체제와 관리책임자의 업적측정이 명확하다. 그리고 실무에 의한 유능한 경영간부의 양성이 가능하다.

**| 사업부제 조직 |**

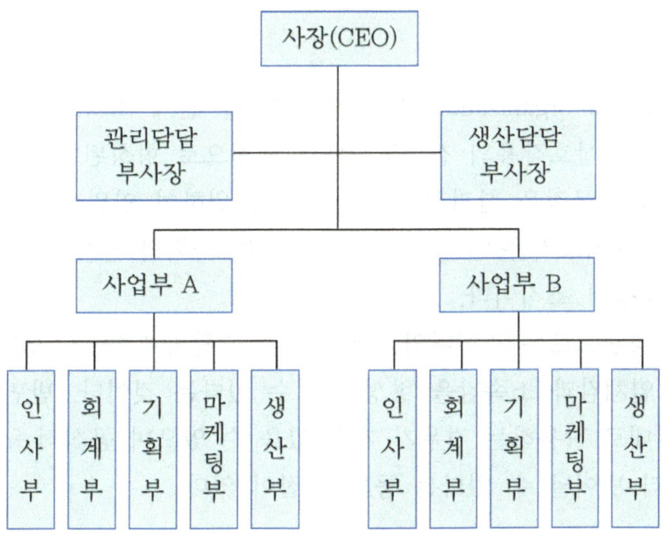

단점으로는 연구개발과 회계, 판매 및 구매 등의 모든 활동이 중복되기 때문에 관리비가 증가하고 같은 고객을 각 사업부가 대상으로 하고 있을 경우에 사업부간 이익대립의 우려가 있다. 그리고 각 사업부의 이기주의 때문에 회사전체의 이익이 희생되는 수가 있고 각 사업부의 활동을 회사의 일정한 방침과 계획하에 조정하기가 곤란하다.

### 마. 프로젝트조직

프로젝트조직(project organization)은 혁신을 추구하는 기업이 선택하는 조직의 형태로 태스크 포스(task force) 조직이라고도 한다. 프로젝트조직은 특정한 과업(공장건설, 신제품개발, 신시장개척 등)을 수행하기 위해 일정기간 동안 구성하였다가 그 프로젝트가 완성되면 해체되는 일시적인 작업집단으로서 동태적 조직의 한 형태이다. 프로젝트 조직구조는 오늘날처럼 기술변화의 속도가 빠르게 진행되는 경영환경에 동태적으로 대응하지 않으면 안되는 기업들에게 그 중요성이 크게 부각되고 있다.

프로젝트조직의 장점으로는 프로젝트의 진행에 따라 인적 구성의 탄력성을 유지할 수 있고 구성원은 프로젝트의 목표달성을 지향하기 때문에 개인의 이해보다 과제해결에 우선하고 있어 사기를 높일 수 있다. 그리고 환경변화에 적응성이 높고 또한 조직의 기동성이 높다. 반면에 단점으로는 프로젝트조직은 전문가로 구성된 일시적인 혼성조직이다. 따라서 프로젝트 관리자의 지휘능력에 크게 의존하고 기존 소속부문과 프로젝트 조직 간의 관계조정이 곤란하다. 그리고 프로젝트조직에 파견된 사람은 선택된 사람이라는 우월감을 갖게 되어 조직의 단결을 저해하는 나쁜 영향을 미칠 수 있다.

### 바. 비공식조직

비공식조직(informal organization)은 조직구성원들 간에 스스로 이루어지는 모임으로 개인적 접촉이나 상호작용의 결과로 자연발생적으로 형성된 조직이다. 따라서, 공식조직이 어떤 특정 목적을 합리적으로 달성하기 위하여 인위적·의식적으로 형성된 것인데 반하여, 비공식조직은 인간의 본능적 욕구와 사회적 성질을 충족시키기 위해서 자연히 형성된 자생적 조직이다.

비공식조직의 장점으로는 조직내의 의사소통을 원활하게 하며, 개인의 사회적 욕구를 충족시키고, 일체감과 소속감을 형성시킬 수 있다는 것이다. 반면에 조직 정체의 최상위목표와 반대로 작용하는 경우가 가끔 있을 수 있으며 공식적 구조의 권한과 의사소통경로로부터 벗어날 수 있다는 등의 단점이 있다.

### (3) 창업기업의 조직관리

창업기업의 조직은 신생기업, 즉 기업의 창업단계의 조직관리를 말한다. 창업기업은 신기술과 아이디어를 근거로 하여 창업하는 경우가 많아 기술인력 조직관리에 중점을 두어야 하는 경우가 많다. 창업기업의 조직은 계층적인 조직형태보다는 네트워크형의 조직이 더 잘 어울린다.

#### 가. 팀 제도

창업기업은 유연하고 재빠르게 행동할 수 있으며 구성원 한 사람의 능력도 충분히 살릴 수 있는 팀 제도가 적절하다. 사내 커뮤니케이션이 원활하게 이루어질 수 있고 조직의 개혁이 수월하게 이루어질 수 있기 때문이다. 또한 조직원들이 자신의 존재가치를 인정받을 수 있고 보람을 찾을 수 있다는 측면이 고려될 수 있기 때문이다.

#### 나. 위원회제도

위원회제도는 개인의 자유와 존엄성을 최대한 보장한다는 측면에서 유리하다. 사업부제가 중앙집권적인 반면 부문별 위원회제도는 권한이 분산된 분권화 조직의 형태를 갖는다.

#### 다. 연구원제도

엔지니어나 전문가들이 직위가 높아지면서 관리직의 일을 맡게 하는 것보다는 이들의 능력을 최대한 발휘할 수 있도록 승진의 길을 복선화하여 특별연구원직으로 창의적인 일에 전념할 수 있도록 하는 것이 연구원제도이다.

Chapter 12

# 마케팅관리

## 1. 마케팅관리의 정의

마케팅관리는 기업의 입장에서 뿐만 아니라 소비자 또는 고객이 가지는 욕구 충족을 전제로 하여 수행되므로 소비자 또는 고객지향성이라는 특성이 있다.

기업의 마케팅 조직내에서 마케팅의 역할 기능은 수요를 창출하는 기능과 그러한 수요를 충족시키는 기능으로 크게 나눌 수 있다. 이러한 기능들을 효과적으로 수행하기 위한 구체적인 마케팅 활동은 아이디어와 재화 및 서비스 개발, 가격설정, 광고, 인적판매, 판매촉진, 물적 유통관리, 재고관리 등으로 구성된다.

고객의 욕구를 조사하고 기업이 가장 효율적으로 마케팅 활동을 할 수 있는 표적소비자를 선택하여 이들의 욕구를 충족시킬 수 있는 방법을 파악하기 위한 프로그램을 분석·계획·집행·통제하는 활동이 중심이 된다.

마케팅관리는 기업 자체에만 관련된 것이 아니라 사회 전체적으로 모든 사람들에게 영향을 미친다. 마케팅관리에서 사회적으로 문제가 될 소지가 있는 경우는 제품의 판매를 제한받거나 광고를 제한받는 경우도 생긴다. 그렇지만 적극적인 마케팅관리가 소비자의 생활수준의 향상을 가져오게 하고 삶의 질을 높이는데 기여를 하게 된다.

## 2. 마케팅 믹스

마케팅 믹스(marketing mix)란 표적시장(tarket market)을 만족시키기 위하여 기업이 통제가능한 제요소를 결합하는 것으로서 마케팅 목표를 달성하기 위해 결합되는 마케팅 제수단의 집합을 말한다. 마케팅 믹스의 구성요소에는 일반적으로는 4P, 즉 제품(Product), 가격(Price), 경로(Place) 및 촉진(Promotion) 등이 있다. 그림은 기업의 마케팅 시스템의 핵심을 구성하는 것으로서 기업이 통제가능한 변수들이지만 외부환경요소에 제약을 받는다.

마케팅 관리자는 그림에서 보는 바와 같이 복잡하고 유동적인 마케팅 환경하에서 모든 의사결정은 가운데의 고객을 중심으로 이루어져야 하며, 마케팅 믹스의 구성요소들 사이에 선후관계가 없기 때문에 동시적인 의사결정임을 나타내기 위해 원(圓)으로 나타낸 것으로 이들 4P를 최적의 상태로 결합하게 되는 것이다. 예를 들어, 제품에 관한 의사결정이 있은 후에 원가와 적정이윤을 보상하기 위한 가격결정이 있을 수도 있고, 일단 적정한 가격에 관한 의사결정이 있은 후에 그 범위 안에서 제품의 특성을 선택할 수도 있다. 마케팅 믹스 요소들의 내용을 구체적으로 살펴보면 다음과 같다.

**McCarthy의 마케팅 시스템(4P's)**

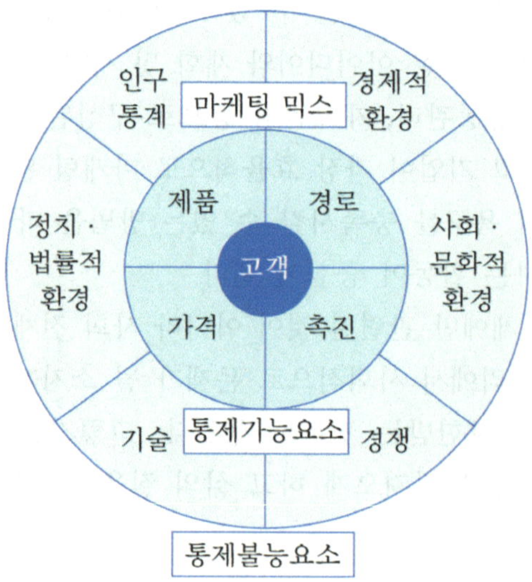

## 3. 제품관리

### (1) 제품의 정의

제품은 4P 중에서 기업이 이윤을 창출하는 근원이 되고, 제품이 없으면 가격, 경로 및 촉진이 존재하지 않기 때문에 네 가지 중 가장 중요한 역할을 한다. 기업들이 각각 세우는 제품전략은 자사의 제품을 소비자의 소구에 만족시킴으로써 타사의 제품과 명확하게 구분하는 제품차별화이다. 이러한 차별화를 실현하기 위해서는 색채, 디자인, 규격 및 포장 등을 개발하고, 상표를 붙이는 등의 활동을 하게 된다.

소비자는 그 제품에 포함된 서비스까지도 제품으로 인식한다. 소비자는 제품 그 자체를 구매하는 것이 아니라, 제품의 편익(benefit) · 만족(satisfaction) · 효용(utilities) · 욕망(wants)의 충족을 구입하는 것으로 이해할 수 있다. 그러나 최근에 와서는 제품의 공해, 안정성 및 자원낭비 등의 반사회적 문제가 발생되자, 지금까지의 소비자 지향적 제품개념을 비판하고 또한 제품개념을 확대하고자 하였다.

로젠버그(Rosenberg)는 제품개념을 세 가지 차원에서 보고 있는데 ① 경영적 차원(품질, 성분, 규격, 포장, 상표), ② 소비자 차원(상징, 커뮤니케이션, 지각, 평가), ③ 사회적 차원(환경, 사회 및 소비자복지에 대한 경향, 자원에 대한 배려, 사용자의 안정성, 제품관련정보, 정부규제) 등이다.

### (2) 제품의 수명주기이론

제품시장은 끊임없이 변하고 있어서, 시장변화에 적절한 대응으로 오랫동안 시장에 남아있는 제품이 있는가 하면, 그렇지 못해 짧은 시간 내에 시장에서 사라지는 제품이 있다.

신제품이 시장에 나온 이후 그 변화에 대한 유용한 분석들이 바로 제품수명주기(product life cycle: PLC) 이론이다. 제품수명주기 이론에 의하면 도입기, 성장기, 성숙기 및 쇠퇴기 등의 단계설을 기초로 한다.

제품수면주기는 신제품이 도입되어 시장에서 사라질 때까지 제품의 판매액과 이익의 변화상태를 수명단계별로 구분해 놓은 것이데, 각 단계별로 상이한 기회나 문제점이 발생하여 마케팅 전략과 이익가능성이 달라지게된다. 즉, 한 제품이 제품수명주기상 어느 단계에 있는가 또는 어느 단계로 이동 중에 있는가를 파악함으로써 보다 적합한 마케팅 계획을 수립할 수 있다.

### 가. 도입기

도입기는 일반적으로 판매량이 적고, 새로운 유통경로를 확보하고 소비자의 신제품에 대한 인지도를 높이기 위해 유통비가 많이 소요되므로 이익이 없거나 적자가 발생한다. 일반적으로 도입기에는 제품가격이 높은데, 연구개발비용, 초기 시설투자비용, 촉진비용 및 유통망구축비용 등을 조기에 회수하고자 하기 때문이다.

도입기에는 유통경로를 확보하여 소비자들이 신제품을 쉽게 구매할 수 있게 하고, 소비자의 시용구매를 유도하는 등 상표구축(brand establishment)전략을 세워야 한다.

신제품을 구입하는 소비자들은 신제품의 위험을 감수하여 구입하는 혁신층이 많으므로 고소득층을 대상으로 고가격정책을 쓰는 것이 바람직할 것이다.

**제품수명주기(PLC)**

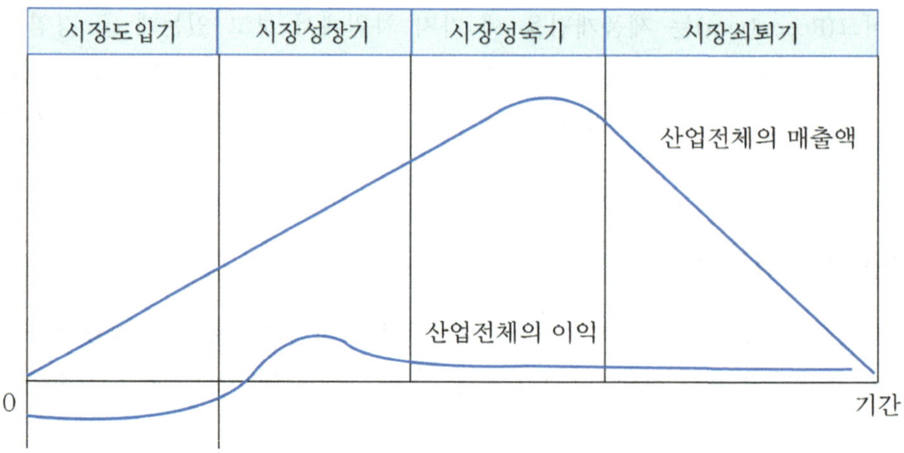


### 나. 성장기

신제품이 소비자의 욕구를 충족시켜 다수의 소비자가 급속히 신제품을 수용하게 되면 성장단계로 접어들게 된다.

성장기의 특징을 흔히 판매곡선과 이익곡선이 빠른 속도로 상승하게 된다는 점이다. 성장기의 지속적인 판매량 증대는 단위당 유통비와 촉진비를 하락시켜 이익이 점점 늘어나게 되며 성장기 말기에 최대의 이익이 실현된다. 따라서 매출액의 증가로 산업 전체의 이익이 발생하고 경쟁기업들은 점차 이 시장을 매력적인 것으로 평가하고 진입하게 되며, 그 결과 시장에 유사한 제품들이 많이 출시되어 경쟁이 격화된다.

성장기 마케팅 전략의 초점은 시장점유율 확대로서 기존 소비자의 반복구매를 유도하고 새로운 소비자의 구매를 유도해야 한다. 이 단계에서는 제품시용(try-my-product)보다는 상표구매(buy-my-brand)를 자극하고, 판매망을 확충하며, 규모에 의한 경제(economy of scale)를 도입하고 가격을 인하하여 시장점유율을 확대하는 것이 최선의 전략이 될 수 있다.

### 다. 성숙기

성숙기는 도입기나 성장기보다 오랜 기간 동안 지속되는 것이 보통이며 제품의 표준화와 대량생산으로 제품원가가 낮아 제품가격이 낮아진다. 성숙기는 성장기에 진입한 많은 경쟁기업들로 인하여 잠재적 소비자의 대부분이 제품을 수용하여 판매량이 증가하지만 매우 완만한 속도로 증가한다. 판매곡선은 안정되는 반면에 제조회사와 소매상의 이익은 감소하기 시작한다. 기장점유율이 낮은 생산업자는 당해 시장에서 탈락하게 된다. 가격경쟁을 더욱 심해지고 생산업자는 자사제품취급상을 계속 유지하기 위하여 훨씬 더 많은 판매촉진활동을 벌여야 한다.

이 단계의 마케팅 목표는 기존의 시장점유율을 방어하면서 적정이윤을 계속 유지하는 것이다. 이 단계는 신제품이 출시된 이후 상당한 기간이 지났기 때문에 변화하는 고객의 욕구를 충족시키기 위하여 시장과 제품을 적응시켜야 한다. 즉, 성숙제품을 가지고 수동적으로 시장에 임하기보다는 적극적으로 시장, 제품 그리고 마케팅 믹스를 확대하거나 수정하는 전략이 필요하다.

### 라. 쇠퇴기

신기술개발로 인해 대체품이 출현하거나 신제품이 기존제품보다 성능이 좋다든가 또는 가격이 저렴한 신제품이 등장했다든가 소비자기호가 변화되어 판매량이 점차 감소하면서 제품의 매출과 이익이 점차 감소하면 제품수명단계는 쇠퇴기(decline stage)에 들어간다.

쇠퇴기의 마케팅은 비용절감과 투자비의 회수이다. 쇠퇴기의 전략적 방안으로는 철수전략과 잔존전략이 있다. 쇠퇴기제품은 매출액이 저조한 품목들을 제거하여 최소한의 이익을 유지하는 수준에서 저가격정책을 택한다. 유통전략측면에서는 취약한 중간상들을 제거함으로써 적정수의 점포만을 유지한다.

## 4. 가격관리

경영자는 제품의 가격결정에 있어서 표적시장에서의 경쟁상대와 대체적 가격에 대한 것을 충분히 감안해야 한다. 경제학적인 측면에서 가격은 서비스의 가치를 화폐단위로 나타낸 것, 또는 이러한 제품이나 서비스를 소유·사용하기 위해 지불해야 하는 화폐의 양으로 정의된다. 생산자의 입장에서 가격은 소비자의 효용을 반영하는 것만은 아니며 제품비용 및 판매에 소요되는 비용을 포함하지 않으면 안 된다. 제조업자는 이윤이 없을 정도로 가격을 정할 수 없는 것이다. 또한 가격결정에 있어서 경쟁업체나 법률 등 기타 요인을 무시할 수도 없는 일이다.

가격결정에 있어 충분한 고려를 해야 할 점은 교환되는 상품 또는 서비스의 양과 질로서 ① 교환이 이루어지고 지불이 이루어지는 때와 장소, ② 거래에 적용되는 신용조건이나 할인, ③ 상품 또는 서비스에 관한 보증, ④ 배달조건, ⑤ 반품, ⑥ 기타 요인 등이다. 제품에 대한 어떤 가격수중을 정한다는 것은 기업에 있어 마케팅 활동의 중요한 요소 중의 하나이다. 그리고 효과적인 판매 촉진활동, 우수제품, 고객에 대한 양질의 서비스는 가격인상을 하여도 수요에는 긍정적인 효과를 얻을 수도 있다.

## 5. 유통관리

경영자는 적기에 시장에 제품이 공급될 수 있도록 유통경로를 선정해서 제품을 유통시키고 유통구조를 계획하고 개발해야 한다. 유통경로란 "제품이나 서비스가 소비 또는 사용될 수 있도록 하는 과정과 관련되는 일체의 상호의존적인 조직"으로 제품이나 서비스를 생산자로부터 최종소비자에게 전달하는 도구를 제공함으로써 마케팅 전략에서 중요한 역할을 수행하고 있다.

제품의 생산만으로는 소비자의 욕구를 만족시키고 기업의 목표를 달성할 수 없다.

이를 달성하기 위해서는 제품의 표적시장의 소비자에게 적절한 시간, 적당한 위치에 적당량이 제공되어야만 하는데, 이 같은 효용을 창출하는 기능이 바로 유통경로이다. 유통경로는 다른 마케팅 믹스와는 달리 쉽게 변화시킬 수 없는 비탄력성과 각국의 특성에 따라 고유한 경로가 존재하고 있다.

## 6. 판매촉진관리

판매촉진은 잠재고객에게 제품에 대한 시장정보를 제공하고 설득시키는 것으로 촉진의 수단에는 광고, 홍보, 인적 판매, 판매촉진 등이 있다.

판매촉진활동의 목적은 첫째, 정보제공을 목적으로 한다. 특히 제품수면주기의 도입기단계에서 자사제품을 잠재고객에게 알리기 위해 촉진활동을 활발하게 전개하는데 이는 신제품에 대한 본원적 수요증대를 이룩하기 위해서다.

둘째, 판매촉진활동은 소비자의 태도나 행동을 수정하거나 현재의 태도나 행동을 강화하기 위해서 행해지기도 한다. 예를 들면 '대우차'가 아니라 '현대차'를 구매하도록 설득한다든가 이미 '삼성 TV'를 사용하는 사람에게 계속해서 '삼성 TV'를 사용하도록 설득하는 방법이다. 설득은 기업이 구매를 자극하기 위해 설계되며 이는 대개 제품수명주기상 성장기에 들어갈 때의 촉진방법이다.

셋째, 판매촉진활동으로서의 회상은 자사제품을 소비자들의 마음속에 늘 유지시키기 위하여 설계되는데 제품수면주기상 성숙기의 촉진방법이다. 회상적 촉진은 소비자들이 제품효익에 대해 이미 알고 있다고 가정하여 기억을 되살리는 촉진형태이다.

촉진관리의 수단을 살펴보면 다음과 같다.

### (1) 광고

광고는 광고주가 아이디어, 재화 및 서비스를 비인적(非人的) 매체를 통해 제시하고 촉진하는 활동으로 정의할 수 있다. 오늘날 광고의 유형이 너무 다양하여 다른 촉진믹스와의 엄격한 구분이 곤란하나 일반적으로 다음과 같은 특질을 가지고 있다.

첫째, 광고는 인적 판매와 달리 광범위한 공중을 대상으로 하는 공공성을 지닌 커뮤니케이션방식으로 합법적이어야 하고 모든 공중들의 구매동기를 자극할 수 있도록 기본적이며 표준화된 성격을 가져야 한다.

둘째, 광고소비자들에 대해 메시지를 반복하여 전달할 수 있고, 또한 소비자들은 경쟁업자의 메시지를 수신하여 비교 검토할 수 있으므로 잠재적 소비자들에게 광범위하게 침투된다.

셋째, 광고는 문자, 소리 및 그림 등을 이용하여 기업이나 제품을 다양하게 표현하고 연출할 수 있다.

넷째, 광고는 잠재적 소비자의 모두가 소득, 나이, 취미 및 구매동기 등 여러 면에서 상이함에도 불구하고 동일한 메시지를 일방적으로 표시하는 특징을 가지고 있다. 따라서 인적 판매에서와 같이 상황에 따라 상이한 소구수단을 이용할 수 없으므로 설득력이 약하다는 단점이 있다.

광고에 활용할 광고매체를 선정하는 과정에서 마케팅 담당경영자는 신문, 잡지 및 그 밖의 주요매체의 특성을 충분히 고려하지 않으면 안 된다. 주요 광고매체의 특징을 살펴보면 다음과 같다.

① 신문 : 광고매체로서의 신문은 적시성이 있는 매체로서의 특징이 있다. 신문은 거의 누구나가 읽는 것이므로 넓은 시장을 집중적으로 공략할 수 있다. 특히, 지방판은 광고가 그 지방의 사회 및 경제적 환경에 적응할 수 있다는 점에서 유리한 것이다. 그러나 신문광고의 수명이 너무 짧은 것이 약점이라고 할 수 있다.

② 잡지 : 광고에 높은 질의 색채인쇄를 필요로 할 때에는 잡지가 탁월한 매체이다. 또 이는 1인당 저비용으로 전국시장에 도달하는 데 이용할 수 있으며 잡지는 비교적 한가한 시간에 읽게 되므로 긴 설명을 하여야 할 광고주에게는 유리하다.

③ 우편 : 우편은 모든 매체 중에서 가장 개성적인 매체이며 광고주가 도달하고자 하는 한정된 시장에만 이르게 되므로 유포물의 낭비가 가장 적다.

④ 라디오 : 광고매체로서 라디오의 가장 큰 이점은 비교적 광고비가 적게 든다는 것이다. 그러나 라디오는 귀를 통해서만 수구하기 때문에 영상이 필요한 경우에는 사용할 수 없다.

⑤ 텔레비전 : 텔레비전은 무소불능의 신축성을 가장 큰 특징으로 하고 있으며 실물제시도 가능하지만, 매체비가 엄청나게 비싸다. 또한 메시지가 영구적으로 기록되지도 않고, 잠재고객이 제시순간에 광고를 보지 못하면 그 메시지를 제시할 수도 없다.

⑥ 옥외광고 : 옥외광고는 신축성이 높고 비교적 비용도 저렴한 것이 특징이며 사실상 모든 사람에게 미칠 수 있는 것이므로 짤막한 메시지가 제시되는 소비자용품

광고에 널리 이용된다. 이 매체는 기억을 촉구하거나 상기시키는 목적으로 하는 광고에 가장 효과적이며 큰 규격과 색의 충격을 가져다준다.

### (2) 홍보

홍보란 기업이 고객 또는 잠재고객에 노출되는 모든 매체를 통하여 대가를 지불하지 않고 기업활동, 제품 및 서비스에 대하여 상업적으로 의미 있는 기사나 뉴스를 게재·방송하도록 함으로써 커뮤니케이션 효과를 달성하고자 하는 활동을 말한다. 홍보는 대개 뉴스매체에서 취급하는데 소비자들은 뉴스를 광고보다 훨씬 더 신뢰한다. 요즈음 매체광고비는 점점 올라가고 광고경쟁은 더욱 치열해지고 있기 때문에 광고의 일은 상대적으로 줄어들고 있다. 이러한 이유로 홍보활동을 앞으로 더 조직적이고 전문적으로 전개할 필요가 있다.

홍보와 비슷한 개념으로 PR(public relation)이 있다. PR은 "기업과 사회간에 이상적인 관계를 정립하기 위해 기업이 벌이는 여러 가지 활동"이라고 정의한다. 따라서 홍보는 PR의 일부로 볼 수 있다. 오늘날 홍보를 PR차원으로 끌어올려 적극 활용하는 기업이 늘어나고 있다. 요즈음 홍보 내지 PR의 중요성이 더해가고 있으며 이런 추세는 앞으로 계속될 것이라 전망된다. 회사가 홍보 또는 PR을 위해 동원할 수 있는 수단으로는 뉴스, 상연, 전시회와 같은 행사, 신문과 같은 인쇄물발간, PR용 시청각자료제작 등이 있다.

### (3) 방문 판매

방문 판매(personal selling)란 잠재적 구매자에게 인접접촉을 통하여 제품을 제시하는 것을 말한다. 인적 판매는 광고·판매촉진·홍보와 더불어 촉진도구로서의 중요한 요소일 뿐만 아니라 모든 회사들이 활용할 수 있는 가장 효과적인 커뮤니케이션 방법이기도 하다. 이 방법은 판매원이 고객의 필요와 조정반응에 맞추어서 커뮤니케이션을 달리할 수 있는 융통성이 있는 것이 특징이다. 그러나 방문 판매는 판매원을 개발·관리하는데 많은 비용이 들고, 특징적무에 적합한 판매원을 발굴하는 것이 쉬운 일은 아니다. 일반적으로 인적 판매의 특징은 다음과 같다.

첫째, 방문 판매는 표적고객에의 개인적 접촉을 통하여 고객의 욕구와 상황을 직접 관찰하고 이에 대처할 수 있다.

둘째, 방문 판매는 대화를 통해 구매를 독려하는 쌍방적 커뮤니케이션이다.

셋째, 방문 판매는 판매원의 선발·교육·관리 등에 비용이 많이 든다. 따라서 고가품이고 소비자의 서비스가 특히 요구되는 산업용품 등의 촉진수단으로 많이 이용된다.

넷째, 방문 판매는 다른 촉진도구보다는 최종적 구매행동을 자극하는 방법으로 매우 효과적이다.

### (4) 판매촉진

판매촉진은 방문 판매와 광고를 제외한 모든 마케팅 활동을 말한다. 판매촉진에 의한 의사결정을 광고와 방문 판매 등 다른 촉진수단과 조화를 이룸으로써 효과를 극대화시킬 수 있다. 판매촉진기법은 상품전시 및 진열과 전람회 등으로 기업의 판매 또는 광고전략의 효과를 높이거나 보충하기 위해서 이용된다. 오늘날에는 판매촉진의 중요성이 증대되어 판매촉진을 위한 경비가 상당히 증가하고 있는 추세이다. 아직은 광고비를 판매촉진비에 비해 많이 사용하고 있는 실정이지만 광보비의 과도한 증가, 매체확보의 어려움, 격심한 광고경쟁에 따른 광고효과의 감소 그리고 대중매체를 이용하면 광고가 표적고객에게 정확하게 도달하지 않는다는 등의 이유로 판매촉진의 사용이 증가하고 있다.

판매촉진수단은 다양하다. 쿠폰(coupon)은 약간의 가격할인을 제공함으로써 고객에게 새로운 제품을 시험해 보게끔 하기 위한 것이다. 견본(sample)은 무상선물로서 신제품도입 시에 가장 효과적인 방법이지만 비용이 많이 든다. 그리고 기업의 이름, 판촉메시지 등이 담긴 펜, 라이터 등을 선물로 제공하는 판촉물광고, 무료로 제품을 사용할 수 있게 하는 무료시용(freetrial), 그리고 정가에서 소액인하된 가격으로 판매하는 소액할인 등이 있다.

### (5) 인터넷 광고

#### 가. 배너(Banner)를 이용한 광고

배너란 쉽게 말해서 광고용 현수막이라고 생각하면 이해하기 편할 것이다. 웹 사이트를 돌아다니다 보면 접하게 되는 유명 사이트의 상당이나 하단 부분에 현수막 같은 것들을 본 적이 있었을 것이다. 이것을 배너라고 하며, 배너를 클릭할 경우 광고주의 웹 사이트로 이동하도록 링크되어 있다.

배너를 이용한 광고비용은 배너의 위치와 크기에 따라, 그리고 배너 광고를 게재하는 웹 사이트의 유명도 등에 따라 많은 차이를 보이고 있다. 네이버와 다음과 같이 많은 네티즌들이 즐겨 찾는 웹 사이트에 배너 광고를 게재하는 것은 대기업들이나 할 수 있을 정도로 상당한 비용이 소요되지만, 광고효과는 크다고 할 수 있다.

배너 광고는 크게 유명 웹 사이트에 비용을 지불하고 배너를 거는 방법과 주로 성인용 사이트에서 사용하고 있는 상호 배너 교환방법이 있다. 유명 웹 사이트에서의 배너 광고는 주로 다음과 같은 3개 유형의 웹 사이트에 게재되고 확고히 표준화되어 있을 때 구매하는 사람들로 다소 보수적 성향이 강한 구매 계층이다. 이 또한 전체 수용자의 1/3을 차지한다. 기업입장에서는 이 기간에 흑자를 실현해야 한다.

마지막으로 쇠퇴기는 지각수용자들이며 회의론자들이다. 신기술을 원하지 않아 설득이 필요하지 않은 소비계층이다.

컴퓨터라는 새로운 기술이 내장되었던 제품이 마케팅되었던 과정을 살펴보면 앞에서 설명한 내용들이 쉽게 이해가 된다. 컴퓨터가 처음 발명되었을 때는 일반인들보다는 기술전문가들 특히 기술애호가들만이 컴퓨터를 이용하였다고 볼 수 있고 그 후에 컴퓨터가 좀 더 개발되면서 이용이 다소 편리해져 통찰력이 있는 사업가들이 컴퓨터에 대한 인식을 다르게 하기 시작한 시기가 유아기에 해당한다. 그 후 퍼스널 컴퓨터가 등장하면서 성장기를 구가하게 된다. 상당수의 사람들이 컴퓨터에 대한 기초이론과 상식을 익힌 후에 가정은 물론 사무실에서 사용하게 되었다. 그러나 요즘은 아이콘과 마우스 등이 등장하면서 컴퓨터 조작이 아주 간편해졌다. 따라서 이제 컴퓨터가 나이 먹은 사람들까지 금새 배워 활용하고 있다. 그러나 회의론자들 말하자면 이 나이에 컴퓨터를 배워서 뭐하겠느냐면서 아예 컴퓨터 자체를 거부하는 극히 적은 수의 사람들도 없지 않다.

발아기와 유아기를 초기시장이라고 하고 성장기와 성숙기를 주류시장이라고 하는데 초기시장에서 주류시장으로 진입하는데 마케팅상 가장 큰 위험이 따른다. 이를 대단절, 즉 케즘이라고 한다. 이 케즘을 극복하지 못하면 벤처기업은 마케팅 위험에 빠져 성공하지 못하고 도산하게 된다. 벤처로 성공한 기업은 반드시 이 케즘을 넘어선 기업이다.

비록 케즘처럼 심각한 대단절은 아니지만 발아기에서 유아기로 넘어갈 때, 그리고 성장기에서 성숙기로 넘어갈 때에도 약간의 단절이 있게 되는데 이를 균열이라고 한다. 균열은 케즘처럼 심각하지는 않지만 첫 번째 균열은 새로운 가치로 쉽게 상용화되지 못할 때 나타나며 두 번째 균열은 최종사용자가 기술적으로 잘 이해하고 능숙하게 이용을 할 수 없을 때 나타난다. 말하자면 첫 번째 균열은 상용화할 수 있는가를 판가름하고 두 번째 균열은 보편화에 성공할 수 있는지를 결정한다고 판단된다.

이처럼 벤처기업은 전통기업들의 마케팅과는 다르게 케즘과 균열이 자리잡고 있으므로 이들을 어떻게 잘 극복하고 넘어가느냐에 마케팅의 주안점이 있다. 따라서 벤처기업으로서 성공하기 위해서는 전통기업과는 달리 마케팅 전략자체가 영업주도전략을 구사하여 매출을 올리려는 것보다는 초기시장에서 주류시장으로 넘어가기 위한 전진기지를 확보하는 전략을 구사하는 것이 바람직하다. 이를 위해서는 완전한 제품을 만들어 내야 하는 것이 중요하다. 캠코더의 예가 대표적인 벤처마케팅의 성공케이스이다. 방송국에서 사용하는 동영상 카메라는 전문가집단들만 사용하는 초기시장에서 머무르다가 소형 캠코더가 개발되면서 주력시장진입에 성공한다. 그 후에는 두 번째 균열을 넘어서기 위해 사용법을 더욱 간편하게 한 것이 주효해 이제는 일반카메라보다 캠코더가 더 많이 사용되는 시대를 맞고 있다.

캠코더 예에서 보았듯이 벤처기업의 신기술 제품은 일반사람들도 신기술 제품인데도 불구하고 불편함 없이 사용할 수 있는 완벽한 제품을 만들어서 대중에게 적합한 가격으로 촉진하는 마케팅 믹스가 주효하다.

PART 04

# 사업 실무론


Chapter 13 프랜차이즈 사업

Chapter 14 e-비즈니스 사업

Chapter 15 1인창조기업과 협동조합

Chapter 16 벤처기업과 이노비즈기업

"진실로 다시 너희에게 이르노니 너희 중의 두 사람이 땅에서
합심하여 무엇이든지 구하면 하늘에 계신 내 아버지께서
그들을 위하여 이루게 하시리라. 두 세 사람이 내 이름으로
모인 곳에는 나도 그들 중에 있느니라." (마18:19-20)

"Again, I tell you that if two of you on earth
agree about anything you ask for, it will be done
for you by my Farther in my heaven, For where two
or three come together in my name, there am I with them."

(Mattew18:19-20)

# Chapter 13 프랜차이즈 사업

## 1. 프랜차이즈 사업의 정의

프랜차이즈 사업은 미국에서 탄생하여 세계화의 물결을 타고 전 세계적으로 확산·보급되는 과정에서 우리나라에도 1978년 외식업 위주로 도입되었다. 미국에는 전 소매 매출액의 3분의 1 이상을 프랜차이즈가 차지하고 있다. 일본의 경우는 총매출액이 20조 엔을 상회하고 있다. 우리나라도 2000년을 기준으로 연간 매출액이 약 40조원, 도소매 매출액의 약35%로 추정되며, 가맹점 수는 15만 여개, 업종 수 350 여개, 60여만의 고용을 창출하는 등 크게 발전하였다.

원래 프랜차이즈(franchise)라는 말은 자유, 면제, 특권과 같은 뜻을 가진 보통명사, 또는 "특권을 부여한다."와 같은 타동사를 의미한다. 그런데 영어의 어원은 프랑스어의 'Franchise'의 엣 용법에 유래하는데 그것은 통제 또는 예속으로부터의 자유를 의미하였다. 현대 프랜차이즈는 1898년에 GM이 자동차판매권의 대리점을 개설하면서 시작되었다고 볼 수 있다. 그 이후 1900년대에 들어서면서 Rexall Drug, Howard Johnson 레스토랑이 프랜차이즈를 팔기 시작했다.

프랜차이즈(franchise)는 프랜차이저(franchisee)가 개발한 제품이나 서비스를 팔기 위해서 라이선스와 권리를 프랜차이지(franchisee)에게 허락하는 프랜차이저(파는 사람)와 프랜차이지(사는 사람) 사이의 관계이다.

이러한 프랜차이즈의 용어는 제도상의 권리를 표현하는 것으로 사용되게 되었으며, 국제프랜차이즈협회(International Franchise Association)의 정의에 의하면, "프랜차이즈는 프랜차이저와 프랜차이지 사이의 계약관계이고, 프랜차이저는 노하우와 훈련 등의 업무에 관하여 계속적으로 이익을 제공하고, 또는 이를 유지할 의무를 지며, 프랜차이지는 프랜차이저의 소유 또는 관리(comtrol)하에 있는 공통의 상표명 및 계약에 따라 영업을 하며 프랜차이지의 사업에 대하여 자신의 자본을 실질적으로 출자하는 자를 말한다."고 정의하고 있다.

한국프랜차이즈협회(Korea Franchise Association)에서 채택한 정의에 의하면, "프랜차이징이란 프랜차이저가 프랜차이즈를 사는 사람에게 프랜차이즈회사의 이름, 상호, 영업방법 등을 제공하여 상품과 서비스를 시장에 판매하거나, 기타 영업을 할 수 있는 권리를 부여하며, 영업에 관하여 일정한 통제, 지원을 하고, 이러한 포괄적 단계에 따라 일정한 대가를 수수하는 계속적 채권관계를 의미한다."라고 하였다.

우리나라는 연쇄점, 체인점, 또는 대리점이라고 부르며 창업에 대한 지원, 사업운영뿐만 아니라 회사이름, 상표 등의 사용권리도 포함하는 것이 일반적이다. 프랜차이즈는 3가지 형태로 구분할 수 있다.

첫째로 상호(trade name)만을 계약하는 것이다. 일정한 운영점포나 시스템을 유지하거나 제조업자의 이름으로 제품을 공급해야 하는 전제조건 없이 상호로만 구분되는 형태이다.

둘째는 제품 프랜차이즈(product franchise)를 획득하는 것이다. 즉, 코카콜라와 같이 제조업자의 이름 하에서 독립적이고 제한된 유통네트워크를 통하여 특정제품을 팔 수 있는 권리를 계약하는 것이다.

셋째는 턴키 프랜차이즈(turnkey franchise)방식이다. 이는 프랜차이저가 제품에서부터 공장, 장비, 마케팅, 회계, 서비스 등을 포함한 완전한 운영시스템을 공급하는 방식이다.

## 2. 프랜차이즈 사업의 분석

프랜차이즈 분석은 법률적인 기준으로 정의를 내리는 것은 다른 형태의 유통조직과 구분하는 데 분명한 기준을 제공하지 못한다. 미국의 상무성을 프랜차이즈의 세 가지 기준으로 통제(control), 배타성(exclusively), 그리고 표준화(standardization)를 제시하고 있다.

### (1) 유인의 불일치

프랜차이저와 프랜차이지의 유인(incentive)는 항상 일치하지는 않는다. 그렇기 때문에 프랜차이저는 프랜차이지의 네 가지 유형의 행동을 통제하기 위하여 계약서를 작성한다.

첫째는 무임승차의 유인(free riding inxentive)으로서 프랜차이지들이 상표명을 공동 사용하는 경우 일반적으로 프랜차이지는 그가 취급하는 비용을 절약하기 위해 제품의 품질을 저하시키는 행동을 하더라도 그 결과에 대한 책임은 지지 않으면서 자신의 원가를 절감시킬 수 있다.

둘째는 특별서비스 무임승차문제(special service free riding problem)로써 구매 전 서비스(pre- purchase service)를 소비자에게 제공하는 프랜차이지와 제공하지 않는 프랜차이지와의 관계에서 발생한다. 예를 들어 1960년대의 자동차 제조업자와 풀 서비스를 제공하는 자동차 딜러 사이에 이러한 문제가 발생하였는데 자동차 전시매장, 재고 및 판매원을 두지 않고 제조업자의 카탈로그만 보고 자동차를 판매하는 딜러에 대해 자동차 제조업자가 풀 서비스 딜러와 동일한 가격으로 자동차를 공급함에 따라 생기는 문제이다.

셋째, 프랜차이저가 프랜차이지에게 해당 지역에서 독점적인 영업을 할 수 있도록 독점지역(exclisive territory)을 허가하는 경우에, 프랜차이지가 판매가격 결정에 대해 어느 정도의 권한을 갖게 됨으로써 프랜차이저와 프랜차이지 사이에 유인의 불일치를 초래할 수도 있다.

넷째, 위의 세 가지 형태보다 더 광범위하고 심한 것으로 프랜차이지의 역유인문제이다. 특히 프랜차이지들이 공동으로 사용하는 상표에 대한 소비자의 집착이 없거나, 소비자가 풀 서비스를 제공하는 프랜차이지로부터 서비스를 제공하고 풀서비스를 제공하지 않는 프랜차이지로부터 제품이나 서비스를 구매하는 경우이다. 또는 프랜차이지가 시장영향력을 갖지 않는 경우에도 역유인문제가 발생할 가능성이 있다.

이러한 역유인문제가 발생할 조건은 프랜차이지가 마케팅 노력과 같은 제품의 수용에 영향을 미치는 투입요소의 일부를 통제하거나, 또는 프랜차이저가 프랜차이지에게의 판매가격이 한계비용보다 커야 한다는 것이다. 이러한 조건하에서 프랜차이저는 추가제품을 판매할 유일을 갖게 되며 프랜차이지가 추가적인 마케팅서비스를 제공하기를 바란다. 그러나 프랜차이지는 어느 정도의 마케팅 서비스를 제고할 것인가를 결정함에 있어서 추가적인 매출로부터 프랜차이저가 벌어들이는 이익은 고려하지 않는다.

### (2) 계약조항

계약조항은 두 가지 상이한 방향으로 프랜차이지의 행동을 유도한다.

첫째는 계약조항이 프랜차이지로 하여금 프랜차이저가 원하는 방향으로 일을 하도록 유인을 제공하는 것이다. 예를 들면 프랜차이지의 마케팅노력의 수준을 명시하거나 대용치(proxy)를 명시하는 것이다. 대용치란 프랜차이지의 마케팅노력을 가늠할 수 있는 고용된 판매원의 수, 각 프랜차이지의 독점지역 등이 이의 예가 된다. 이러한 조항들은 소송의 위험이 있으므로 프랜차이지의 행동을 유도하는 데 충분한 것으로 가정된다.

둘째는 프랜차이저가 프랜차이지에게 바라는 해동이 매우 복잡하고 측정하기 어려울 뿐만 아니라, 이러한 계약만으로는 가능한 모든 내용을 명시할 수 없으므로 완벽하지 못하다. 따라서 법적인 효과에 기대를 거는 계약조항보다는 스스로 실행하도록 유도하는 방법을 촉진하는 방향으로 프랜차이즈 계약조항이 설계된다. 가령 거래 또는 계약의 종결이 법률적 위협보다 더 큰 효과를 가져올 수 있다. 스스로 실행하도록 유도하는 방법이 효과적인 역할을 하기 위해서는 프랜차이지에게 충분한 수익이나 미래의 프리미엄을 제공할 수 있도록 계약조항이 설계되어야 한다.

프랜차이지의 수행을 확실히 하기 위해 프랜차이저는 단순히 소매가격을 설정하는 것 이상의 것을 해야 한다. 즉, 프랜차이저는 프랜차이지의 이익을 위한 경쟁이 사라지지 않도록 계약을 설정해야 하며 프랜차이지의 이행상태를 적극적으로 감시해야 한다.

### (3) 상호 신뢰

스스로 실행하도록 유도하는 방법이 효과가 있기 위해서는 프랜차이지가 프랜차이저가 원하는 대로 이행을 하면 미래 프리미엄 흐름을 받게 될 것임을 프랜차이저는 보장해 줄 수 있도록 상호 신뢰가 있어야 한다. 그러나 프랜차이저는 프리미엄을 지불하는 것이 지불하지 않는 것보다 저렴한 경우에만 프랜차이지에게 미래의 프리미엄 흐름을 지급할 것을 약속할 것이다.

프랜차이저가 프리미엄을 지급하지 않으면 비용을 절감하게 되지만 자체적으로 유통을 관리하는 추가비용을 부담해야 한다. 따라서 프랜차이즈에 비교하여 소유하는 형태의 이점이 프랜차이저의 원가가 프랜차이저가 프랜차이지에게 약속 살 수 있는 미래 프리미엄의 최대수준을 결정한다.

## 3. 프랜차이즈 사업의 장점

### (1) 종업원 훈련

맥도날드, 홀리데이 인, 버거킹과 같이 규모가 큰 프랜차이즈는 그들 자신의 훈련 프로그램을 가지고 있다. 프랜차이즈를 처음 개설하는 프랜차이지는 본부에서 일정한 기간 동안 청소 및 정리정돈에서 회계, 원가관리, 제품생산에 이르기까지 경영전반에 걸친 노하우를 습득하게 된다. 대부분의 프랜차이즈는 품질유지와 원조를 제안하기 위해 본부와 상호 교류하게 된다.

### (2) 재정 지원

자신의 사업을 창업하는 데 필요한 자금이 막대하게 소요되는 반면에 프랜차이즈는 상대적으로 덜한 편이다. 대부분의 경우에 프랜차이즈는 창업자금이나 사업자금을 금융기관으로부터 유리하게 지원받을 수 있다. 프랜차이저의 명성과 신용평가 정도가 자금조달의 중요한 척도가 될 수 있고, 한편 프랜차이저가 대출에 대해 공동 서명하는 경우도 있다.

### (3) 마케팅

프랜차이저는 프랜차이즈의 이름과 로고를 광고하기 위한 비용을 프랜차이지에게 부분적으로 부담시킨다. 프랜차이즈가 전국적인 네트워크로 연결되어 있다는 것은 많은 장점을 가지고 있다. 고객은 프랜차이즈의 명성에 의해서 제품을 인지하게 되고 위치에 관계없이 지속적으로 품질과 서비스가 유지된다고 알고 있기 때문에 제품과 서비스를 구매하는 것이다. 프랜차이저는 광고효과를 극대화하기 위해서 마케팅 접근을 시도하며, 각 지역 프랜차이지는 이들 기법을 전수받고 예측 가능한 결과를 확신하게 된다. 이는 품질관리와 표준화를 고집하는 이유이기도 하다.

### (4) 운영 혜택

프랜차이즈 사업을 시작했다는 것은 실제로 이미 만들어진 사업체를 인수하는 것과 유사하다. 운영시스템은 이미 시도, 입증, 표준화되어진 것이다. 프랜차이즈가 프랜차이저가 요구한 대로 관리되어진다면 수익성은 보장 될 수 있을 것이다. 프랜차이즈를 운영하는 동안 시행착오를 극복하지 못하여 수익성 있는 사업체의 기회를 상실하는 경우도 있다.

## 4. 프랜차이즈 사업의 한계

### (1) 프랜차이즈 비용

프랜차이즈 개설을 위한 비용은 여러 요인으로 구성되어 있는데, 그 중에서 프랜차이즈 영업권이 주요항목이라고 볼 수 있으며 지명도가 높을수록 높게 부과되는 것이 일반적이다. 그 이외에 특허권 사용료, 광고비, 재고 및 운송비, 장비임대료 등을 포함한다. 이들 비용이 프랜차이즈 영업권에 포함될 때 총투자비용은 상당히 커질 수 있다.

### (2) 성장의 제약

사업이 성장하기 위한 가장 기본적인 방법 중의 하나는 현재의 판매영역을 확장하는 것이다. 그렇지만 많은 프랜차이즈는 판매영역을 제한하는 계약조건을 가지고 있기 때문에 성장을 저해하는 요인으로 작용할 수 있다. 일반적으로 똑같은 영역 내에서 또 하나의 프랜차이즈를 운영할 수 있는 권리를 부여하지는 않는다.

### (3) 독립의 어려움

프랜차이지는 프랜차이즈 계약서에 경영에 관련된 상당히 많은 부분을 양보하고 있는 것이다. 사업 운영에 대한 프랜차이저의 관리와 통제가 사업 성공을 보장하는데 도움이 된다고 할지라도 사업의 독립성을 소중히 여기는 창업자에게는 제한된 경영권을 행사할 수 있기 때문에 사업의 독립성을 보장하기에는 어려움이 있다.

## 5. 프랜차이즈 사업의 평가

### (1) 위치

적정한 프랜차이즈의 위치선정은 창업초기 뿐만 아니라 이후의 성장을 용이하게 한다. 고객의 관심 또는 인지도는 신문, 잡지의 광고를 통하여 노출되기 시작하며 이들에 의해서 창업자가 추구하는 기업가정신, 기업의 사명, 목표 등이 표출되기도 한다.

### (2) 프랜차이즈 기회

프랜차이즈는 다른 나라에서 창업할 수 있는 많은 기회를 가지고 있다. 전통적으로 미국은 지리적 근접성과 언어의 유사성으로 인하여 캐나다에 국제적인 프랜차이즈를 운영해 왔다. 그렇지만 최근에 들어서면서 유럽공동체, 소련의 붕괴, 북아메리카자유무역협정 등으로 미국의 대형프랜차이즈들은 외국시장에 눈을 돌리기 시작했다.

### (3) 프랜차이즈 탐색

프랜차이즈를 성공적으로 창업하기 위해서는 대상 프랜차이즈의 계약조건의 특성을 주의 깊게 탐색하여야 한다. 프랜차이저는 프랜차이지에 대해서 적정한 창업자인지 탐색하고 싶어 하는 반면에 프랜차이지는 프랜차이저가 제공하는 기회의 유형을 평가하고 싶어 하는 평가과정을 거치게 된다. 프랜차이즈 창업자는 무엇을 가지고 1차적으로 프랜차이즈 기회를 평가해야 하는가? 어떤 정보가 유용한가? 어떤 기관이 프랜차이즈에 관한 정보를 제공하고 있는가? 기본적으로 다음과 같은 3가지의 정보원천으로부터 탐색될 수 있다.

① 독점판매업자(franchiser)로부터의 정보

② 정보원으로서 연쇄점 가맹점(franchisee)으로부터의 정보

③ 제3자(정부 또는 관련기관)로부터의 정보

Chapter 14

# e-비즈니스 사업

## 1. e-비즈니스 사업의 정의

### (1) e-비즈니스 사업의 특성

e-비즈니스는 전통적인 상거래와는 달리 시간적·공간적 제한은 극복한 새로운 형태의 사업기회를 제공함으로써 인터넷을 이용한 전자상거래가 차세대 비즈니스로 인식되고 있다.

#### ① 시장영역

세계 네티즌을 대상으로 거래활동이 이루어지기 때문에 국내는 물론 해외의 다양한 문화적·지리적 특성을 지닌 고객에게 24시간 접근이 가능하다.

#### ② 유통채널

기존의 유통경로와는 달리 유통단계가 축소되어 도매상이나 소매상을 거치지 않고 고객과 직거래가 이루어질 수 있기 때문에 유통비용이 감소되어 보다 싼 가격으로 고객서비스를 제공할 수 있다.

#### ③ 마케팅 활동

고객과 기업 간에 양방향의 정보교환이 가능하기 때문에 고객만족을 위한 마케팅활동이 가능하며 개개인의 맞춤서비스를 제공할 수 있다.

#### ④ 무점포

사이버 공간을 이용한 사업의 특성을 가지고 있기 때문에 기존의 점포를 이용한 비용(임대료 및 부대비용)에 비하면 상대적으로 e-비즈니스 창업을 위한 비용(하드웨어 및 시스템운영을 위한 기본 소프트웨어)이 저렴하다.

### (2) e-비즈니스 사업의 유형

#### ① B to C(기업과 고객)거래

기업과 고객간의 거래(business-to-consumer; B2C 또는 C2B)는 기업이 고객에게 제품 및 서비스를 제공하거나 반대로 고객이 기업에게 제품 및 서비스를 주문하는 수단으로 거래가 이루어지는 형태를 말한다. 그 예를 살펴보면 다음과 같다.

- 홈쇼핑
- 홈뱅킹(대금결제, 이체, 계좌관리, 증권거래)
- 교육, 방송, 오락
- 온라인 티켓 예약
- 여행 및 서비스 예약

#### ② B to B(기업과 기업)거래

기업 간 거래((business-to-business; B2B)는 기업 간에 상품, 원재료, 부품 등의 거래활동이 이루어지는 형태이다. 이러한 거래활동에 EDI(전자자료교환)나 전자우편 등이 이용되며 그 예를 살펴보면 다음과 같다.

- 완제품, 원재료, 부품의 구매 및 판매
- 기업과 금융기관 또는 금융기관 간에 전자자금 이체
- 기업과 기업 간의 문서 발주

#### ③ B to G(기업과 정부)거래

기업과 정부 간의 거래(business-to-government; B2G)는 기업과 정부기관간의 거래형태이다. 즉, 공공물자 또는 행정물품의 조달, 세금의 부과 및 납부, 정부공문서의 발급 등이 인터넷을 통해 이루어진다.

## 2. e-비즈니스 사업 창업

### (1) e-비즈니스 사업계획

#### ① 사업아이템의 선정

어떤 창업을 하는 경우에도 창업아이템의 선정이 중요하듯이 e-비즈니스 창업도 인터넷을 이용한 사업환경에 적합한 아이템의 선정이 성공의 중요한 조건이 된다. 오프라인에서의 창업과는 달리 자본이나 시설투자보다는 수요를 창출할 수 있는 아이디어와 기업가정신이 성패를 좌우할 수 있다.

#### ② 사업성 분석

사업의 규모가 작고, 큰 모든 사업을 시작하는 첫 단계는 사업성 분석이다. 사업성 분석은 목표고객에 대한 분석과 시장규모 및 가능성을 진단함으로써 구체적인 사업계획서 작성을 위한 사전분석이라고 볼 수 있다. 즉, e-비즈니스 창업을 위한 사업성 분석의 주요 내용은 누가 주요 고객이고, 현재 시장규모는 얼마이며, 판매 가능성 및 잠재 수익성은 있는지를 검토하는 것이다.

#### ③ 경쟁력 분석

창업하고자 하는 아이템과 관련하여 경쟁관계에 있는 사이버몰이 있는지를 검토해야 한다. 경쟁 사이버몰이 있을 경우, SWOT분석에 의한 강점과 약점, 기회와 위협요인을 고려하여 적절한 경쟁우위 전략을 도출할 수 있을 것이다.

#### ④ 사업계획서 작성

사업계획서에는 e-비즈니스 창업을 구체적으로 추진하기 위한 의지를 체계적으로 기술해야 한다. 사업아이템의 특성에 따라 다소 차이가 있기는 하지만 창업팀, 아이템 소개, 마케팅 전략, 추정재무제표, 향후 발전계획 등이 포함된다.

### (2) e-비즈니스 사업구성

#### ① 네트워크

e-비즈니스 실행에서 요구되는 인터넷 회선, 네트워크 장비, 웹 서버, 홈페이지 등을 구비해야 한다. 창업 아이템의 특성에 따른 네트워크 장비의 선정과 설치는 전문가를 통한 최적의 선택이 필요하다.

#### ② 하드웨어

e-비즈니스를 실행하기 위한 하드웨어는 서버 컴퓨터와 시스템 운영 지원 장비가 있다. 서버 컴퓨터는 창업하고자 하는 e-비즈니스 모델에 적합한 성능을 고려하여 구매, 임대, 리스, 위탁관리 방법 등을 선택할 수 있다. 시스템 운영 지원 장비는 하드웨어가 원활히 작동하도록 지원하는 장비를 말한다.

#### ③ 소프트웨어

e-비즈니스의 실행을 관리하는 데 필요한 소프트웨어를 설치함으로써 시스템이 가동된다. 이에 관련된 소프트웨어 OS(operating system), 웹 어플리케이션 서버(web applocation server), 유틸리티 프로그램(utility program) 등이 있다. OS는 하드웨어 및 소프트웨어의 효율적인 운영과 통제를 담당하며, 웹 어플리케이션 서버는 인터넷 기반의 정보시스템 구현을 위해 필요한 소프트웨어이고, 유틸리티 프로그램은 사용자들의 편의성을 제공하기 위한 프로그램이다.

#### ④ 기타 시스템

그 밖의 e-비즈니스의 실행을 위해 필요한 시스템으로는 자료와 정보의 보안을 위한 보안시스템, 네트워크 환경에서 이용되는 전자결제 시스템 등이 있다.

### (3) e-비즈니스 사업운영

#### ① 결제 방법

e-비즈니스 창업을 하는 경우에 가장 문제시 될 수 있는 부분이 결제시스템이다. 결제 방법으로 무통장 입금방식, 신용카드 결제, 계좌이체, 배달 후 직접수금, 전자지불 결재 등이 있다. 신용카드를 이용한 결제는 규모가 큰 일부 회사를 제외하고는 실행하

는 곳이 드물다. 일정 규모 이상이 아니면 신용카드회사에서 계약을 해 주지 않으며 또한 이용자들이 개인정보누출로 인하여 이용을 꺼리는 경향이 있다. 전자지불 결제 방법은 신용카드 결제방법의 문제점을 보완한 것으로서 결제수단(신용카드, 통장계좌)에 대한 정보를 입력한 후 해당 금융기관에게 결제 승인을 요청하는 시스템이다.

#### ② 택배 활용

물품의 배송방법은 우편 배송과 전문택배회사를 이용하는 방법이 있다. 가볍고 물량이 적은 경우에는 우편 배송을 이용하고, 배송물량이 많거나 무거운 경우에는 전문택배회사를 이용하는 것이 효율적이다.

#### ③ 반품 및 재고관리

고객으로부터 반품이나 환불 요청은 장기적 고객확보 차원에서 전략적으로 이용해야 한다. 일시적인 비용 상승의 문제가 발생할 수 있지만 장기적 차원에서 고객만족의 기회로 이용하여 단골고객 확보로 이어질 수 있다. 또한 고객과의 신뢰를 유지하기 위한 재고관리가 이루어져야 한다. 고객에게 재고 유무, 주문 대기시간, 취소, 환불 처리 사항 등에 대한 서비스가 실시간으로 제공될 수 있어야 한다.

## 3. e-비즈니스 사업의 장·단점

### (1) e-비즈니스의 장점

① 제품이나 서비스를 시간(24시간)과 공간(world wode)의 제약 없이 거래가 가능하다.

② 소비자는 다양한 제품이나 서비스를 비교할 수 있어 양질의 제품을 저가에 구입할 수 있으며, 기업은 관리비용(유통비, 인건비)을 절감할 수 있다.

③ 판매점포나 입지조건에 대한 제약을 받지 않으며 건물임대료와 부대비용을 최소화할 수 있다.

④ 제품이나 서비스의 대금결제가 네트워크상에서 처리되므로 소비자는 간편하게 처리할 수 있으며 기업은 대금결제과정의 일원화로 간접비용을 절감할 수 있다.

⑤ 소비자와 고객 간에 양방향 의사소통이 가능하므로 고객만족(소비자)과 광고(기업)가 일대 일로 원활하게 이루어질 수 있다.

### (2) e-비즈니스의 단점

① 제품이나 서비스의 대금을 전자지불시스템에 의해서 결제할 경우 개인정보의 누출로 인한 피해가 발생할 수 있다.
② 국가 간의 거래로 인한 관세 등의 법적 조치가 미흡하다.
③ 반품이나 교환에 대한 분쟁이 발생할 수 있다.
④ 제품이나 서비스의 판매가 인터넷 이용자들을 중심으로 편중될 가능성이 있다.

## 4. e-비즈니스 사업전략

### (1) 마케팅전략

e-비즈니스 마케팅 전략은 전통적 마케팅 전략과 비교했을 때 마케팅 수단과 접근방식의 변화라고 볼 수 있다. 즉, 전통적인 마케팅 전략의 4P(price, product, promotion, place)에 4A(any way, any product, any time, any where)를 추가하여 효율적인 마케팅 활동을 수행할 수 있는 전략을 수립해야 한다.

### (2) 기술전략

e-비즈니스 시스템을 구성하는 요소인 네트워크, 하드웨어, 소프트웨어, 기타 필요 시스템을 어떻게 구성할 것인가의 문제이다. 효율적인 e-비즈니스를 실행하기 위해 최적의 대안을 선택할 수 있도록 해야 한다.

### (3) 투자전략

안정된 투자와 e-비즈니스의 수익성은 불가분의 관계를 가지고 있다. 따라서 자금조달 원천인 정부의 벤처지원자금, 엔젤, 금융기관 대출, 벤처캐피탈 등의 투자자원 마련을 위한 창업 준비과정에서 창업 후까지 구체적인 전략수립이 필요하다.

### (4) 운영전략

e-비즈니스 실행 시 좁은 의미의 운영은 자금, 종업원, 하드웨어 및 소프트웨어, 홍보 및 광고 등을 고려할 수 있으며 넓은 의미로는 e-비즈니스 시스템, 고객 서비스, 조직 구성원, 자금조달, 외부환경(경쟁업체, 기술변화, 정부정책, 금융환경)등을 종합적으로 고려한 계획을 말한다.

## 5. e-비즈니스 사업의 활성화

### (1) 기업측면

#### ① 인터넷마케팅 강화

현재 국내의 전자상거래시장에서 가장 시급한 부분이 전자상거래환경에 맞는 마케팅전략의 구사이다. 우선 마케팅의 대상이 되는 네티즌의 구매특성에 대한 파악이 우선되어야 할 것이다. 그리고 기존이 매장에서는 불가능하지만 사이버공간이라는 독특한 특성 때문에 가능한 마케팅전략을 구사해야 한다. 인터넷 쇼핑몰 만에서 특히 강점을 보일 수 있는 마케팅전략에는 공동구매, 각종 이벤트개최, 회원공유 등이 있다.

#### ② DB마케팅의 활성화

인터넷쇼핑몰을 통한 상거래의 가장 큰 장점은 DB마케팅을 할 수 있다는 것이다. 기존의 상점에서 DB를 기반으로 마케팅을 하는 경우에는 고객을 대상으로 일일이 정보를 수집해야 하며 이를 다시 DB화하는 노력을 필요로 한다. 하지만 인터넷쇼핑몰의 경우 회원정보를 온라인상에서 받기 때문에 부가적인 작업이 필요 없게 된다. 이러한 개인적인 기록과 고객이 상품을 거래할 때마다 쌓이는 거래기록(Transaction Record), 그리고 인터넷 쇼핑몰상에서의 이동형태를 기록한 log화일을 바탕으로 개개인에게 특화된 일대일 마케팅의 개념을 실현할 수 있는 것이다.

#### ③ 상품콘텐츠의 제공

현재 국내 전자상거래시장에서 흔히 Mall & Malls로 대표되는 종합쇼핑몰이 고전을 면치 못하고 있다. 종합쇼핑몰은 생산자 측면에서는 자체적인 서버를 보유하지 않고서도 인터넷상으로 판매 및 마케팅을 할 수 있다는 장점이 있고, 소비자 측면에서는 다양한 상품을 한꺼번에 구매할 수 있다는 장점이 있는 인터넷 쇼핑몰이다.

하지만 현재 국내에서는 종합쇼핑몰이 단일쇼핑몰에 비하여 고전을 면치 못하고 있는데, 이는 입점업체들의 상품이 충분치 못하기 때문에 시너지 효과를 내지 못하고 있는 것이 하나의 원인이다. 고객이 원하는 상품이 없을 경우에 고객은 수많은 상품을 진열할 수 있다는 인터넷쇼핑몰의 장점을 전혀 누릴 수 없을 것이다. 또한 상품에 대한 콘텐츠도 충분히 제공해 주어야 한다. 제품의 다양한 이미지는 물론이고 제품의 기능과 모양 등에 대한 상세한 설명이 제공되어야 한다.

#### ④ 사용자 인터페이스 구축

기술적으로 화려하게 쇼핑몰을 꾸며 놓았더라도 상품이 어디에 있는지 쉽게 찾을 수 없다면 디자인이 훌륭하다고 할 수 없을 것이다. 너무 의욕을 세워 상품정보 및 각종정보를 찾기 힘들게 하는 것보다는 소비자가 정보를 일목요연하게 찾을 수 있도록 전체화면을 구성해야 한다. 전문적인 디자인 기반 위에 담겨진 충실할 내용은 상점에 대한 신뢰도로 이어지고 이러한 신뢰도는 바로 판매율 증진으로 이어지는 것이다.

#### ⑤ 멀티미디어콘텐츠 개발

콘텐츠란 출판, 음반, 영상, 게임 등 모든 정보형태를 포괄하는 정보내용물과 이를 이용한 전반적인 서비스활동을 통칭한다. 정보화로의 빠른 진전이 계속될수록 콘텐츠에 대한 관심이 높아지고 있다.

국내의 경우 가장 시급한 과제는 기존에 우리가 가지고 있는 소스(source)들을 콘텐츠화 하고 새로운 콘텐츠를 개발하는 일이다. 기존에 가지고 있는 영상자료, 출판자료 및 국가적인 문화자료들을 빨리 콘텐츠화 하고 이러한 디지털소스들을 공동으로 활용할 수 있는 체제로 전환해야 한다. 그리고 새로운 영상물의 창출과 이러한 영상물을 콘텐츠로 이어가는 지속적인 노력이 필요할 것이다. 또한 콘텐츠 제공자에 대한 보호조치가 필요하다.

#### ⑥ 브랜드인지도 확립

브랜드의 이미지는 하루아침에 만들어지는 것은 아니다. 하지만 좋은 브랜드이미지를 만든다면 전자상거래시장에서 사업을 성장시킨 수 있는 발판을 마련한 것이다. 사이버공간에서 한번 만들어진 나쁜 이미지를 다시 만회하는 것은 정말 어려운 일임을 명심해야 한다. 지속적으로 품질관리와 서비스개선에 신경을 써야 한다.

### ⑦ 비즈니스 모델의 개발

우리나라 전자상거래시장의 진입장벽이 낮은 것은 사실이지만 기존에 있는 비즈니스모델을 가지고 진입하는 경우에는 기존의 비슷한 유형을 가진 인터넷쇼핑몰을 앞지르기 쉽지 않다. 네티즌은 특별한 요소가 없는 한 자주 가던 사이트를 바꾸지 않는 특성을 가지고 있기 때문이다. 새로운 비즈니스 모델을 개발해야 한다.

전자상거래시장은 진입과 퇴출이 자유로운 시장이다. 하지만 아직 성숙되지 않은 국내 상황을 고려할 때, 성공하기 힘든 시장이기도 하다. 남들이 시작하지 않은 새로운 아이템, 새로운 비즈니스모델을 만들어서 남보다 먼저 행하는 것이 이 시장에서 성공할 수 있는 비결이다.

### ⑧ 보안 해결

지속적인 관심을 가져야 할 보안에는 크게 두 가지 측면이 있다. 첫 번째가 외부의 침입자로부터 서버 및 DB를 보호해야 하는 것이다. 두 번째로는 인터넷상에서 송수신되는 소비자의 신용정보 및 지불정보를 안전하게 보호하는 것이다. 그리고 소비자를 대상으로 전자상거래의 안전성에 대해 적극 홍보해야 한다. 전자상거래업체에서는 지속적으로 보안에 투자하는 동시에 소비자들의 보안에 관련된 잘못된 인식을 개선함으로써 전자상거래를 활성화시켜야 할 것이다.

### ⑨ 물류시스템구축지원

국내 쇼핑몰 중에서 기존에 물류망을 가지고 있던 큰 유도업체를 제외하고는 자체적으로 물류시스템을 구축하고 있는 업체는 드물다. 자체물류시스템을 구축할 만한 수요가 되지 않기 때문이다. 대부분 택배서비스, 퀵서비스 등 기존의 물류서비스를 이용하고 있지만 그 비용이 만만치 않아서 부담으로 작용하고 있다.

따라서 자체물류망을 보유하지 못하는 인터넷쇼핑몰들이 공동으로 물류시스템을 구축하는 방안을 고려해 볼 수 있다. 이러한 물류시스템을 구축하는 데 있어서 중요한 것은 정보시스템을 충분히 활용해야 한다는 점이다. 물류시스템에서의 정보시스템활용은 미국의 선진 배송업체의 사례에서 잘 나타나 있다. DHL, FedEx, UPS 등 미국의 배송업체들은 배송시스템과 정보시스템을 효율적으로 연결하여 소비자에 대한 서비스 질을 높일 뿐만 아니라 비용도 절감하고 있다. 국내에서도 인터넷쇼핑몰 사이에 상품 주문 및 배송처리를 전자적으로 연계처리 할 수 있는 공용 정보인프라를 구축해야 한다. 이러한 공동물류관리의 핵심은 물류활동에 참여하는 주체간 파트너십의 형성과 정보의 공유에 있으며, 특히 '신속대응체계(OR, Quick Response)', '효율적 소비자대응체계(ECR, Efficient Consumer Response)' 등을 활용하여 제조업체와 유통업체간의 공동 물류체계의 구축이 필요하다.

#### ⑩ 가상공동체 형성

가상공동체의 형성은 인터넷쇼핑몰과 고객을 동시에 만족시킬 수 있는 전략이다. 가상공동체는 특정한 주제에 관심을 가진 사람들이 만나는 사이버공간을 의미한다. 예를 들어 컴퓨터를 파는 인터넷쇼핑몰이 컴퓨터에 관련된 각종 글을 올릴 수 있고, 관련된 자료를 공유할 수 있는 사이버공간을 만든다면 단지 컴퓨터를 사러 오는 사람뿐만 아니라 컴퓨터에 관심 있고 관련된 정보를 얻기 원하는 사람들이 이 인터넷 쇼핑몰을 방문하게 된다. 급속히 업그레이드되고 있는 컴퓨터의 특성상 이들은 당장은 아니더라도 가까운 장래에 고객이 될 수 있는 가능성이 있는 사람들이고 이왕이면 많은 정보를 얻었던 그 인터넷쇼핑몰을 선호하게 될 것이다. 물론 초기에는 인터넷쇼핑몰에서 적극적으로 관련정보를 올려야 할 것이다. 하지만 어느 정도 성숙이 되면 이 가상공동체에 찾아오는 회원들의 정보만으로도 가상공동체가 충분히 지속될 수 있을 것이다. 가상공동체의 참가자는 일반 소비자와는 달리 그 분야에 대하여 충분히 구매의사가 있는 특화된 계층이라는 점을 명심해야 할 것이다.

## 6. 정부의 역할

### (1) 통신망의 확보

전자상거래가 빠르게 확산되기 위해서는 학교나 직장에서는 물론이고 가정에서도 인터넷의 접속이 쉽고 빨라야 한다. 하지만 갈수록 인터넷의 사용자가 증가하고 있고 데이터 전송량이 늘어나고 있기 때문에 인터넷 접속환경을 갈수록 열악해지고 있으며 이러한 문제는 초고속정보통신망이 구축되기까지 지속될 것이다.

이를 해결할 수 있는 방법으로 첫 번째는 전화망에 의한 ADSL(Asymmetric Digital Subscriber Line)기술을 이용하는 방법이다. 이 기술을 이용하면 기존의 전화선을 가지고도 8Mbps에 가까운 속도를 낼 수 있는 장점이 있다. 다만 ADSL기술의 경우 거리가 먼 경우(5km 이상)에 적용되지 못하는 단점이 있는데 지속적인 기술개발을 통하여 이러한 점을 개선시켜야 할 것이며, 지속적으로 설치비 및 사용료를 낮추는 노력을 시도해야 할 것이다.

두 번째는 가정과 아파트단지에 공급되어 있는 케이블망을 활용하는 것이다. 케이블망을 이용할 경우에는 이론상 10Mbps에 이르는 고속전송이 가능하다. 케이블망을 통한 인터넷의 접속은 케이블TV에 가입을 유발하는 효과도 가져와 현재 활성화되지 못하고 있는 케이블TV시장을 활성화하는데도 기여 할 것이다. 케이블망은 한 방향으로만 빠른 전송이 가능한 ADSL과는 달리 양방향고속전송이 가능하기 때문에 VOD, 영상회의, 원격의료 등에 사용될 수 있다. 지속적인 가입자확보와 기술개발을 통하여 사용료를 낮추는 것이 과제라고 할 수 있다.

또한 위성망과 무선망(WLL: Wireless Local Loop)도 차세대 인터넷망으로 각광을 받고 있다. 위성망의 경우에는 지역적 한계가 없이 광범위한 서비스가 가능하고 또 가입자가 증가해도 전용회선과는 달리 속도가 저하되지 않는 장점이 있다. 무선망의 경우에는 기존 전화망에 비해 신속한 설치가 가능하고, 유지보수 비용이 저렴하다는 장점과 함께 음성 및 고속 데이터를 동시에 제공하는 장점이 있다.

### (2) 법규의 정비

전자상거래가 활성화되기 위해서는 소비자보호를 위한 법, 지적재산에 관련된 법, 정보보호에 관련된 법 등 전자상거래에 관련된 법제도의 정비가 필수적이다. 이는 상거래 당사자 간의 신뢰구축과 분쟁방지를 위해서 꼭 필요한 부분이다.

우선 전자상거래서의 소비자보호를 위해서는 "방문판매 등에 관한 법률"을 개정하여 통신판매로 인한 소비자 피해를 예방하고 일정기간 내에는 소비자의 무조건적인 청약철회권(cooling-off) 도입을 검토해야 한다. 미국의 경우 사업자의 자발적 환불제도가 정착되어 있고, 일본·EU의 경우에 무조건적인 청약철회권이 법제화된 것을 우리는 주목해야 한다. 또, 비대면거래라는 특성 때문에 생길 수 있는 책임소재 및 피해보상, 분쟁해결절차 등에 대한 제도적 장치를 조속히 마련해야 할 것이다.

지적재산권의 경우에는 세계지적재산권기구(WIPO)의 저작권 조약을 반영하고, 소프트웨어뿐만이 아니라 인터넷상 저작권의 권리보호에 대하여 규정하여야 할 것이다. 도메인네임 및 인터넷을 통해 거래되는 산업재산권의 침해 방지와 특허기술 보호를 위한 방안을 마련해야 한다. 미국의 경우에는 97년에 전자절도금지법(No Electronic Theft Act)을 제정하였고, 98년에 디지털저작권에 대한 법률(Digital Millennium Copyright Act)을 제정함으로써 지적재산권보호의 기틀을 마련한 바 있다.

인터넷을 이용한 전자자금이체에 관련된 법의 제정 또한 필수적이다. 현재의 온라인 송금은 소비자가 직접 은행에 가거나 텔레뱅킹을 이용하는 등 한 번의 절차를 더 거쳐야 하는 것이기 때문에 그만큼 전자상거래의 의미가 반감되는 것이라 할 수 있다. 현재 인터넷상으로 은행 간 자금이체, 대출예금 등 은행업무를 볼 수 있을 것으로 예상되고 있는데 이용자의 보호방안, 손해배상책임 등을 포괄적으로 규정하는 전자자금이체법의 규정이 선행되어야 할 것이다. 미국의 경우에는 이미 78년부터 "연방자금이체법"을 제정하였고 일본의 경우도 "전자화폐법" 제정을 추진하는 등 전자자금이체를 전자상거래의 기본으로 여기고 있다. 또, 신용카드의 수수료를 낮추어 신용카드의 사용을 적극 유도하는 정책적인 지원이 필요하다.

전자상거래 시장의 공급자와 수요자 및 중개사업자의 적극적인 참여를 촉진하기 위한 규제완화 및 재정지원시책의 제도화 또한 전자상거래활성화의 기틀이 될 것이다. 사업자간의 전략적 제휴를 위한 "쇼핑몰 협의체"를 구성하여 소비자 보호지침 제정 등 민간 자율적인 규제를 유도하는 한편 도서, 음반, 의료 등 업종별로 소관부처에 대책반을 구성하여 전자상거래에 장애가 되는 규제를 검토하여 개선해야 한다.

전자거래 단계별 투자세액공제, 기술·인력개발비 공제, 기술개발준비금의 손금삽입 방안 등을 마련하고 전자거래 도입에 따른 세원노출 기피를 완화라고 투명성 제고에 따른 인센티브 부여 차원의 부가가치세 경감을 추진하여 전자상거래 업체에 대한 재정을 뒷받침해주어야 한다. 그리고 제작단계에서부터 전자상거래용으로 설명서를 만드는 업체에 대해서도 재정지원을 해주어서 기업들이 적극적으로 전자상거래용 콘텐츠를 만들도록 해야 할 것이다.

1999년 7월 1일부터 전자거래기본법과 전자서명법이 시행되었다. 두 법안에서는 전자서명과 인증, 전자거래의 안전과 촉진의 문제 그리고 소비자의 보호까지 광범위한 부분을 다루고 있다. 정부는 법의 시행에 문제가 없도록 만전을 기해야 할 것이며, 지속적으로 관심을 가져서 부족한 부분을 수정, 보완해 나가야 할 것이다.

### (3) 인증제도 활성화

전자상거래 인증제도의 도입이 필수적이다. 실제로 신용카드번호를 습득한 사람이 그 신용카드번호를 가지고 인터넷쇼핑몰에서 아무런 의심 없이 물건을 구매한 사건이 발생했다. 이는 무대면거래에서 필수적인 상대방의 확인절차가 없기 때문인데 인증제도는 이러한 무대면거래의 사기거래 가능성을 줄여줄 것이다.

이를 위해 신뢰할 수 있는 인증기관의 설립이 필수적이다. 이러한 인증기관은 인증관리체계를 운영해야 하며 개인정보에 대한 보호도 해야 하기 때문에 이러한 기술력을 갖추고 또 공신력 있는 기관을 선정하여야 한다. 그리고 전자서명 및 전자문서에 법적효력을 부여하고 인증서의 내용, 발급, 효력기간 등 인증서의 세부사항에 대한 표준화작업이 뒤따라야 할 것이다. 또, 전자상거래의 특성상 해외의 인터넷쇼핑몰과의 거래가 빈번할 것이므로 이러한 인증서가 국내뿐만 아니라 해외에서도 인정될 수 있도록 외국의 인증기관과의 상호인정체계를 확립해야 할 것이다.

이러한 기술적인 인증제도 외에도 쇼핑몰자체의 신뢰도에 대한 인증도 필요하다. 인터넷쇼핑몰에 대한 평가기준을 제시하고 신뢰성이 높은 업체를 대상으로 하여 인증마크를 붙임으로써 소비자가 안전하게 쇼핑할 수 있는 환경을 조성해야 할 것이다.

Chapter 15

# 1인창조기업과 협동조합

## 1. 1인 창조기업

### (1) 1인창조기업의 개념

1인 창조기업은 대통령령으로 정한 지식서비스업, 제조업 등에서 창의성과 전문성을 갖춘 1인이 상시 근로자 없이 사업을 영위하는 기업을 의미한다.

공동창업자, 공동대표, 공동사업자 등의 형태로 공동으로 사업을 영위하는 자가 5인 미만일 경우에도 1인 창조기업으로 인정하고 있으며, 1인 창조기업이 규모 확대의 이유로 1인 창조기업에 해당되지 아니하게 된 경우에도 3년간은 1인 창조기업으로 인정한다.

대상 업종은 국민의 창조적 아이디어 등이 발현되어 경제적 부가가치 및 일자리 창출이 타 업종에 비해 높은 업종으로 다음과 같다.

- S/W, 인터넷서비스, 컨설팅, 디자인, 전시 등 제조관련 서비스업
- 영화·예술·관광·저술·시나리오 등 문화관련 서비스업
- 건축기술, 엔지니어링, 연구개발업 등 전문과학 및 기술서비스업
- 제조업(전통식품, 공예품, 컴퓨터 및 전자부품 등 일부 업종)

### (2) 1인 창조기업 지원 대상 업종

- 출판, 영상, 방송통신 및 정보서비스업
- 전문, 과학 및 기술 서비스업
- 사업시설관리 및 사업지원 서비스업
- 예술, 스포츠 및 여가관련 서비스업

- 교육 서비스업
- 제조업

## 2. 협동조합(Cooperative)

### (1) 협동조합의 개념

협동조합은 재화 또는 용역의 구매, 생산, 판매 등을 협동으로 영위함으로써 조합원의 권익을 향상하고 지역사회에 공헌하는 사업조직이다(협동조합기본법 제2조 제1호). 경제적으로 약소한 처지에 있는 농민이나 중·소 상공업자, 일반 소비대중들이 상부상조(相扶相助)의 정신으로 경제적 이익을 추구하기 위하여, 물자 등의 구매·생산·판매·소비 등의 일부 또는 전부를 협동으로 영위하는 조직단체이다.

대기업의 경제적 압박이나 중간상인의 농간을 배제하는 것이 주된 목적인데, 조직·운영에는 다음과 같은 네 가지 원칙이 있다.

첫째, 사업의 목적이 영리에 있지 않고 경제약자 간의 상호부조에 있다.

둘째, 임의(任意)로 설립되며 조합원의 가입·탈퇴가 자유로워야 한다.

셋째, 조합원은 출자액(出資額)의 다소에 관계없이 일인일표(一人一票)의 평등한 의결권(議決權)을 가진다.

넷째, 잉여금을 조합원에게 분배함에 있어서는 출자액의 다소에 의하지 않고 조합사업의 이용분량에 따라서 실시한다는 것 등이다.

협동조합의 특징은 자본구성체(資本構成體)가 아니고 인적 구성체(人的構成體)이기 때문에 진정한 민주적 운영을 의도하는 데 있다. 이는 영리를 목적으로 하는 것이 아니므로 조합의 운영은 실비주의를 원칙으로 한다. 그러나 현실적으로는 약간의 위험부담을 위한 비용이 가산되기 때문에 잉여금이 생긴다. 이것은 말하자면 실비의 과징(過徵)이었던 것이니까 조합사업의 이용분량에 안배하여, 쓰고 남은 비용을 조합원에게 반환하는 것인데, 이것이 형식적으로는 마치 잉여금 분배처럼 보이는 것에 불과하다.

① 사업범위 : 공동의 목적을 가진 5인 이상이 모여 조직한 사업체로서 그 사업의 종류에 제한이 없음

② 의결권 : 출자규모와 무관하게 1인 1표제

③ 책임범위 : 조합원은 출자자산에 한정된 유한책임
④ 가입탈퇴 : 자유로운 가입과 탈퇴 가능
⑤ 배당 : 투자금액이 아닌 이용실적 등에 따른 배당
* 협동조합은 개인회사, 주식회사 등 상법상의 회사나 사단, 재단 등과 다른 기업형태이다.

### (2) 일반협동조합 설립절차

① 발기인모집 : 5인 이상
② 정관작성 : 목적, 명칭, 사업 등 포함
③ 설립동의자 모집 : 5인 이상
④ 창립총회 의결 : 설립동의자 과반수 출석, 출석 2/3 찬성
⑤ 설립신고 : 시도지사(특별한 사유가 없는 한30일 이내 신고증 교부)
⑥ 사무인수인계 : 발기인-이사장
⑦ 출자금납입
⑧ 설립등기 : 관할등기소
⑨ 협동조합 탄생 : 법인격부여

### (3) 협동조합의 종류

소비자협동조합, 직원협동조합, 다중이해관계자 협동조합, 사회적협동조합, 보건의료 사회적협동조합, 사업자협동조합(생산자협동조합), 신용협동조합, 기업조합 등이 있으며, 사업자협동조합에는 산업별로 농업·수산업·축산업·상공업 등의 소규모 생산업자들에 의해 결성되는 농업협동조합·수산업협동조합·축산업협동조합·상업협동조합 등 또는 그에 관련되는 각종 협동조합이 있어 다음과 같은 사업의 일부 또는 전부를 영위한다.

① 생산·가공·판매·구매·보관·운송·검사 등의 공동시설
② 조합원에 대한 자금대부와 조합원을 위한 자금의 차입
③ 복리후생시설
④ 경영·기술의 개선, 지식의 보급을 위한 교육과 정보의 제공
⑤ 조합원의 경제적 지위를 개선하기 위한 단체협약의 체결
⑥ 기타 이상의 사업에 부대되는 사업 등이다.

신용협동조합은 조합원을 위한 금융이 사업의 중심이 된다. 이상의 협동조합은 단위협동조합인데, 이 단위조합이 일정한 지역 등을 기반으로 연합체를 결성한 것이 협동조합연합회이다. 이 같은 연합체도 단위조합이 영위하는 각종 사업을 직접 영위할 수 있다.

기업조합(企業組合)은 협동조합의 이념을 보다 고차적으로 구체화한 것이다. 기업조합 이외의 일반협동조합은 작은 생산업체들이 제각기 독립된 자기사업을 가지고 참여한 연합체로, 일종의 복합기업형태인 데 비하여 기업조합은 조합원의 2/3 이상이 조합의 종업원이어야 하고 또 조합종업원의 1/2 이상이 조합원이어야 한다.

이는 바로 조합원이 독립된 작은 생산자로서의 지위를 지양하고 하나로 뭉쳐진 독립사업체로서의 기업조합을 중심으로 결집(結集)하려는 것을 기본적으로 기도하는 것이라고 할 수 있다.

협동조합을 기능별로 분류해 보면, 우선 생산조합과 소비조합으로 크게 나눌 수 있다. 이 중 소비조합은 생활협동조합이라고도 하는데 이는 조합원의 생활에 필요한 물자를 싼값으로 공동구입하는 것을 목적으로 한다. 이와 같은 협동조합운동은 산업혁명 이후 자본주의사회 형성기에 자본을 소유하지 못한 노동자들이 생활안정 및 경제적 편익을 도모할 목적으로 시작하였는데, 그 대표적 사례로 1844년 영국에서 28명의 로치데일의 광산노동자에 의하여 결성된 소비협동조합이다. 이처럼 소비조합은 대체로 각 직장 중심으로 또는 지역을 기반으로 하여 결성된다. 대부분의 소비조합은 소매조합으로 구성되지만 간혹 여러 조합이 연합하여 도매조합을 결성하는 경우도 있다.

생산조합은 다시 다음과 같이 분류할 수 있다.

첫째, 조합원의 생산물을 협동하여 판매하는 판매조합이 있는데, 이에는 단순히 출하·판매만을 하는 것과 간단한 가공을 하여 출하 판매하는 가공판매조합이 있다.

둘째 조합원의 사업에 필요한 물자를 협동하여 구입하기 위한 구매조합이 있다.

셋째 이용조합(利用組合)인데, 여기서 이용조합이란 조합원이 단독으로서는 갖추지 못하거나 단독사용이 비경제적인 시설을 공동으로 설치하여 공동으로 사용하는 것이다.

넷째 신용협동조합인데, 이는 조합원을 위한 금융사업만을 한다.

다섯째 조합원이 협동하여 생산활동을 하는 생산적 조합(生産的組合)인데, 기업조합은 이 같은 생산조합을 기도(企圖)하려는 것이라 볼 수 있다. 협동조합에는 단일기능만을 하는 단일조합이 있으며, 각종 기능, 즉 구매·판매·가공 등 복합적인 기능을 하는 것도 있다. 다시 말하여 협동의 범위·정도가 낮은 것은 단일협동의 정도에 머물러 있고, 정도가 높은 것은 다각적인 협동기능으로 발전하는데, 한국의 농업협동조합은 신용·구매·소비 등의 복합적인 넓은 범위에서 기능하고 있다.

## 3. 사회적 기업

사회적 기업(Social Enterprise)이란 영리기업과 비영리기업의 중간 형태로, 사회적 목적을 우선적으로 추구하면서 재화·서비스의 생산·판매 등 영업활동을 수행하는 기업(조직)을 의미한다. 「사회적 기업 육성법」에서는 사회적 기업을 취약계층에게 사회서비스 또는 일자리를 제공하여 지역주민의 삶의 질을 높이는 등의 사회적 목적을 추구하면서 재화 및 서비스의 생산·판매 등 영업활동을 하는 기업으로서 고용노동부 장관의 인증을 받은 기관으로 정의하고 있음

영리기업이 주주나 소유자를 위해 이윤을 추구하는 것과는 달리, 사회적 기업은 사회서비스를 제공하고 취약계층에게 일자리를 창출하는 등 사회적 목적을 조직의 주된 목적으로 추구한다는 점에서 차이가 있다.

**| 사회적 기업 영역 |**

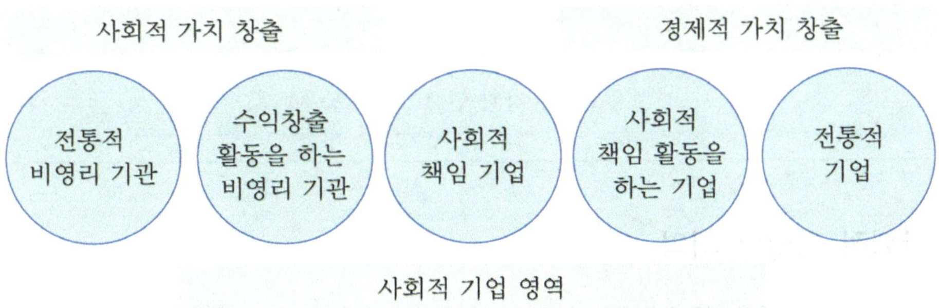


### (1) 사회적 기업의 유형

① 일자리제공형 : 조직의 주된 목적이 취약계층에게 일자리를 제공
② 사회서비스제공형 : 조직의 주된 목적이 취약계층에게 사회서비스를 제공
③ 지역사회공헌형 : 조직의 주된 목적이 지역사회에 공헌
④ 혼합형 : 조직의 주된 목적이 취약계층 일자리 제공과 사회서비스 제공이 혼합
⑤ 기타형 : 사회적 목적의 실현여부를 계량화로 판단하기 곤란한 경우

## (2) 사회적 기업 인증절차

**❙ 사회적 기업 인증절차 ❙**

사전 상담 및 컨설팅(권역별 통합지원기관)

↓

사회적 기업 인증 신청 · 접수(한국사회적기업진흥원)

↓

서류검토 및 신청기관 실사(진흥원 및 권역별 통합지원기관)

↓

중앙부처 및 광역지자체 추천(광역자치단체, 중앙부처)

↓

인증심사소위원회 사전검토(고용노동부, 한국사회적기업진흥원)

↓

사회적기업육성전문위원회 심의(고용노동부)

↓

고용노동부 장관 인증(고용노동부)

## (3) 사회적 기업의 의의

사회적 기업 육성을 통해 지속가능한 경제, 사회통합 구현하는 것이다.

**❙ 사회적 기업 육성 ❙**

**지속가능한 일자리 제공**
취약계층을 노동시장으로 통합
보람되고 좋은 일자리 확대

**지역사회 활성화**
지역사회통합
사회적 투자 확충을 통한
지역경제 발전

**사회서비스 확충**
새로운 공공서비스 수요 충족
공공서비스 혁신

**윤리적 시장 확산**
기업의 사회공헌과
윤리적 경영문화 확산
착한 소비문화 조성

# Chapter 16 벤처기업과 이노비즈기업

## 1. 벤처기업

### (1) 벤처기업의 개념

벤처기업이라는 용어는 첨단기술사업(High technology business), 신기술기업(New technology based firm), 위험사업(Risky business) 등 다양하게 표현되고 있으며, 벤처기업 외에 연구개발형 기업 또는 기술집약적 중소기업 등으로 쓰이고 있다.

우리나라에서는 통상적으로 위험부담은 크지만 성공하면 기대수익이 큰(High Risk -High Return) 독자적인 신기술이나 아이디어를 가지고 왕성한 기업가정신을 바탕으로 신규시장을 개척해 나가는 중소기업을 말한다.

미국은 「중소기업투자법」에서 "위험성이 크나 성공할 경우 높은 수익이 기대되는 신기술, 아이디어의 독립기반 위에서 영위하는 신생기업"으로 규정하고 있다.

일본은 「중소기업의 창조적 사업활동 촉진에 관한 임시조치법」에서 "중소기업으로서 R&D 투자비율이 매출액의 3[%] 이상인 기업으로 창업 5년 미만인 기업"으로 분류하고 있으며, 대만의 경우, 기술집약형 중소기업으로 2년마다 정부에서 첨단업종을 지정(촉진사업조례)하고 있다.

경제협력개발기구(OECD)에서는 "R&D의 집중도가 높은 기업" 또는 "기술혁신이나 기술적 우월성이 성공의 주요 요인인 기업"으로 정의하고 있다.

벤처기업은 일반적으로 기술적 아이디어를 상업화하기 위해 설립한 기업으로 상대적으로 위험도가 높은 반면 성공할 경우 높은 이익률과 성장률을 달성할 수 있다는 특징이 있으며, 혁신성 및 도전성 등에 있어서 기존 기업조직과는 다른 속성을 갖고 있다. 그러나 벤처기업의 핵심 안에는 고위험 감수, 혁신성 등 쉽게 정의될 수 없는 추상적 개념들이 내포되어 있기 때문에 엄격한 정의보다는 사용목적에 따라 유연성 있게 정의 되는 것이 바람직하다.

우리나라는 벤처 비즈니스를 지원하기 위한 벤처 기업 육성에 관한 특별조치법 및 동 시행령에서 다음과 같이 벤처기업의 등록요건을 정하고 있다.

### (2) 벤처기업의 요건

**벤처기업 등록요건**

| 벤처유형 | 기준요건 | 평가기관 |
|---|---|---|
| 유형1<br>벤처투자기업 | 1. 벤처투자기관으로부터 투자받은 금액이 자본금의 10%이상일 것 (단, 문화상품을 제작하는 법인은 자본금의 7%이상일 것)<br>※ 벤처투자기관 : 중소기업창업투자회사, 중소기업창업투자조합, 신기술사업금융업자, 신기술사업투자조합, 한국벤처투자조합, 투자전담회사, 기타 대통령령으로 정하는 기관<br>2. 투자금액이 5천만원 이상일 것 | 한국벤처<br>캐피탈<br>협회 |
| 유형2<br>연구개발기업 | 1. 기초연구진흥 및 기술개발지원에 관한법률 제14조 제1항 2호에 의한 기업부설연구소 보유<br>(한국산업기술진흥협회에서 인증한 기업부설연구소 인증서 보유)<br>2. 업력에 따라 아래 기준을 충족할 것<br>• 창업 3년이상 기업 : 벤처확인요청일이 속하는 분기의 직전 4분기의 연간 연구개발비가 5천만원 이상이고, 연간 매출액 대비 연구개발비 비율이 〈표 6-2〉의 기준 이상일 것.<br>• 창업 3년미만 기업 : 확인요청일이 속하는 분기의 직전 4분기의 연간 연구개발비가 5천만 원 이상일 것(연구개발비비율 적용제외)<br><br>연구개발기업 사업성평가기관으로부터 사업성이 우수한 것으로 평가<br>※ 사업성평가표(65점 이상) 〈표 6-3〉<br>※ 연구개발기업 사업성평가기관 〈표 6-4〉 | 기술보증<br>기금<br>중소기업<br>진흥공단 |
| 유형3<br>기술평가보증<br>기업(보증 승인<br>만으로 벤처<br>인증 가능) | 1. 기보로부터 기술성이 우수한 것으로 평가<br>※ 기술성평가표 〈표 6-5〉<br>2. 기보의 보증(보증가능금액 포함) 또는 중진공의 대출(보증가능금액 포함, 직접 취급한 신용대출에 한함)을 순수신용으로 받을 것 | 기술보증<br>기금 |

| 벤처유형 | 기준요건 | 평가기관 |
|---|---|---|
| | ※ 기보 : 기술평가보증에 한함<br>※ 중진공 : 창업기업지원자금/개발기술사업화자금/신성장 기반자금 중 녹색·신성장자금/투융자복합금융자금<br>※ 벤처특별법 개정 시행일('06.6.4)이후 취급한 보증 및 대출에 한함<br>3. 상기 2의 보증 또는 대출금액의 각각 또는 합산금액이 8천만원 이상이고, 당해기업의 총자산에 대한 보증 또는 대출금액 비율이 5%이상일 것<br>※ 창업 후 1년미만 기업 : 보증 또는 대출금액 4천만원 이상 (총자산대비 비율은 적용배제)<br>※ 보증금액 10억원 이상인 기업은 총 자산대비 비율 적용배제<br>※ 보증 또는 대출금액을 합산하는 경우 그 금액이 많은 확인기관에 벤처확인신청함 | |
| 유형4<br>기술평가<br>대출기업<br>(대출 승인 만으로 벤처 인증 가능) | 1. 중진공으로부터 기술성이 우수한 것으로 평가<br>※기술성평가표 〈표 6-5〉<br>2. 중진공의 대출(대출가능금액 포함, 직접 취급한 신용대출에 한함) 또는 기보의 보증 (보증가능금액 포함)을 순수신용으로 받을 것<br>※ 기보 : 기술평가보증에 한함<br>※ 중진공 : 창업기업지원자금/개발기술사업화자금/신성장 기반자금 중 녹색·신성장자금/투융자복합금융자금<br>※ 벤처특별법 개정 시행일('06.6.4)이후 취급한 보증 및 대출에 한함<br>3. 상기 2의 보증 또는 대출금액의 각각 또는 합산금액이 8천만원 이상이고, 당해기업의 총자산에 대한 보증 또는 대출금액 비율이 5% 이상일 것<br>※ 창업 후 1년미만 기업 : 보증 또는 대출금액이 4천만원 이상 (총 자산대비 비율은 적용배제)<br>※ 보증금액 10억원 이상인 기업은 총자산대비 비율 적용배제<br>※ 보증 또는 대출금액을 합산하는 경우 그 금액이 많은 확인기관에 벤처확인신청함 | 중소기업<br>진흥공단 |
| 예비벤처<br>기업 | 1. 법인설립 또는 사업자등록을 준비중인 자<br>2. 상기 1의 해당자의 기술 및 사업계획이 기보, 중진공으로부터 기술성이 우수한 것으로 평가<br>기술성평가표 〈표 6-6〉 | 기술보증<br>기금<br>중소기업<br>진흥공단 |

### ┃ 업종별 연구개발 투자비율 ┃

| 업종(산업분류코드) | 연구개발투자비율 |
|---|---|
| 제조업(10~33) | |
| - 의약품(21) | 6%이상 |
| - 기계 및 장비제조업(29)<br>〈단, 사무용기계 및 장비(2918)제외〉 | 7%이상 |
| - 컴퓨터 및 사무용기기(263)<br>- 사무용기계 및 장비(2918) | 6%이상 |
| - 전기장비(28) | 6%이상 |
| - 반도체 및 전자부품(261,262) | 6%이상 |
| - 의료, 정밀, 광학기기 및 시계(27) | 8%이상 |
| - 기타제조업 | 5%이상 |
| 도매 및 소매업(45~47) | 6%이상 |
| 통신업(61) | 7%이상 |
| 사업서비스업 | |
| - 소프트웨어 개발 및 공급업(582)<br>- 컴퓨터 프로그래밍, 시스템통합 및 관리업(62)<br>- 정보서비스업(63) | 10%이상 |
| (인터넷산업) | (5%이상) |
| 기타산업 | 5%이상 |

### ┃ 사업성 평가표(연구개발기업용) ┃

| 구 분 | 평가항목 | 심사항목 | 배점 | 해당 등급 | 득점 |
|---|---|---|---|---|---|
| 사업성<br>(100점) | 신청기술(제품)의 경쟁력 | 인지도 | 30 | | |
| | | 대체품과의 비교우위성 | 30 | | |
| | 사업계획의 타당성 | 판매계획의 타당성 | 20 | | |
| | | 판매처의 다양성 및 안정성 | 20 | | |
| 합계 | | | 100 | | |

* 배점은 신청기업에 해당되는 평가등급(A~E)별 가점 부여
등급별 가점〈A:배점 × 5/5, B:배점 × 4/5, C:배점× 3/5, D: 배점× 2/5, E:배점× 1/5〉

**기술성 평가표(기술평가보증 · 대출기업용)**

| 구분 | 평가항목 | 심사항목 | 배점 | 해당등급 | 득점 |
|---|---|---|---|---|---|
| 경영주 기술능력 ( 25 점) | 기술지식 수준 및 경험수준 | 기술지식수준 | 6 | | |
| | | 기술경험수준 | 9 | | |
| | 경영능력 | 기술인력관리 | 5 | | |
| | | 경영의지 및 사업수완 | 5 | | |
| 소 계 | | | 25 | | |
| 기술성 ( 43 점) | 기술개발환경 | 개발전담조직 | 5 | | |
| | | 개발인력비율 | 5 | | |
| | 기술개발 실적 등 | 기술개발 및 수상(인증)실적 | 5 | | |
| | | 지식재산권 등 보유현황 | 5 | | |
| | 기술의 우수성 및 제품화 능력 | 기술의 우수성 | 7 | | |
| | | 생산시설확보수준 | 5 | | |
| | | 생산인력확보수준 | 4 | | |
| | | 자금조달능력 | 7 | | |
| 소 계 | | | 43 | | |
| 사업성 ( 32 점) | 신청기술(제품)의 경쟁력 | 인지도 | 7 | | |
| | | 대체품과의 비교우위성 | 7 | | |
| | 사업계획의 타당성 | 판매계획의 타당성 | 4 | | |
| | | 판매처의 다양성 및 안정성 | 4 | | |
| | 수익전망 | 매출액 법인세비용 차감전 순이익률 | 5 | | |
| | | 투자대비 회수가능성 | 5 | | |
| 소 계 | | | 32 | | |
| 합 계 | | | 100 | | |

※ 배점은 신청기업에 해당되는 평가등급(A~E)별 가점 부여. 등급별 가점〈A:배점 × 5/5, B:배점 × 4/5, C:배점× 3/5, D: 배점× 2/5, E:배점× 1/5〉

※ 최근 6개월 이내 확인기관으로부터 기술성 평가후 보증 또는 대출을 받은 기업(기술평가보증 또는 대출과 벤처기업 확인을 동시 진행 중인 경우 포함)은 위 평가표에 의한 기술성평가를 생략하고 보증 및 대출시 적용한 기술평가표를 준용함.

※ 기보의 기술평가표 : 기보홈페이지(http://www.kibo.or.kr) - 사이버 영업점 - 자가진단에서 기술평가등급을 산출해 볼 수 있음.

**| 기술성 평가표(예비 벤처 기업용) |**

| 구분 | 평가항목 | 심사항목 | 배점 | 해당등급 | 득점 |
|---|---|---|---|---|---|
| 경영주 기술능력 ( 30 점) | 기술지식 수준 및 경험수준 | 기술지식수준 | 9 | | |
| | | 기술경험수준 | 9 | | |
| | 경영능력 | 기술인력관리 | 5 | | |
| | | 경영의지 및 사업수완 | 7 | | |
| 소 계 | | | 30 | | |
| 기술성 ( 40 점) | 기술개발 실적 등 | 기술개발 및 수상(인증)실적 | 12 | | |
| | | 핵심기술보유현황 | 13 | | |
| | 기술의 제품화 능력 | 기술의 우수성 | 10 | | |
| | | 자금조달능력 | 5 | | |
| 소 계 | | | 40 | | |
| 사업성 ( 30 점) | 신청기술(제품)의 경쟁력 | 인지도 | 4 | | |
| | | 타제품과의 비교우위성 | 4 | | |
| | 사업계획의 타당성 | 판매계획의 타당성 | 7 | | |
| | | 판매처의 다양성 및 안정성 | 5 | | |
| | 수익전망 | 사업추진일정의 적정성 | 6 | | |
| | | 투자대비 회수가능성 | 4 | | |
| 소 계 | | | 30 | | |
| 합 계 | | | 100 | | |

※ 배점은 신청기업에 해당되는 평가등급(A~E)별 가점 부여
등급별 가점〈A:배점 × 5/5, B:배점 × 4/5, C:배점× 3/5, D: 배점× 2/5, E:배점×1/5〉

**| 평가기관 현황 |**

| 평가기관 | 평가분야 | 홈페이지 | 전화번호 |
|---|---|---|---|
| 기술보증기금 | 전분야 | www.kibo.or.kr | 051-460-2585 |
| 중소기업진흥공단 | 전분야 | www.sbc.or.kr | 02-769-6886 |
| 정보통신산업진흥원 | 연구개발기업 사업성평가 | www.nipa.kr | 042-710-1475 |
| 한국발명진흥회 | 연구개발기업 사업성평가 | www.kipa.org | 02-3459-2885 |
| 한국과학기술정보연구원 | 연구개발기업 사업성평가 | www.kisti.re.kr | 02-3299-6054 |
| 한국보건산업진흥원 | 연구개발기업 사업성평가 | www.khidi.or.kr | 02-881-2846 |
| 전자부품연구원 | 연구개발기업 사업성평가 | www.keti.re.kr | 031-789-7670 |
| 산업은행 | 연구개발기업 사업성평가 | www.kdb.co.kr | 02-787-6712 |

모든 일에는 그 시작과 끝이 있다. 사업의 경우도 동일하다. 사업을 영위하려는 생각을 가지고 있는 사람이 있는 한 사업(Business)은 새롭게 시작되고 또, 사라지는 끊임없는 반복과정을 거치는 것이다. 이러한 점에서 보면 모든 창업(시장형·기술형 창업)은 모험(Venture)에서 시작된다고 할 수 있다. 시장형 창업은 비교적 낮은 위험성과 낮은 수익성 구조를 갖는데 비하여 기술형 창업은 높은 위험성과 높은 수익성이 양립하고 있다는 점이 매력이며, 특징이다.

전문적 기술이나 노하우를 기반으로 한 창업을 기술형 창업이라고 한다.

기술형 창업이나 벤처기업은 모두 고위험성(High Risk)과 고수익성(High Return)의 특성을 지니고 있다.

일반적으로 기술형 창업자를 기업가(Entrepreneur)라 부르며, 기업가정신(Entrepreneurship)을 가지고 있는 사람이 창업한 기업을 벤처기업(Venture business)이라고 한다. 또한, 벤처기업을 금전적으로 지원하는 사람(기관)을 벤처 캐피탈리스트(Venture Capitalist)라 한다.

기술형 창업은 반드시 벤처의 개념을 갖고 있지 않아도 가능하므로 벤처창업을 포함한 개념으로 기술·지식을 기반으로 한 기술·지식집약적 창업을 의미하는 광의의 개념이다.

**| 기업의 라이프사이클과 벤처기업의 위치 |**

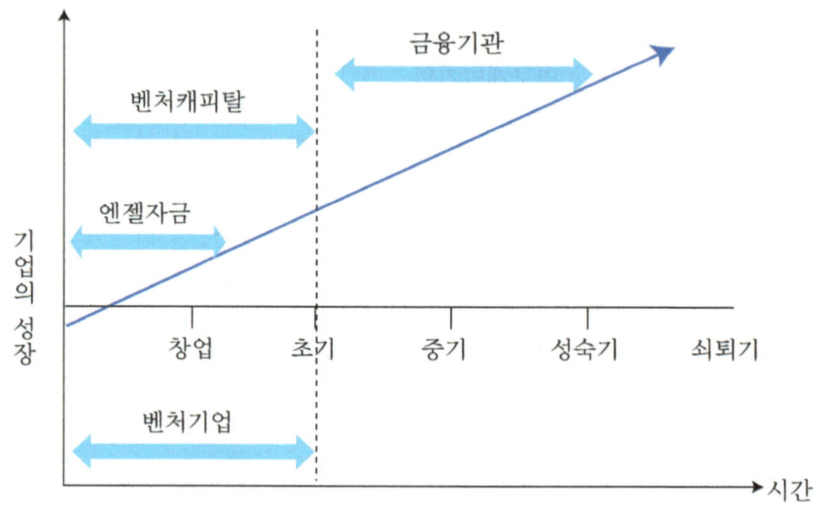


출처 : 早稲田大學 Entrepreneur研究會, 「ベンチャー企業の經營と支援」

이러한 정의는 다분히 정책적인 목적에 의한 것으로써 정책적 지원을 위해 벤처기업 여부를 엄격히 구분한다는 것은 기술이 복잡하고 환경변화에 대한 예측이 불가능한 상황에서 다소 무리한 점이 없지 않은 것이 사실이다.

### (3) 벤처기업의 종류

벤처기업은 원칙적으로 독립된 사업체나 기업을 뜻한다. 그러나 최근 벤처기업에 대한 관심과 중요성이 높아짐에 따라 대기업들이 참여하여 다양한 종류의 자본투자가 이루어지고 있다. 맥크리랜드(D. McClelland)는 벤처기업의 유형을 다음과 같이 독립된 벤처기업, 합작벤처, 벤처머징, 내부벤처, 벤처캐피탈, 벤처기업 육성 등 6가지로 구분하고 있다.

**| 벤처기업의 종류 |**

| 구 분 | 내용 |
|---|---|
| 파생된 독립적 벤처기업 (Venture Spin-off) | 전형적인 형태의 벤처기업으로 창업 이전의 직장, 배태조직(Incubating organization)으로부터 파생되어 나온 사업. |
| 합작벤처 (New Style Joint Venture) | 중소 벤처기업이 고도의 기술을 제공하고 대기업은 자본, 판매망, 기술개발 결과의 활용에 역점을 두는 경우. |
| 벤처머징 (Venture Merging) | 전략적 필요에 의해 벤처기업을 흡수·합병하여 자회사나 하나의 사업부로 운영하는 경우. |
| 내부벤처 (Internal Venture) | 회사 내부에 벤처자본을 준비해 놓고 종업원들에게 사업아이디어를 제안하게 하여 스스로 벤처기업을 운영토록 하거나 또는 이에 참여하도록 하는 방식. |
| 벤처캐피탈 (Venture Capital) | 벤처캐피탈은 금융회사로 벤처기업은 아니나 투자를 통한 자본참여를 하기 때문에 넓은 의미에서 벤처기업과 연관된다고 할 수 있음. 벤처캐피탈은 원칙적으로 자본참여만 할 뿐 경영에 참여치 않음. |
| 벤처기업 육성 (Venture Nurturing) | 벤처기업에 자본참여를 함과 아울러 경영참여까지 함. 그러나 경영권 확보가 목적이 아니라 벤처기업을 정상적으로 운영하기 위한 과도기적 지원·육성이 목적임. |

**| 기술/벤처 창업의 사업수행주체에 따른 유형 |**

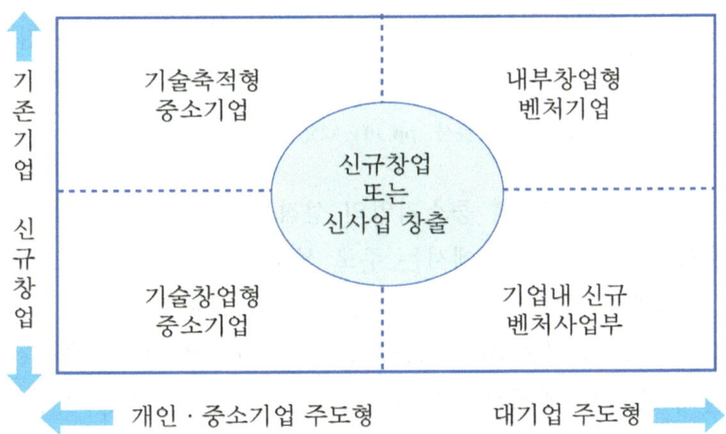

첫째, 개인이나 중소기업이 별도의 회사를 창업하는 형태인 기술창업형 중소기업
둘째, 기업 내부에서 사업을 운영하는 기술축적형 중소기업 형태
셋째, 대기업이 독립적인 회사를 설립하는 형태인 내부창업형 벤처기업
넷째, 대기업이 신사업진출을 위한 전략의 일환으로 벤처사업을 영위하는 형태의 기업의 신규 벤처사업부 형태 등이다.

**| 국가별 벤처기업의 특성비교 |**

| 구분 | 미국 | 일본 | 한국 |
|---|---|---|---|
| 대상분야 | 첨단기술(전자·컴퓨터·유전공학·자동화기기 등)에 약 80% 집중 | 첨단기술에의 집중도가 24%로 높은 편이 아님 유통부문 및 서비스업에 대한 지원이 상대적으로 큼 | 한국의 기술수준, 기술조건에서 기술집약제품에 집중 |
| 지원시기 | 기업화 초기단계 34%, 성장단계 54%, 기타 12% | 성장단계에의 지원이 많음 | 국내 시장기준에서 도입기, 성장단계에 집중됨. 선진국 시장기준으로는 성장단계, 성숙단계에 속함. |
| 대상기업 | 중소기업, 신설기업에 대한 투자 많음 | 중소기업, 11~15년 경과된 기업에 투자 많음 | 중소기업(신설기업 투자도 있음)<br>장외등록 직전단계 |
| 투자회수 기간 | 3~4년 이내(벤처캐피탈) | 5~10년 경과(벤처캐피탈) | 3~7년 정도(벤처캐피탈) |
| 투자성과 | 신기술의 상품화, 신시장 개척, 산업구조 고도화 | 신기술의 상품화, 기술개발, 산업조직 활성화 | 기술개발, 신기술 기업화, 기술집약형 중소기업의 육성 |

출처 : 「벤처비지니스의 이해」, 홍성도, 학문사, pp.404~425.

우리나라의 경우는 기술집약형 중소기업의 성격을 강하게 띠고 있으며, 국내시장에서는 신규성이 있으나 선진국시장에서는 주로 성장기와 성숙기의 사이에 있는 사업이 많아 일반적으로 수입대체상품의 개발이라는 특성을 보이고 있다.

이러한 벤처비지니스의 기술수준, 기술조건은 오히려 우리의 기술 Needs를 잘 반영하고 있다고 할 수 있으나 세계적으로 기술의 신규성 및 첨단성을 가진 사업의 생성이 크지 않은 것은 기술개발능력의 취약성에 그 원인이 있다 할 것이다.

## 2. 이노비즈기업

### (1) 이노비즈기업의 개념

이노비즈Inno-Biz기업은 Innovation(혁신)과 Business(기업)의 합성어로 기술 우위를 바탕으로 경쟁력을 확보한 기술혁신형 중소기업을 지칭한다. 연구 개발을 통한 기술 경쟁력 및 내실을 기준으로 선정하기에 과거의 실적보다는 미래의 성장성을 중요시 한다는 특징을 가지고 있다. Inno-Biz 지정제도의 시행 취지는 Inno-Biz를 집중 지원하여 여타 기업의 기술혁신을 선도하는 역할을 부여하고 Inno-Biz 자체의 국민경제적 기여도를 높이기 위함이다.

전 세계적으로 기술혁신을 통해 기업과 국가의 경쟁력을 높이려는 뉴 패러다임이 새로운 화두로 떠오르고 있기에 미국, 독일, OECD 등 선진국들은 중소벤처기업을 국가경쟁력의 핵심으로 1995년부터 정부차원에서 전폭적인 지원 정책을 실시해 왔으며, 각 국가 간의 경쟁력을 측정하는 객관적인 척도로 비교되고 있다.

#### ① 연혁

- 1967년 1월, 미 상무부에서 중소기업을 정부가 지원해야 한다는 리포트 발표
- 1982년 OECD '중소기업의 혁신' 리포트 발표(중소기업 혁신의 중요성 강조)
- 1983년 미국 중소기업청, 중소기업의 혁신 지원을 강조하는 보고서 제출
- 1990년대초 OECD국가들은 체계적 기술혁신시스템 구축
- 1996년 '오슬로 매뉴얼(Oslo Manual)' 완성 - 중소기업의 혁신수준 평가도구
- 21세기 개리 해멀, 마빈 패터슨이 기업혁신에 관한 책을 내면서 붐 조성

#### ② 선진국 및 우리나라의 혁신형 중소기업(Inno-Biz) 역할 및 위치

2차 대전 이후 획기적 혁신(Radical Innovation)의 95%가 혁신형 중소기업에서 이루어졌으며, OECD의 경우 과거 20년간 주요 기술혁신의 50%를 주도하였다.

미국의 경우 철강, 석유 정제산업 기술혁신의 100%, 알루미늄산업 기술혁신의 80%를 혁신형 중소기업이 이루었다.

OECD, 미국, 일본 등 주요 선진국의 최근 GDP 성장 및 고용창출을 혁신형 중소기업이 주도하고 있으며, 실리콘 밸리의 성장은 혁신형 중소기업이 지역기술에 특화된

성과를 실현하고 있다. EU의 첨단 분야 특허 중 혁신형 중소기업 보유 비중이 99%이다. 혁신형 중소기업은 제2차대전 후 경제재건의 가장 중요한 부분을 담당하였고, 현재에도 선진국 경제성장의 견인차 역할 담당하고 있다.

우리나라 혁신형 중소기업(Inno-Biz)은 기술혁신 역량을 갖춘 업력 3년 이상의 안정적 성장 기업으로 지속적으로 기술혁신, 가치혁신을 이루어 글로벌 시장경쟁력을 확보할 수 있는 기업군이다. 혁신기술을 보유한 차세대 성장 동력으로써 국민소득 2만 달러 조기 달성 및 일자리 창출의 견인차 역할 수행 및 기술, 경영, 가치혁신을 이룩한 글로벌 경쟁력을 갖춘 중소기업 분야의 중심축이자 정부의 차세대 브랜드 파워이다. 중소기업기술혁신촉진법에 근거, 「오슬로 매뉴얼」에 의한 2단계에 걸친 혁신성 평가를 통과하여 중소기업청으로부터 Inno-Biz 인증을 받은 핵심 기업군이다.

**| 오슬로 매뉴얼(OECD에서 개발한 기술혁신 평가 매뉴얼) |**

| 평가항목 | 기술혁신능력 | 기술사업화능력 | 기술혁신 경영능력 | 기술혁신 성과 |
|---|---|---|---|---|
| 세부내용 | R&D 활동지표<br>기술혁신체제<br>기술혁신관리<br>기술축적능력<br>기술분석능력 | 기술제품화능력<br>기술생산화능력<br>신제품 마케팅 능력<br>기술사업화 관리 | 경영혁신능력<br>변화대응능력<br>마케팅관리능력 | 기술경쟁력변화성과<br>경영 성과<br>기술적 성과 |

※ OECD에서는 "Inno-Biz"(OECD 중소기업위원회 선정), 미국에서는 "Hight-technology firm" 명칭 사용.

**| SBIR(Small Business Innovation Reserch) 프로그램 |**

| | | |
|---|---|---|
| **의미** | 연방기관이 연구개발의 일정비율을 중소기업에 배분토록 의무화<br>1억 달러 이상의 연구개발 예산을 가지고 있는 연방기관들이 예산의 2.5%를 중소기업에 배분 | |
| **단계별 screening 및 지원방식** | **1단계** | 기술개발 타당성 조사 수행을 위해 6개월간 최대 10만 달러까지 지원 |
| | **2단계** | 1단계를 통과한 기업에 대해 상업화 잠재력 제고를 목적으로 2년간 최고 75만 달러까지 지원 |
| | **3단계** | 제품 상품화가 목적이며, 펀드는 민간 또는 SBIR이외의 정부 기관 예산을 조달해야 함 |

OECD는 오슬로매뉴얼을 활용하여 혁신성 평가 수행하고 있으며, 독일은 부흥금고 등의 합리적 금융 시스템을 통해 Inno-Biz 기업을 지원하고 영국은 대출금에 대한 정부 보증제도, 경영정보 및 수출, 자금조달 등에 관한 자문을 제공하는 비즈니스링크제도, 사이언스파크 설립 등을 통해 지원하고 있다. 미국은 중소기업기술혁신촉진법(Small Business Innovation Research Act)에 의한 SBIR(Small Business Innovation Research) 프로그램을 활용하여 High-technology Firm 등 혁신형 중소기업을 육성, 지원하고 있다.

## (2) 이노비즈기업의 육성

### 가. 이노비즈기업 육성정책

우리나라 중소기업의 기술수준은 선진국의 71% 수준으로 이는 중소기업의 연구개발 혁신역량이 미흡한데에 기인한다.

- 5인 이상 중소제조업체 중 R&D 투자업체 비율은 18%(18,101개)
- 중소제조업 매출액 대비 R&D 비율 : ('98)0.29% → ('00)0.47% → ('02)0.61%
- 기술개발인력 부족률은 20.9%로 전체 인력부족률 6.2%의 3배를 상회

기술혁신에 대한 국민적 공감대 확산과 정부의 지원의지에 힘입어 중소기업의 기술혁신 노력이 증대하고 있다.

- 5인 이상 중소제조업체 중 R&D 투자업체 비율은 18[%](18,101개)
- 중소제조업 매출액 대비 R&D 비율: ('98)0.29[%] → ('00)0.47[%] → ('02)0.61[%]
- 기술개발인력 부족률은 20.9%로 전체 인력부족률 6.2[%]의 3배를 상회

경기침체로 인한 중소기업 정보화 투자여력 부족으로, 정보화에 대한 관심은 저조하다.

- 중소기업의 정보화 수준은 업무효율화의 단계로서 대기업과의 격차가 점차 심화 중소기업 정보화 수준(대기업대비) : ('03)69.9[%] → ('04)68.2[%]
- 정보화추진 인력부족률이 54.4[%]에 달하는 등 중소기업 정보화 전문인력 부족으로 본격적 정보화 추진 어려움

### 나. 이노비즈 인증제도 소개

① 이노비즈 인증

㉠ 창업 3년 이상 중소기업

㉡ 업종별 기술혁신시스템/평가지표 자가진단체크
㉢ 기술혁신능력 기술사업화능력 기술혁신경영능력 기술혁신성과
㉣ 온라인 자가진단(650점 이상 통과)
㉤ 기술보증기금 현장평가(700점 이상 통과)
㉥ 등급별 업체 선정(900점 이상 : AAA, 900점~800점 : AA, 800점~700점 : A)
㉦ 이노비즈기업 확인서 발급

**| 이노비즈 인증 흐름도 |**

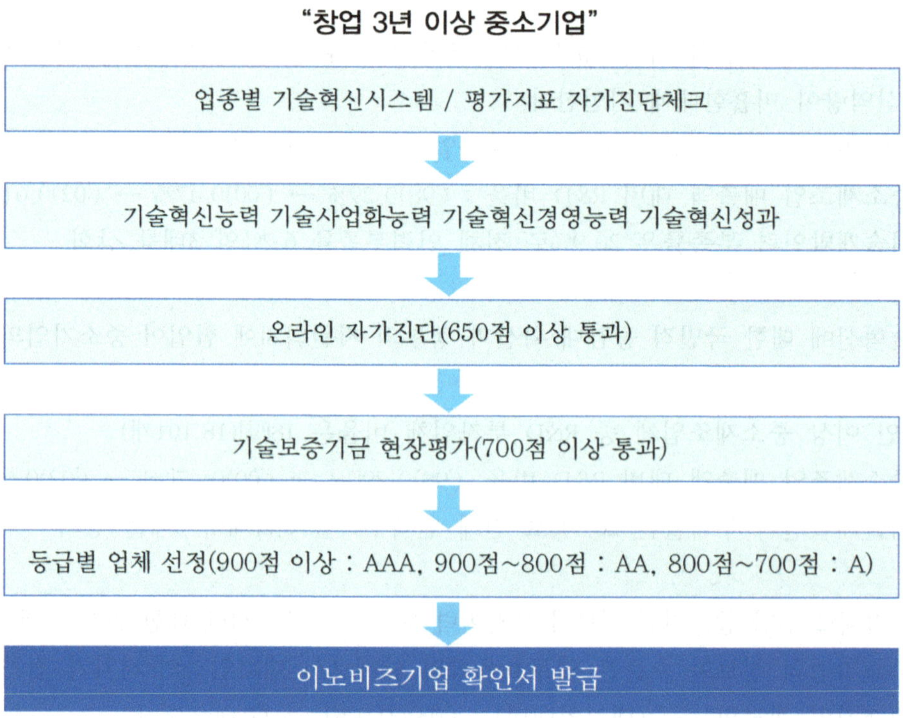


### 다. 신청·접수절차

① 홈페이지(www.innobiz.net)접속
② 기업등록 및 재무재표 입력
③ 온라인 자가진단

④ 신청·접수 완료
⑤ 기술보증기금의 현장평가
⑥ 이노비즈 선정

### 라. 선정기준

#### ① 온라인 자가진단(예비평가)

- 기술혁신시스템 평가(1,000점 만점) : 650점 이상 기술혁신 시스템 평가는 4개 분야(기술혁신능력, 기술사업화능력, 기술혁신경영능력, 기술혁신성과), 60개 내외 평가항목으로 구성

#### ② 기술보증기금의 현장평가

- 기술혁신시스템 평가(1,000점 만점) : 700점 이상
  - 자가진단(예비평가)시 평가지표를 그대로 적용, 기술보증기금의 전문평가인력에 의한 평가
- 개별기술수준 평가(10등급제) : B등급 이상
  - 개별기술수준 평가는 4개 분야(경영주 기술능력, 기술성, 시장성, 사업성 및 수익성), 34개 내외 평가 항목으로 구성

* 개별기술수준 평가등급 AAA, AA, A, BBB, BB, B, CCC, CC, C, D의 10개 등급으로 구성

#### ③ 선정대상기업 추천(기술보증기금)

- 평가결과를 온라인상(www.innobiz.net)에 등록 게재
- 현장평가결과 기술혁신 평가기준을 동시에 만족해야함

#### ④ Inno-Biz(중소기업청 - 지방청)

- 온라인상(www.innobiz.net)의 평가결과를 확인 후, 인증서 번호 부여
- 최종 선정기업에 대해서는 Inno-Biz 확인서를 발급하고 중소기업진흥공단, 협약은행 등에 업체현황 통보

## 마. 이노비즈 육성사업의 방향 및 비전

**이노비즈 육성사업의 방향 및 비전**

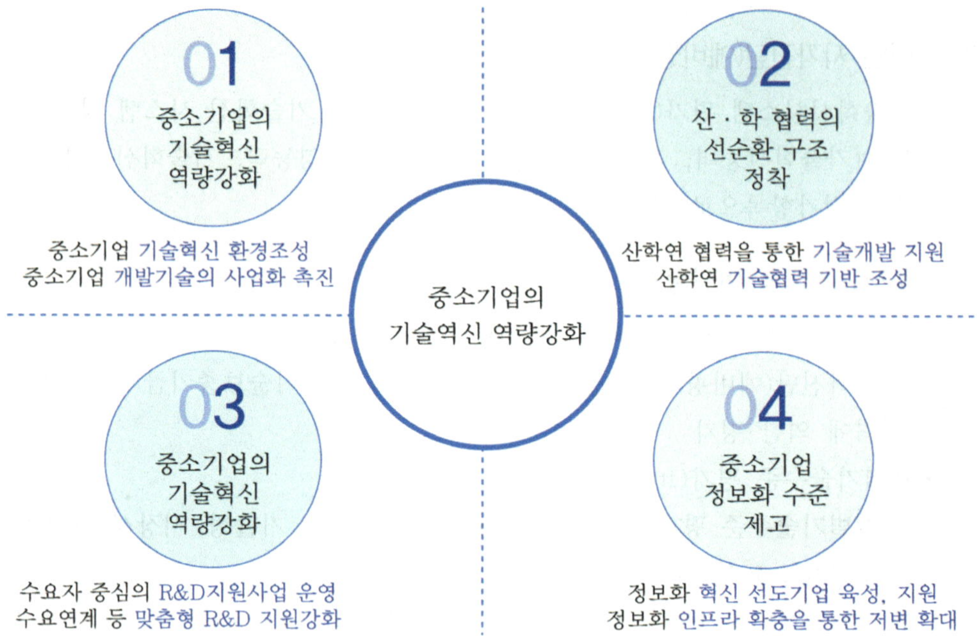

# 참고문헌


강기찬, 창업학원론, 두남, 2012.

강기찬, 지식재산권과 창업, 도서출판 두남, 2015.

______, 한방벤처창업 실무강좌, 대전대학교 창업보육센터, 2002.

______, 창업보육센터 운영사례 발표자료, 대전·충남지방 중소기업청, 2005.

강기찬·김정호, 기업가정신과 창업, 도서출판 두남, 2016.

강기찬·수자형·이상기·최병준, 창업비즈니스 알파와 오메가, 예문사, 2015 .

강기찬·이형·전병옥, 벤처기술을 기반으로 하는 창업 PROCESS, 한국정보기술응용학회, 2001.

강영규·윤정호·임진혁·정연대, 기업가정신, 두남, 2021.

교육인적자원부·한국학술진흥재단, 연구 윤리 소개, 2006.

______________________________, 외국대학의 연구윤리 확립 활동 사례, 2007.

김경태, 기업가정신과 기업윤리 하버드 경영전집 1, 한국경제신문, 2007.

김문정·조윤기, 창업과 경영정책, 두남, 2009.

김영문, 창업학, 법문사, 2009.

______, 한권으로 끝내는 창업 길라잡이 창업학, 법문사, 2009.

김정호, 창업커리큘럼 로드맵 연구, 한밭대학교 창업교육센터, 2013.

______, 1인 및 팀 창업 운영사례, 한밭대학교 창업교육센터, 2013.

김진영·김하영·이창호·최상렬·최석재·하재은·한우수, 창업컨설턴트가 제시하는 창업실무, 한국창업경영컨설팅협회, 2009.

김철교·곽선호, 벤처기업 창업과 경영, 삼영사, 2009.

김형길·정구도, 창업경영, 두남, 2012.

김희철, 실전창업경영론, 두남, 2021.

대전연구개발특구지원본부, 예비 창업자를 위한 기술창업 길라잡이, 2008.

댄세노르·사울싱어, 윤종록 역, START-UP NATION 창업국가, 다할미디어, 2011.

박정기·박봉규, 소상공인 창업과 경영실무, 두남, 2005.

백형기, 벤처기업창업과 경영전략, 미래와 경영, 2000.

변명식·장재남, 프랜차이즈 신경영론, 두남, 2011.

서상혁, 창업마케팅, 두남, 2010.

서종상, 벤처·중소기업 창업실무, 세학사, 2009.

신용하, 기술경영의 이해, 남양문화, 2009.

신충교, 기업가정신과 창업모델, 두남, 2021.

오종근·김세중·김용배·김동균, 대경, 2007.
윤석철, 기업가정신, 대경, 2008.
윤주석·조준희, 창업과 사업계획서, 두남, 2008.
이규금·조준희, 중소·벤처기업의 창업과 경영, 대경, 2009.
이내풍, 소자본 창업과 경영, 두남, 2009.
이민화, 스마트 코리아로 가는 길 유라시안 네트워크, 새물결, 2010.
이민화·이현숙, 기업가정신 동서미디어 2013.
이상석·고인곤, 기업가정신과 창업, 학현사, 2004.
이상헌, 대한민국 무엇을 위해 창업을 꿈꾸는가, 두남, 2010.
이스라엘 M.커즈너 지음·이성순 역, 경쟁과 기업가정신, 한국경제연구원, 1995.
임현진·서이종, 한국 벤처기업가 정신, 인간사랑, 2002.
장문철, 창업경영학원론, 두남, 2011.
전타식, 쉽게 배우는 창업경영론, 두남, 2009.
조석홍·이준원, 벤처창업론 IT 벤처중심, 두남, 2010.
중소기업청, 벤처&창업, 터디자인연구소, 2006.
중소기업청·창업진흥원, 비즈쿨 우수사례모음집, 2012.
____________________, 비즈쿨 일반, 삼성디자인기획, 2012.
최조순, 사회적 기업의 지속가능성과 기업가 정신, 한국학술정보(주), 2012.
최창선·박현식, 창업경영, 두남, 2005.
충청남도 중소기업종합지원센터, 푸른글방, 2001.
피터 드러커 지음·이재규 옮김, 기업가정신, 한국경제신문, 2004.
한국과총대전지역연합회·대전광역시, 2012학년도 대덕과학포럼 자료집, 2012.
한국기술거래소·(사)한국기업·기술가치평가협회, 기술거래·평가, 2004.
한정화, 벤처창업과 경영전략, 홍문사, 2006.
허현회, 그들은 어떻게 권력이 되었는가, 시대의창, 2012.
제5회 국제혁신클러스터 컨퍼런스 자료, 지식경제부, 연구개발특구본부, 2011.
호남대학교 창업보육센터, 2013학년도 BI보육역량강화사업 입주기업 창업교육, 2013.
(사)한국벤처창업학회, 한국벤처창업학회 학술대회 논문집, 2006~2015.
D. McCelland, The Achieving Society, Princeton.
http://www.smba.go.kr/user(2022.7.1)
http://www.venture.or.kr(2022.7.2.)
https://sminfo.mss.go.kr(2022.7.12.)

# 찾아보기


(ㄱ)

가격(Price) / 204
가격결정 / 208
가맹점(franchisee) / 223
가상공동체 / 234
가상공동체 형성 / 234
가젤(gazelles) / 66
가치창조의 행동 / 50
가호방문판매 / 128
간섭마라형 / 44
간접비용 / 229
감사상각자산 / 116
강·약점 분석결과표 / 120
강력한 리더십 / 41
강점 분석 / 118
강점(S: strength) / 117
강점요인 / 117
강한 의욕 / 45
강·약점 분석 체크리스트 / 119
개발가능성 / 190
개발촉진지역 / 133
개인기업 / 26
개인기업의 법인전환 / 116
개인기업의 설립 설차 / 168
개인서비스업 / 129
개인정보누출 / 229
개척정신 / 73, 87
객관성 / 139, 152
갬블링 / 114
거래기록(Transaction Record) / 231
건설업 / 115
건축법 / 133
게이츠 재단 / 88, 93
견본(sample) / 212
결단과 실천 / 43
경로(Place / 204
경비 / 183
경영게임방법 / 193
경영이념 / 74
경영자(manager) / 30, 32, 97
경영자원 / 109
경영철학 / 84
경영합리화 / 85
경영환경 / 190
경영활동 / 31
경쟁력 분석 / 147, 227
경쟁우위 / 33, 131
경제발전 / 55
경제사회체제 / 54
경제의 3대 주체의 순환 구조 / 17
경제정책 / 55
경제학자 / 51
계량모델 / 144
계약조건 / 223
계약조항 / 220
계획입지 / 133
고객만족(CS) / 69, 187, 188, 225, 229, 230
고객서비스 / 225
고객제일주의 / 50
고객중심 / 69
고객지향성 / 203
고용 / 17
고용보험 / 169
고유모델 / 69

고정자금 / 111
공개모집 / 191
공공재(공공서비스) / 16
공단지역 / 133
공동체 사회 / 64
공무원 / 106
공비토벌 / 68
공사개요서 / 136
공장설립신고 / 133
공장설립절차도 / 135
공장설치여부 / 126
공장입지선정 / 132
공정의 독립 / 184
공정한 경쟁 / 50
공존공영 / 84
공증인 / 172
과세소득 / 27
과업특성 / 46
관광진흥법 / 115
관련정보 / 234
관료주의적 / 77
관리(comtrol) / 217
관리비용 / 229
관리업무비 / 129
관할 지방 세무서 / 168
관할세무서 / 168, 175
광고 / 209
광고매체 / 210
광고소비자 / 210
광고효과 / 221
광업 / 115
교육기관 / 191
교육훈련 / 192
교회 / 103
구매 전 서비스(pre-purchase service) / 219
구매자 / 111
구조조정 / 53
국민 경제 / 15, 16
국민 경제의 순환 과정 / 15
국민생활 / 75
국민연금 / 169
국유철도 / 84
국제경쟁력 / 80
국제프랜차이즈협회(International Franchise Association) / 217
국제화시대 / 85
국토이용관리법 / 133
권리보호 / 236
권위의식 / 72
권한위양 / 81, 196
권한위임 / 81
규모에 의한 경제(economy of scale) / 207
극대화 / 121
극소화하는 전략(WT) / 121
근검절약 / 68
근대화과정 / 78
근로기준법 / 195
근로자 후생복지 / 50
금융감독위원회 / 171
기독교 정신 / 102, 103
기독교인 / 102
기명날인 / 171
기복신앙형 / 44
기부금 / 102
기술개발자금 / 152
기술개발준비금 / 236
기술개척정신 / 70
기술보국 / 50
기술성 / 153
기술성 분석 / 153
기술연구센터 / 70
기술적 지식 / 45
기술적 타당성 / 140
기술전략 / 230
기술제일주의 / 70
기술주도력 / 61
기술타당성 분석 / 146, 147
기술타당성 분석항목 / 147
기술평가대출기업 / 56
기술평가보증기업 / 56

기술혁신주의정신 / 82
기업 / 15, 17
기업 간 거래((business-to-business; B2B) / 226
기업가 정신의 기본 유형 / 60
기업가(entrepreneur) / 29, 32
기업가/창업팀(founder) / 48
기업가의 역할 / 37, 40
기업가의 자질 / 37
기업가의 정의 / 30
기업가의 특성 / 34, 41, 52
기업가의 행동특성 / 34
기업가정신 리더십의 유형 / 63
기업가정신 모형 / 59
기업가정신(entrepreneurship) / 29, 47, 152, 223, 227
기업가정신의 분석 / 59
기업가정신의 유형 / 60
기업가정신의 정의 / 47
기업과 고객 간의 거래(business-to-consumer; B2C 또는 C2B) / 226
기업과 정부 간의 거래(business-to-government; B2G) / 226
기업목표 / 152
기업밀집도(business density) / 65
기업성과 / 33
기업의 소유 경영자(owner-manager) / 65
기업이윤 / 75
기업조직 / 196
기업조직기구표 / 196
기업체 / 195
기업형태 / 114
기업형태 결정 / 123
기업환경과의 조화 / 40
기업활동 / 75
기회(opportunity) / 48
기회요인(O: opportunity) / 117, 120
기회의 창(window of opportunity) / 48
기회포착 / 42
기획기업(Opportunity Entrepreneur) / 42
깡띠옹(R. Cantillon) / 29

(ㄴ)

나이트(F. H. Knight) / 29
낙관적인 현실주의 / 43
낙원 / 102
내부요인 분석 / 117
내부유보자금 / 149
네덜란드 / 104
네덜란드의 암스테르담 / 106
네트워크 / 141, 221, 228
네트워크형의 조직 / 201
넥스트(Next)사 / 96
넥스트큐브 / 96
노동력 / 182
노무비 / 183
노바야젤라 섬 / 105
노사협의회 / 83
노사화합정신 / 73
노인복지법 / 116
노인세대 / 109
농업사회 / 49
능력주의 / 193

(ㄷ)

다차원(multi-level) / 65
단계별 창업절차 / 130
단순화(simplification) / 182
대기업집단체제 / 56
대덕연구단지 / 55
대리점 / 126
대리점(도매상) / 126
대손충당금 / 28
대안제시 능력 / 46
대용치(proxy) / 220
대응변화 / 63
대인관계 / 46
대차대조표 / 27
대학원생 / 54
데스크톱 / 96
데이터 / 90
도·소매업 / 124

도·소매업 창업 절차도 / 128
도·소매업 창업절차 / 126
도덕교육 / 104
도매업 / 126
도서관 / 93
도시계획법 / 133
도입기 / 112
도전정신 / 80, 110
독립성 / 222
독불장군형 / 45
독점 / 96
독점지역(exclisive territory) / 219
독점판매업자(franchiser) / 223
등록신청 / 175
디스플레이 / 164
디자인 / 99, 205
디지털저작권에 대한 법률(Digital Millennium Copyright Act) / 236

**(ㄹ)**

라인·스탭조직(line and staff organization) / 197, 198
라인관리자 / 197
라인조직(line organization) / 196
라인조직의 예 / 197
랩톱 / 96
러시아 / 104
런던 비즈니스 스쿨 / 41
로젠버그(Rosenberg) / 205
록펠러 의학 연구소 / 102
록펠러재단 / 100
롯트 사이즈 재고 / 184
리더십 / 41, 46
리스 / 228

**(ㅁ)**

마술사 / 99
마이크로소프트 / 91, 93
마케팅 / 221
마케팅 믹스(marketing mix) / 203, 207
마케팅 전략 / 163, 231
마케팅관리 / 203
마케팅서비스 / 219
막노동자임 / 72
만유인력의 법칙 / 98
만전불패사상 / 80
만족(satisfaction) / 205
매매계약서 / 167
매체광고비 / 211
매출액 / 152
매킨토시 / 95
맥밀란(MacMillan) / 141
멀티미디어콘텐츠 / 232
면접(interviews) / 191
명의개서 / 176
모니터 / 96
모델 / 99
모집설립 / 171, 175, 176
목사 / 102
무료시용(freetrial) / 212
무선망(WLL: Wireless Local Loop) / 235
무의결권주 / 172
무인도 / 105
무임승차문제(special service free riding problem) / 219
무임승차의 유인(free riding inxentive) / 219
무점포 / 226
무통장 입금방식 / 228
무한책임사원 / 18, 19
물류산업 / 115
물류시스템구축지원 / 233
물적 회사 / 20
미국 연방최고재판소 / 100
미국안전규정 / 70
미래 프리미엄의 최대수준 / 220
미래사회 / 70
미시적 차원(micro level) / 65
민간기업가 / 49
민감도 분석 / 149
민원봉사실 / 168

민족주의 사상 / 76
민주적 리더십 / 77
민주화 과정 / 55

**(ㅂ)**

바렌츠 선장 / 106
반(反)트러스트법 / 100
반도체 / 83
반성의 정신 / 88
발기설립 / 171, 174, 176
발기인 / 171, 172
발기인 조합 설립 / 171
발기인의 주식인수 / 176
발표회 / 97
발행주식 / 172
밥슨칼리지 / 41
방과 후 수업 / 94
방문 판매(personal selling) / 211
방송국 / 214
배너(Banner) / 212
배달조건 / 208
배타성(exclusively) / 218
법원 / 177
법인 / 16
법인 설립등기 / 175
법인(주식회사)의 설립 절차 / 170
법인기업 / 26
법인기업(주식회사)의 설립 / 169
법인설립 등기 / 109, 132
법인설립 신고 / 132
법인설립절차 / 129
법인세법 / 27
법인세율표 / 28
베그레이와 보이드(Begley & Boyd) / 33
베팅업 / 114
벤처기업 / 21, 42, 48, 139, 213
벤처기업 육성에 관한 특별조치법 / 170
벤처기업경영 / 48
벤처마케팅 / 214
벤처정신 / 48
벤처캐피탈 / 148, 230
벤처캐피탈리스트 / 141
벤처현황 / 57
변경절차 / 175
변동비 / 149
변태 설립사항 / 174
변태 설립사항 조사 / 174
변호사 / 92
변화기 / 56, 57
변화기(2000-2010년대) / 54
보국(報國) / 77
보상관리 / 194
보상제도 / 194
보안시스템 / 228
보통주 / 172
보험료 / 183
보험업 / 114
본체 / 96
부동산업 / 114
부업 / 100
부흥기 / 73
북방경제협력 / 74
북아메리카자유무역협정 / 223
분권관리조직 / 85
분석력 / 87
분쟁해결절차 / 235
불량품 / 185
불사조형 / 44
불확실성 / 29
브랜드이미지 / 232
브랜드인지도 / 232
브리태니커 백과사전 / 92
비공식조직(informal organization) / 196, 200
비영리법인 / 16
비즈니스 모델 / 36, 233
비탄력성 / 209
빌 게이츠 / 86
빌램바렌츠(Willem Bareltsz, 1550-1597) / 104

(ㅅ)

사글세방 / 67
사례연구방법 / 193
사업 인·허가 / 110, 132
사업 타당성 분석방법 / 140
사업계획 / 124, 130
사업계획 요약서 / 158
사업계획서 / 151, 152
사업계획서 작성 절차 흐름도 / 153
사업목표 / 109
사업목표설정 / 40
사업보국 / 76, 77
사업보국정신 / 75
사업보국주의정신 / 74
사업부제 조직 / 199
사업부조직(divisional organization) / 199
사업서비스업 / 129
사업승계 / 113
사업아이템 / 112
사업용자산 / 116
사업의 승계 / 113, 116
사업의 아이템 / 109
사업자등록 / 109, 132
사업자등록증 / 28
사업재개 / 114
사업타당성 분석 / 139
사용자 인터페이스 / 232
사원(주주) / 18
사원공개채용제도 / 79
사원모집 / 191
사원출자제도 / 85
사이버마켓(cyber market) / 127
사회 속의 조직 / 63
사회경제적 환경 / 59
사회선도성 유형 / 62
사회적 기업 / 35
사회적 기업 육성위원회 / 35
사회적 기업가 / 35
사회적 리더십(social leader-ship) / 62
사회적 재능 / 33
사회적 차원 / 205
사회적 책임 / 41, 77
사회적 책임 의식 / 41
사후관리비용 / 184
산업기술 / 70
산업사회 / 49
산업재해보험 / 169
산업재해보험관계성립 / 134
산업평화 / 72
산업평화주의 / 71
산업평화주의 정신 / 83
산업혁명 / 49, 82
상사회사(商事會社) / 100
상업사회 / 49
상업일반론 / 29
상여금 / 194
상인정신 / 104, 106
상표구매(buy-my-brand) / 207
상표구축(brand establishment)전략 / 206
상품재고관리비용 / 183
상호 신뢰 / 220
상호(trade name) / 218
상호주의 / 83
상환능력 / 149
새로운 사업(new business) / 47
색톤과 보우만(Sexton & Bowman) / 33
샐러리맨들 / 53
생명공학 / 82
생산공정도 / 155
생산관리 / 181
생산관리시스템 / 181
생산요소 / 30
생산의 3요소 / 16
서부 개척자 정신 / 87
서비스 / 229, 230
서비스 용역 / 109
서비스업 / 124, 129
서비스업 창업 절차도 / 130
서비스업 창업절차 / 129

선봉자 / 74
선진국 / 55
선천적 자질 / 37
설립등기 / 175
설립신고 / 175
성경 / 103
성공한 기업가의 특성 / 42
성숙기(1980-1990년대) / 54, 55, 112
성장기(1960-1970년대) / 54, 55, 112
성취욕구 / 33, 42, 43
세계지적재산권기구(WIPO) / 236
세무사 / 27
세제혜택 / 53
셔먼독점금지법(반트러스트법) / 100
소기업창업지원법 / 113
소득세법 / 27
소득세율표 / 28
소득수준 / 112
소매상 / 225
소매상(슈퍼) / 126
소매업 / 126
소비성향 / 112
소비자 Needs / 163
소스(source) / 232
소요자금 / 153
소유권 / 64, 147
소프트웨어 / 87, 89, 92, 228, 230
손금 / 27
손익계산서 / 148
손익분기점 / 143
손익분기점 분석 / 149
손해배상책임 / 236
쇠퇴기(decline stage) / 112, 207
쇼핑몰 / 234
쇼핑몰 협의체 / 236
수도권 / 134
수도권정비계획법 / 134
수익성 / 140, 149, 222
수출관계서류 / 167
수학과 과학 / 92
숙련도 / 193
순익분기점 / 148
슘페터(J. A. Schumpeter) / 29, 49, 65, 82
스타일 / 93
스탭관리자 / 197
스티브 워즈니악 / 94
스티브 잡스 / 94
스티븐슨 / 33
승무원 / 106
승인제도 / 135
승진제도 / 89
시대적 변화추이 / 57
시뮬레이션 / 149
시뮬레이션 방법 / 193
시베리아 / 104
시설자금 / 111, 149
시설투자 / 112
시장 점유율(Market Share) / 144
시장규모 / 227
시장성 / 140
시장영역 / 225
시장영역(기업영역) / 61
시장점유율 / 185
시장주도력 / 61
시장타당성 / 143
시장타당성 분석 / 143
시장타당성 분석요인 / 143
시장타당성 분석항목 / 145
시테크 정신 / 88
시행착오 / 222
신뢰성 / 152
신상필벌 / 81
신속대응체계(OR, Quick Response) / 234
신시장 개척 / 50
신용조건 / 208
신용카드 / 229
신용카드번호 / 237
신용평가 / 221
신체검사 / 191
실리콘밸리 / 94

실제행위(practice) / 64
십계명 / 104
십일조 / 102
십일조 교육 / 103

**(ㅇ)**

아담 / 102
아이디어 / 109
아이템 / 112
아이튠즈 / 97
안다형 / 44
알래스카 / 105
애국사상 / 78
애국애족 / 75
애니메이션 / 96
애플 / 96
앤드류 카네기 / 100
약점 분석 / 118
약점(W: weakness) / 117
약점요인 / 117
양방향고속전송 / 235
어학검정고시제 / 85
억만장자 / 93
업그레이드 / 234
업무습관 / 119
업종 / 112
업종선정 / 130
에이즈 / 93
엔젤 / 230
엔지니어링사업 / 115
엔지니어링활동 / 115
엘리트 / 85
여행알선업 / 129
역량특성 / 35
역할연기방법 / 193
연공주의 / 193
연구개발기업 / 56
연구개발업 / 115
연구원 / 54, 88
연구원제도 / 201
연방자금이체법 / 236
열정 / 33
영리법인 / 16
영업권 / 222
영업주도전략 / 214
예비벤처기업 / 56
예비창업기업 / 53
오리엔테이션 / 192
옥외광고 / 210
온라인 티켓 예약 / 226
완벽주의형 / 44
외부요인 분석 / 120
요만니(yeomanry)정신 / 67
욕망(wants) / 205
용병술 / 68
용역 / 129
용인술 / 86
용인철학(用人哲學) / 79
우선주 / 172
우월주의 / 87
우주공학 / 82
우편 / 210
운영시스템 / 218
운영자금 / 111
운영체제 / 93
운전자금 / 111, 149
원가관리 / 221
원동력 / 68
원시정관 / 171
원자재 / 183
월드미디어네트 / 70
웹 사이트 / 212
웹 어플리케이션 서버(web applocation server) / 228
웹스터(Webster) / 64
위원회조직 / 198
위키피디아(Wikipedia) / 64
위험(risk) / 47
위험감수 / 33

위험부담 / 47
위험요소 / 139
위협 / 121
위협요인(T: threat) / 117
윌리암스 제도 / 105
유머감각 / 43
유전공학 / 82
유지관리비 / 129
유통경로 / 206, 208
유통망구축비용 / 206
유통비용 / 225
유통채널 / 225
유틸리티 프로그램(utility program) / 228
유한책임사원 / 19
유한회사 / 16, 20, 114
유효성(effectiveness) / 187
응모주주 / 177
의료보험 / 169
의료보험조합 / 134
의사결정 능력 / 45
의사결정실습 / 193
의사소통 / 91
의사소통 능력 / 45
이벤트 / 231
이연자산 / 28
이익곡선 / 206
이익사회(association) / 64
이익센터(profit center) / 199
이행상태 / 220
익금 / 27
인간개발 / 79
인간관계 능력 / 45
인간존중주의 / 68
인건비 / 28
인내심 / 42
인력개발 / 79
인력관리 / 72
인력선발 / 191
인력활용 / 192
인사고과 / 194
인사고과제 / 85
인성검사 / 191
인센티브 / 236
인수가액 / 173, 177
인재배치주의 / 88
인재양성 / 47
인재제일 / 76
인적자원계획수립 / 190
인증기관 / 237
인증마크 / 237
인증제도(quality system certification scheme) / 187
인터넷 / 227
인터넷 광고 / 212
인터넷 쇼핑몰 / 232
인터넷 전자상거래 / 127
인터넷마케팅 / 231
인터넷쇼핑몰 / 233, 237
인터페이스 / 96
일등주의정신 / 80
일반적인 창업 절차 / 123
임금 / 194
입사시험 / 191

(ㅈ)

자금소요액 / 111
자금수요 / 148
자금조달가능성 / 131
자금조달계획 / 153
자금조달능력 / 153
자기(소유)사업자 비율(business ownership rate) / 65
자기실현욕구 / 72
자동판매기(vending machine) / 127
자료처리비용 / 183
자본주의 / 30, 81
자산가액 / 116
자선금 / 102
자선사업 / 100

자영농민층(yeomanry) / 78
자영업자 비율(self-employment rate) / 65
자원/시스템(resources) / 48
자유입지 / 133
자체물류시스템 / 233
작업숙련도 / 182
잠재고객 / 61, 209, 211
잠재력 / 117
장기차입금 / 111
장학사업 / 76
재고관리 / 229
재료비 / 183
재무구조 / 148
재무정보 / 148
재무타당성 분석 / 148
재무타당성 분석항목 / 149
재벌기업 / 101
재산세과세증명 / 167
재산인수 / 174
재정 지원 / 221
재정지원시책 / 236
저가격정책 / 208
저작권 / 236
적극적 의지(Positive Thinking) / 71
적재적소배치 / 194
전략 / 117, 230
전문택배회사 / 229
전문화 / 182
전문화(specialization) / 182
전사·종합적 품질관리(TQM) / 186
전사적 품질관리(total quality control: TQC) / 185
전사적 품질관리(TQC)운동 / 85
전시산업발전법 / 116
전자거래기본법 / 236
전자상거래 / 127, 234
전자상거래 인증제도 / 237
전자상거래시장 / 231, 233
전자서명 / 236
전자서명법 / 236
전자자금이체 / 236
전자절도금지법(No Electronic Theft Act) / 236
전자지불 결재 / 228
전자화폐법 / 236
전진기지 / 214
전통기업 / 213
전화망 / 235
절약정신 / 87
점유율(Market Share) / 144
점포입지 / 129
점포판매 / 127
접속환경 / 235
정경유착 / 75
정관 / 19, 20, 155
정관 기재사항 / 171
정관의 기재사항 / 18
정관작성 / 171
정량적 분석방법 / 144
정보 혁명 / 91
정보고속도로 / 86
정보공유 / 90
정보교환 / 225
정보기술혁신 / 83
정보서비스업 / 115
정보시스템활용 / 233
정보원천 / 223
정보통신망 / 83
정부규제 / 205
정부발주공사 / 69
정부정책 / 231
정성적 방법 / 144, 145
정신적 능력 / 45
정유소(精油所) / 100
정직과 신뢰 / 43
제조업 / 115, 124
제조업 창업 절차도 / 125
제조업 창업절차 / 124
제조원가 / 146
제조활동 / 181
제품(Product) / 204
제품개념 / 205

제품개발 / 90
제품개발의뢰서 / 167
제품관련정보 / 205
제품생산 / 221
제품수명단계 / 207
제품수명주기(PLC) / 206, 209
제품수명주기(product life cycle: PLC) 이론 / 205
제품시용(try-my-product) / 207
제품시장 / 89
제품의 편익(benefit) / 205
조세특례제한법 / 113, 114
조직 내 기업가적 활동(corporate entrepreneurship) / 64
조직목표 / 189
조직적 리더십 / 59
조직적 리더십(Mintzberg, 1998) / 62
존 데이비슨 록펠러(John Davison Rockefeller) / 100
종업원 훈련 / 221
종합쇼핑몰 / 231
주도적 / 42
주식의 청약 / 176
주식인수 / 171, 172
주식인수증 / 177
주식청약서 / 177
주식청약인 / 177
주식회사 / 16, 18, 169
주식회사의 설립 / 169
주안점 / 214
주주의 유한책임 / 18
주주현황 / 154
중소기업창업지원법 / 113, 114, 135
중소기업청 / 56, 155
중화학공업 / 55, 82
중화학공업 육성 / 55
중화학공업화 시책 / 55
즉흥형 / 44
증가추세 / 131
지방법원 / 177
지배인 / 84
지속적인 혁신 / 41
지위와 권력 / 43
지적재산권 / 236
지적재산권보호 / 236
직능별제도 / 89
직업안내소 / 191

(ㅊ)

차별화 / 205
창고보관비 / 183
창립(발기인)총회 / 174
창립총회 / 172, 177
창립총회 개최 / 174
창업 아이템 / 152
창업 절차 / 123
창업(Start-up, Inauguration of an Enterprise) / 47, 109
창업가정신 / 47
창업교육 / 53
창업기업 / 63
창업기업의 조직 / 201
창업범위 / 113
창업보육센터(Business Incubator) / 109
창업사업계획서 / 124
창업사업계획서의 정의 / 151
창업사업계획승인 / 113
창업사업계획승인제도 / 115
창업사업장 / 111
창업사업장(장소) / 112
창업사업타당성 분석 / 139
창업아이디어 / 40
창업아이디어 창출 / 40
창업아이템 / 227
창업업종선택 / 111, 112
창업업종선택(아이템) / 112
창업의 요소 / 111
창업의 적용범위 / 113
창업자 / 42, 111
창업자 내부요인 / 117

창업자 분석 / 141
창업자 분석항목 / 142
창업자금 / 111
창업자의 외부요인 / 120
창업절차 / 110, 116, 123
창업절차 흐름도 / 110
창업지원 내용 / 113
창업진흥원 / 155
창업팀 / 123
창업팀(founder) / 48
창의력 / 70
창의성과 혁신(innovation) / 47
창조성 / 51, 90
창조적 파괴(creative destruction) / 30, 49
창조적 파괴과정(creative destruction) / 30
창조주의 / 73
채권관계 / 218
책임경영원칙 / 81
책임정신 / 81
책임주의정신 / 81
책임체제 / 199
천하무적형 / 44
첨부서류 / 167
청교도 정신 / 87
청교도의 개척정신 / 68
청바지 / 99
청산 / 28
청약철회권(cooling-off) / 235
체크리스트 / 118, 119
촉진(Promotion) / 204
촉진수단 / 212
촉진활동 / 209
촉탁인 / 172
총투자비용 / 222
최고경영자 / 196
최대주주 / 113
최종소비자 / 208
최초의 해외진출 / 74
추정대차대조표 / 148
추정재무제표 / 227
췌장 / 98
취업희망자 / 191

(ㅋ)

카리스마 / 98
카리스마적 / 77
카메라 / 99
카탈로그 / 219
카툰 / 101
캔틸론(Cantillon) / 48
캠코더 / 214
커뮤니케이션 / 87, 211
컴퓨터 / 92
컴퓨터 혁명 / 93
컴퓨터프로그래밍 / 115
케이블망 / 235
케즘 / 213
콘텐츠 / 236
쿠폰(coupon) / 212
킬딘 / 105

(ㅌ)

타당성 검토 / 140
타이피스트 / 185
태동기(1950년대) / 54
태스크 포스(task force) / 200
택배 활용 / 229
턴키 프랜차이즈(turnkey franchise) / 218
텔레마케팅(telemarketing) / 127
텔레뱅킹 / 236
통계청 / 124
통일시대 / 57
통제(control) / 218
통합적 차원(aggregate level) / 65
통합적인 정의 / 51
퇴직급여충당금 / 28
투자기관 / 152
투자세액공제 / 236
투자요인 / 111

투자전략 / 230
특허현황 / 147
팀 구축자/동기 부여자 / 44
팀 제도 / 201

**(ㅍ)**

파산법 / 28
파산절차 / 28
파워집단 / 70
판매 촉진활동 / 208
판매곡선 / 206
판매기법 / 45, 127
판매영역 / 222
판매예측 / 143
판매율 / 232
판매촉진 / 209, 212
판매촉진기법 / 212
판촉메시지 / 212
판촉활동 / 126
퍼스널 컴퓨터 / 83, 213
펜로즈(Penrose) / 33
평가방법 / 118
폐업 / 114
폐업신고 / 28
포용력 / 89
포틀랜드의 리드 대학교 / 94
폴라티 / 99
표적시장(tarket market) / 203
표준선택법 / 188
표준화(standardization) / 181, 218, 221
품질경영 / 187
품질관리 / 185, 221, 233
품질관리방법 / 185
품질보증 / 187
품질보증모델 / 188
품질시스템 / 187
품질코스트(실패비용) / 188
프랜차이저(franchisee) / 217
프랜차이즈 사업 / 217
프랜차이즈(franchise) / 217
프랜차이즈(product franchise) / 218
프랜차이지의 유인(incentive) / 218
프레젠테이션 / 99
프로젝트 / 90
프로젝트조직(project organization) / 200
프리미엄 / 220
피드백 / 43, 90, 194
피터드러커(P. Drucker) / 47
피해보상 / 235
필요경비 / 28
필요기업(Necessity Entrepreneur) / 41
필요물자 / 183

**(ㅎ)**

하나님의 은총 / 101
하드웨어 / 87, 93, 228, 230
하버드 대학 / 92
학력분포 / 147
학습조직 / 90
한계비용 / 219
한국전쟁 / 54
한국표준산업분류 / 114
한국표준산업분류표 / 124, 129
한국프랜차이즈협회(Korea Franchise Association) / 218
할 수 있다(can do spirit) / 47
합리추구 / 79
합리추구정신 / 76
합리화 / 181
합명회사 / 16, 18
합병 / 114
합심협동 / 84
합의결과 / 137
합자회사 / 16, 19
항만법 / 115
해외기술 / 147
핵심내용 / 152
행동철학 / 80

행정절차 / 134
행정지원 / 53
현금 / 102
헌신/몰입(commitment) / 48
혁신 / 94
혁신자 / 50
현물출자 / 173, 177
홈뱅킹 / 226
홈쇼핑 / 226
홍보 / 211, 231
환경변수 / 120
활용전략 / 120
회계 / 218, 221
회계기간 / 27
회계상 / 28
회계장부 / 102
회계장부 정신 / 102
회사 설립시 인·허가의 절차 / 132
회사설립절차 / 177
회사채 / 171
회의식조직 / 198
효력기간 / 237
효용(utilities) / 205
효율적 소비자대응체계(ECR, Efficient Consumer Response) / 234
후천적 자질 / 37

(A)

ADSL / 235
ADSL(Asymmetric Digital Subsciber Line) 기술 / 235

(B)

B to C(기업과 고객)거래 / 226
BIS(Bank for International Settlements) / 56
bottom up / 91
BPR / 56

(C)

Can-Dosim / 71, 87
CEO(최고 경영자) / 89
Compact형 / 164
Convergence Creaticity with Technology / 96

(D)

DB마케팅 / 231
digital화 / 91

(E)

e-mail / 91
e-비즈니스 / 83, 225
e-비즈니스 사업 / 225, 239
ECR(error course removal)제안 / 186
EDI(전자자료교환) / 226
EU / 66

(F)

4A(any way, any product, any time, any where) / 230
4P(price, product, promotion, place) / 204, 230

(G)

GEDI / 66
GEM(Global Entrepreneurship Monitor) / 65

(H)

Hisrich와 Brush / 50

(I)

IBM / 95
IOS 9000시리즈 / 187
IOS 9000시리즈와 품질보증 / 187
IOS(국제표준화기구) / 187
iPod / 94
IT산업 / 56

(J)

J. A. Sahumpeter / 51

J. P. 모건 / 100
Jean B. Say / 50
JPI(Jackson Personality Inventory) / 33
JRF-E(Jackson Personality Research F-E) / 33

(K)

K-POP / 57
Kao / 50

(L)

Laszlo Szerb(2010) / 66

(M)

McCarthy의 마케팅 시스템(4P's) / 204
MS-DOS / 95

(N)

Network가 구성 / 159
NSF(미국립과학재단) / 86

(O)

OECD / 64
offer sheet / 167
OJT 방법(on-the-job method) / 192, 193
OS(운영 체제) / 95

(P)

PC(Personal Computer) / 95
PDA(Personal Digital Assostants) / 97
PR(public relation) / 211

(Q)

QC서클(quality control circle) / 186
QC서클활동 / 186

(R)

R&D / 56
R&D 투자 / 148
R&D 투자비율 / 148
Richard Cantillon / 50

(S)

SNS(Social Networking Service) / 56
SNS사회 / 57
SO 전략 / 121
SOC·과학기술 / 55
solution / 160
ST 전략 / 121
Structure / 162
SWOT 분석 / 116
SWOT(Strength Weakness Opportunity Threat) / 116
SWOT분석 / 227
SWOT분석의 구성요소 / 117
SWOT분석의 의의 / 116

(T)

TEA(Total Early-stage Entrepreneurial Activity) / 65
3s원칙 / 181
Toy Story / 96
TV 홈쇼핑 / 127

(V)

virtual team / 91

(W)

WO 전략 / 121
WT 전략 / 121
WTO체제 / 53

(Z)

ZD운동 / 186
Zoltan J. Acs / 66

## 저자약력

### 강기찬(Kang Gi-Chan, 康基燦)

강경상업고등학교
대전대학교 대학원(법학석사, 법학박사)
침례신학대학교 신학대학원(M.div) 목회대학원(D.min)
Southwestern Baptist Theolcal Seminary(D.min)
NewZealand Christchurch Polytechnic Institute of Technology 연수

대전대학교 산학협력 BI전문매니저
전국BI매니저협의회(부회장, 자문위원, 대전지역 초대회장)
기술거래사(지식경제부) 한국기술거래사회 서울형사회적기업(이사)
국제ISO9000:2000심사원(IATCA)
현) 엑스포침례교회 목사, 스마트도서관 대표
현) CMCEM(Christian Mission Company Establish Movement) 대표
현) 창업. 기업가정신, 특허(지식재산권), 기술 등 특강 강사 및 심사위원

E-mail: gckang2002@hanmail.net 전화 010-4488-0334

[저 서]
창업학원론(도서출판 두남 2012)
기업가정신과 창업(공저, 도서출판 두남, 2014)
지식재산권과 창업(두남, 2015)
창업비즈니스 알파와 오메가(공저, 예문사, 2015)
헌법재판의 기능적 한계에 관한 연구
사학의 자유에 관한 연구
창업에서 지식재산권이 미치는 영향
벤처기술을 기반으로 하는 창업 Process구축방안 연구 등 다수

### 김정호(Kim Jeong-Ho)

경북대학교(공학사, 공학석사)
단국대학교(공학박사)
University of Southern Florida(공학박사)
침례신학대학원 신학대학원(M.Div, Th.M)
Southwestern Baptist Theolcal Seminary(D.min)

기술고시
기술사(정보처리, 정보통신, 산업계측제어)
한국전자통신연구원 (실장, 책임연구원)
현) 한밭대학교 컴퓨터공학과 교수(스마트앱 창작터 센터장)

E-mail: jhkim@hanbat.ac.kr 전화 010-9588-9284

[저 서]
정보통신과의 만남, 자동생산기술시스템 구축, Any Pa 프로토콜 분석과 개발
4세대 이동통신 기술, 안드로이드 앱 제작 기술, 1인 및 팀 창업운영 사례
창업 커리큘럼 로드맵 연구 등 다수

**기업가정신과 창업 - 개정2판**

초　판 1쇄 발행 —— 2014년 2월 25일
초　판 2쇄 발행 —— 2014년 8월 25일
초　판 3쇄 발행 —— 2015년 7월 30일
개 정 판 1쇄 발행 —— 2016년 8월 25일
개 정 판 2쇄 발행 —— 2018년 2월 10일
개정2판 1쇄 발행 —— 2022년 8월 10일
지은이 —— 강 기 찬 · 김 정 호
펴낸이 —— 전 두 표
펴낸곳 —— 도서출판 **두남**
서울시 강동구 성내로 6길 34-16 두남빌딩
신 고 : 제25100-1988-9호
TEL : 02) 478-2065~7, 2311
FAX : 02) 478-2068
E-mail : dnbooks@dunam.co.kr
http://www.dunam.co.kr

**정가 22,000원**

ISBN 978-89-6414-953-9 93320